세계 최고의 여행기, 열하일기 (상)

세계 최고의 여행기, 열하일기 (상)

초판 1쇄 발행 _ 2008년 2월 25일
초판 9쇄 발행 _ 2010년 5월 25일

지은이 _ 박지원
옮긴이 _ 고미숙, 길진숙, 김풍기

펴낸이 _ 유재건
펴낸곳 _ (주) 그린비출판사 · 신고번호 제313-1990-32호
주 소 _ 서울시 마포구 동교동 201-18 달리빌딩 2층
전 화 _ 702-2717 · 702-4791
팩 스 _ 703-0272
E-mail _ editor@greenbee.co.kr

책값은 뒤표지에 있습니다.
ISBN 978-89-7682-102-7 04810
ISBN 978-89-7682-101-0 (세트)

그린비 출판사 나를 바꾸는 책, 세상을 바꾸는 책
홈페이지 www.greenbee.co.kr
전자우편 editor@greenbee.co.kr

세계 최고의 여행기

열하일기
(상)

박지원 지음
고미숙 · 길진숙 · 김풍기 엮고 옮김

ᅙB
그린비

열하일기,

'천의 고원'을 가로지르는 유쾌한 유목일지

1780년, 부도 명예도 없이, 울울한 심정으로
40대 중반을 통과하고 있던 연암 박지원에게 중원대륙을
유람할 기회가 찾아왔다. 삼종형 박명원이 건륭 황제의
만수절(70세 생일) 축하 사절로 가게 되면서
개인수행원 자격으로 연암을 동반하기로 한 것이다.
5월에 길을 떠나 10월에 돌아오는, 장장 6개월에 걸친
'대장정'은 이렇게 해서 시작되었다.
이 여행의 기록이 바로 『열하일기』다.

조선 왕조 오백 년을 통틀어 단 하나의 텍스트만을 꼽으라고 한다면, 나는 단연 『열하일기』를 들 것이다. 또 동서고금의 여행기 가운데 오직 하나만을 선택하라고 한다면, 나는 또한 『열하일기』를 들 것이다. 『열하일기』는 이국적 풍물과 기이한 체험을 지리하게 나열하는 흔해 빠진 여행기가 아니다. 그것은 이질적인 대상들과의 뜨거운 '접속'의 과정이고, 침묵하고 있던 '말과 사물'들이 살아 움직이는 '발굴'의 현장이며, 예기치 않은 담론들이 범람하는 '생성'의 장이다. 그런 까닭에, 우리는 『열하일기』를 통해 아주 낯설고 새로운 여행의 배치를 만나게 된다.

🐎 여정

여행은 압록강을 건너면서 시작되었다. 애초의 목적지는 연경. 압록강에서 연경까지의 거리는 약 2천 3백여 리. 길이도 길이거니와, 가없이 펼쳐지는 중원의 변화무쌍한 기상이변은 실로 만만치 않았다. 찌는 듯한 무더위, 초절정 스펙타클을 연출하는 폭우, 모든 걸 삼켜 버릴 듯 성난 물결 등을 무시로 겪어야했기 때문이다. 그래서, 강을 건너 요동으로, 요동벌판을 지나 성경(지금의 심양)으로, 다시 성경을 거쳐 산해관에 이르는 여정은 스릴과 서스펜스 넘치는 모험의 연속이었다. 특히 연암은 비대한 몸집에 더위를 견디지 못하는 체질이라, 그 괴로움은 몇 배 더하였다. 중국인 뱃사공의 등에 업혀 강을 건너는가 하면, 강 한가운데 있는 모래톱에 갇히기도 하고, 심하게는 하루에 일고여덟 번씩 강을 건너며 생사를 넘나드는 아찔한 순간들을 겪기도 했다. 그렇다고 쉴 수도 없었다. 만수절에 맞춰 연경에 도달하기엔 날짜가 빠듯했기 때문이다. 쉴 참을 건너뛰어 가며 쉴 새 없이 달리니, 말들은 지쳐 쓰러지고, 일행은 모두 더위를 먹어 토하고 싸고 하면서 마침내 연경에 도착했다.

그러나 아뿔사! 황제는 연경에 있지 않았다! 열하에 있는 피서산
장에 가 있었던 것. 연경에 도착하여 잠시 숨을 돌리고 있던 차, 아닌
밤중에 홍두깨 같은 일이 벌어진다. 깊은 밤 발자국 소리가 요란스레
들려오더니, 열하로 떠나라는 전갈이 당도하였다. 황제가 조선 사신
단 일행을 당장 열하로 불러들이라고 닦달을 한 것이다. 통관을 비롯
한 사행단원들은 가슴을 두드리며 울부짖고 난리다. 목숨을 걸고 겨
우 여기까지 왔는데, 다시 저 아득한 북쪽 땅 열하까지 가야 하다니.
맙소사! 그야말로 '길이 끝나자 여행이 시작되었다' 는 형국이 되어
버린 것.

연경에서 열하까지는 다시 700리, 길은 멀고 일정은 빠듯한지라
인원을 최소한으로 줄여야 했다. 연암은 비공식 수행원이라 가지 않
아도 무방한 처지, 하여, 잠시 머뭇거린다. 조선인으로선 아무도 밟
아 보지 못한 저 아득한 요해의 땅을 밟을 것인가, 아니면 평생의 친
구 홍대용이 그랬듯이 연경에 남아 이국의 선비들과 우정을 나눌 것
인가. 하지만 조선인으로선 처음 맞게 된 이 절호의 찬스를 놓치지
말라는 삼종형의 설득에 마침내 떠나기로 결심한다. 이 지점은 실로
연암의 생애, 아니 18세기 지성사에 있어 한 획이 그어지는 순간이기
도 하다. 연암이 열하라는 아주 특이한 공간과 만나지 않았다면, 이
여행기는 숱한 '연행록' 시리즈 중의 하나가 되고 말았을 터이므로.

열하로 가는 길은 시쳇말로 '장난이 아니었다.' 험준한 지세에 폭
우로 인해 강물은 끊임없이 넘치고, 거기다 황제가 군기대신들을 급
파해 빨리 오라는 재촉을 해대는 통에, 일행은 먹지도, 자지도 못한
채 '무박나흘!' 로 달려가야 했다. 그 와중에 연암의 견마잡이 창대가
강을 건너다 말굽에 밟히는 사고가 발생한다. 하는 수 없이 연암은
창대를 뒤에 남겨 두고 스스로 고삐를 잡는다. 칠흑 같이 어두운 야
삼경, 손에 등불 하나만을 든 채, 한 줄기 별빛을 바라보며 동북부의
요새인 '고북구' 를 통과하는 장면은 『열하일기』의 하이라이트 중의

하이라이트다. 그때의 경험을 글로 옮긴 것이 바로 '오천 년 이래 최고의 명문장'이라 일컬어지는 「야출고북구기」夜出古北口記다.

굶주림과 '잠 고문' 속에서 연암 일행은 마침내 열하에 도착했다. 열하는 당시 북방의 오랑캐들을 제어할 수 있는 '천하의 두뇌'에 해당하는 곳이었다. 황제의 잦은 열하행은 애초 '두뇌를 누르고 앉아 몽고의 목구멍을 틀어막자는 것'. 그러다 해마다 열하의 성지와 궁전이 날로 늘어 그 화려하고 웅장함이 연경보다 더하게 되었다. 열하는 과연 열광의 도가니였다. 연암은 이곳에서 온갖 특이한 인간 군상, 몽고, 위구르, 티베트 등 중국 변방의 이민족들, 코끼리와 낙타 등 각종 기이한 동물들과 마주친다. 어디 그뿐인가. 만수절 축하공연으로 펼쳐진 불꽃놀이와 각종 연회들은 얼마나 화려했으며, 또 저잣거리 한복판에서 벌어진 환희(요술)의 퍼레이드는 얼마나 신기했던지! 연암은 이 이질성의 도가니를 종횡무진 누빈다. 마치 물을 만난 고기처럼. 그토록 열망했던 중국 선비들과의 '고담준론'도 바로 여기서 이루어진다.

열하에서 겪은 가장 큰 사건은 뭐니 뭐니 해도 티베트 불교와의 마주침이다. 당시 건륭 황제는 티베트의 법왕, 판첸라마를 스승으로 떠받들며 황금 전각을 지어 영접하고 있었다. 황제는 조선 사신단에게 큰 선심을 쓴답시고 판첸라마를 친견하여 예를 표하라는 명령을 내린다. 황제로서야 은혜를 베푼 것이지만, 사신단에겐 날벼락 같은 일이었다. 성리학을 국가이념으로 떠받들고 있던 조선 유학자들의 입장에서 티베트 불교는 이단 중의 이단에 속한다. 이단의 법왕에게 고개를 숙이다니, 그건 있을 수도, 있어서도 안 되는 일이었다. 허나 황제의 명령을 거역할 수는 없는 노릇. 울며 겨자 먹기로 접견을 대충 마치긴 했으나, 사신단의 '꼬장'은 황제의 심기를 몹시 불편하게 만들었다. 결국 사신단은 6일만에 다시 쫓기다시피 연경으로 되돌아온다. 쓸쓸한 귀환. 『열하일기』의 긴 여정은 여기서 막을 내린다.

🐎 유머

압록강을 건너 연경으로, 연경에서 열하로, 다시 열하에서 연경으로. 총 3천 리가 넘는 이 여정은 가히 생사를 넘나드는 모험과 수난의 연속이었다. 하지만 연암이 누군가. '호기심 제왕'에다 타고난 배가본드vagabond 아닌가. 연암은 여정이 힘들고 고단할수록 더더욱 왕성하게 관찰하고, 사유하고, 기록했다. 오, 그 가공할 관찰력과 기억력이란! 그리고 그 속에서 시대적 통념을 한 방에 날려 버리는 주옥같은 명문장들을 토해 낸다. 예컨대, 천 리까지 아득히 펼쳐져 있는 요동벌판에 들어서, 그는 이렇게 외쳤다. "아, 좋은 울음터로구나. 크게 한번 울어볼 만하구나!" 이름하여 호곡장론好哭場論. 좁고 답답한 조선땅에서만 살다 천지의 광활함을 처음 목도한 충격을 역설적으로 표현한 것이다. 또 성경, 요양에서 화려하면서도 정밀하기 짝이없는 청 문물의 진수를 접하고는 "청나라의 장관은 기와 조각과 똥부스러기에 있다"는 북학파 최고의 명제를 창안해 내기도 하였다. 하찮은 것들을 지혜롭게 운용하는 것이야말로 청 문명의 숨은 저력이라 여긴 것이다. 이처럼 연암은 길 위에서 마주치는 모든 대상들에 강렬한 서사적 육체를 입힘과 동시에 봉상스(상식)의 기반을 와해시키는 패러독스(역설)의 그물망을 던진다. 그리고 그 서사와 역설의 기저에는 늘 유머가 수반되었다.

에피소드 1

산해관에 들어서서 연암은 옥전현이라는 작은 마을을 지나게 된다. 무심하게 거리를 쏘다니다 한 점포에 들러 벽에 쓰여진 기이한 문장을 발견하고는 촛불 아래 '열나게' 베껴 쓴다. 이 문장이 바로 그 유명한 「호질」이다.

점포 주인이 연암에게 묻는다. "선생은 이걸 베껴 대체 무얼 하시려오?" 연암은 이렇게 답한다. "돌아가서 우리나라 사람들에게 한번 읽혀 모두 허리를 잡고 한바탕 크게 웃게 할 작정입니다. 아마 이 글을 보면 다들 웃느라고 입안에 든 밥알이 벌처럼 튀어나오고, 튼튼한 갓끈이라도 썩은 새끼줄처럼 툭 끊어질 겁니다." 사람들을 웃기기 위해 이런 수고를 마다않다니. 「호질」보다 연암의 행동이 더 배꼽잡을 일 아닌가.

에피소드 2

연경에 도착하여 태평하게 쉬고 있다가 느닷없이 열하로 떠나게 되어 사람들이 울고 불고 난리를 칠 때였다. 연암과 같이 자던 수행원들이 일어나 연암에게 물었다. "불이 났소?" 순간 악동 기질이 발동한 연암은 이렇게 대답한다. "황제가 열하로 가는 바람에 연경이 비어서 몽고 기병 십만 명이 쳐들어 왔다는구면." 수행원들은 기절초풍하기 직전이다. "아이고!"

『열하일기』에는 이런 식의 유머가 도처에서 흘러넘친다. 그리고 그의 유머에는 경계가 없다. 예측불허의 돌발적 상황에선 말할 것도 없고, 중후한 어조로 벽돌, 수레, 온돌 등을 통해 '이용후생'을 설파할 때, 화려한 은유의 퍼레이드로 애상적 분위기를 고조시킬 때, 연암이 가는 곳에는 항상 유머가 흘러넘친다. 동서고금의 여행기 가운데 이토록 유머가 범람하는 텍스트는 결코 없으리라. 그 유명한 『돈키호테』도 연암의 유머 앞에선 무릎을 꿇을 정도니.

그리고 이미 앞에서도 음미했듯이, 그의 유머에는 언제나 기존의 사유를 뒤흔드는 전복적 상상력이 내장되어 있다. 즉 한참을 배꼽잡고 웃다 보면, 어느새 이전과는 전혀 다른 배치 속으로 미끄러져 들어가곤 한다. 그런 점에서 당대의 보수적인 문장가들을 가장 많이 자극한 것도, 그리하여 가장 많이 삭제된 것도 이런 대목이라는 점은 실로 의미심장하다. 말하자면, 『열하일기』에 있어 유머는 단순한 웃음을 넘어 낡은 습속과 익숙한 사유를 비트는 고도의 글쓰기 전략이었던 것이다. 그리고 무엇보다 그것은 우정을 나누는 최고의 기술이었다.

🐎 우정

　주지하듯이, 연암 박지원은 당대 집권세력인 노론 명문가 출신이다. 하지만, 쟁쟁한 배경과 타고난 천재성에도 불구하고 일찌감치 과거를 포기하고 의기투합하는 벗들과 어울려 청춘을 다 보냈다. 홍대용과 박제가, 이덕무 등 18세기 지성사를 빛낸 스타들이 이른바 '연암그룹'의 핵심 멤버였다. 이들은 매일 밤 몰려다니며 '지식과 우정의 향연'을 펼쳤다. 북벌에서 북학으로 사상사의 축이 바뀐 것도, 고문古文의 매너리즘을 벗어나 파격적인 문체적 실험을 감행한 것도 다이 향연의 산물이었다. 고로, 연암에게 있어 우도友道보다 더 가치있는 윤리는 없다!

　중국 여행의 일차적 목적도 이국의 벗들과 깊은 교감을 나누는 것에 있었다. 연암보다 먼저 중국을 다녀온 홍대용, 이덕무와 박제가 등이 그랬듯이, 연암 또한 중원의 선비들과 국경을 뛰어넘는 우정을 나누기를 열망하였다.

　먼저, 성경에서는 장사치들과 사귀기 위해 매일 밤 '야음을 틈타' 잠행潛行을 시도한다. 역관을 빠져나가려고 거짓말과 능청부리기, 온갖 술수(?)를 다 구사한다. 연암은 중국말을 할 줄 모른다. 그런데 어떻게 중국 친구들을 사귄단 말인가? 필담을 통해서이다. 그리고 따뜻한 시선과 웃음, 활발한 몸짓. 예나 이제나 친구를 사귀는 데 이보다 더 기막힌 무기는 없는 법이다. 단 며칠간의 만남만으로도 장사꾼들은 연암의 박학과 인품에 매료된다. 연암은 그들의 외모와 지적 수

준, 인생 편력, 그리고 동작 하나하나를 세심하게 포착해 낸다. 연암과 이들이 나눈 우정은 그 자체로 중국의 '인정물태'人情物態에 대한 생생한 기록이다.

또 열하에선 한족 출신의 재야 선비들과 본격적으로 '접선'(?)을 시도한다. 청나라는 만주족이 일으킨 왕조라 한족과 만주족 사이의 팽팽한 갈등이 만연해 있었다. 연암은 이들의 속내를 떠보기 위해 다양한 전략을 구사한다. 중국 선비들은 언뜻언뜻 속내를 보이고는 필담한 종이를 곧바로 불에 태우거나 먹어 치우거나 찢어 버린다. 이런 식의 팽팽한 긴장이 넘치는 필담이 엿새 동안 이어진다. 이 과정에서 천하의 형세를 비롯하여 주자학과 불교의 관계, 서학과 지동설 등 당대 지성사의 첨예한 이슈들이 총망라된다. 이밖에도 연암은 길 위에서 수많은 친구들을 만난다. 노파에서부터 어린이, 죄수, 땡중과 도사 등등.

사람들은 묻는다. 중국말도 잘 못하면서 어떻게 그렇게 많은 이방인들과 '찐한' 우정을 나눌 수 있느냐고. 그러면 연암은 이렇게 답할 것이다. 우정을 나누는 데 필요한 건 언어능력이 아니라 마음을 열고 있는 그대로를 보는 것이라고. 또 그러기 위해선 언제, 어디서건 웃음을 만들어 낼 수 있어야 한다고. "웃어라, 온 세상이 너와 함께 웃을 것이다!"

🐎 유목

강을 건너면서 연암은 묻는다. "그대, 길道을 아는가?"

그리고 이렇게 답한다.

"길이란 알기 어려운 게 아닐세. 바로 저편 언덕에 있거든. 이 강은 바로 저들과 우리의 경계로서 언덕이 아니면 곧 물이지. 사람의 윤리와 만물의 법칙 또한 저 물가 언덕과 같다네. 그러므로 길이란 다른 데서 찾을 게 아니라, 언덕과 물 그 '사이'에 있는 것이라네."

'사이'란 무엇인가? 흔히 생각하듯, 두 견해 사이의 중간이나 평균을 뜻하는 건 결코 아니다. 양변의 절충이나 타협으론 결코 새로운 길이 열리지 않기 때문이다. 굳이 말하자면, 이것과 저것, 그 양변을 떠난 제3의 변이형이라 할 수 있다. 그것은 하나의 고정된 가치나 방향을 갖는 것이 아니라 삶의 구체적 장면 속에서 매 순간 새롭게 구성되어야 한다.

여행 막바지, 연암은 자신이 던진 화두에 대해 하나의 답을 찾아낸다. 고북구 장성을 지나 하룻밤에 아홉 번 강을 건너는 강행군을 할 때였다. 설상가상으로, 견마잡이 창대가 발을 다쳐 뒷수레에 실려 오고 연암이 홀로 말을 타고 물을 건너는데, 그야말로 목숨이 오락가락하는 순간이었다. 폭우로 범람한 강을 하룻밤에 아홉 번이나 건너면서 연암은 '이제야 비로소 도를 깨우쳤노라'고 소리친다. 그가 말하는 도는 명심冥心이다. 명심, 말 그대로 '어두운 마음'이다. 도가 어두운 마음이라니, 웬 선문답? 도를 깨치면 눈이 밝아져 사방천지가 훤히 드러나야지, 다시 깜깜해진다는 게 말이 되는가? 하지만 이게 바로 연암식 패러독스다. 그가 말하는 명심이란 '이목耳目의 누累', 곧 분별망상으로부터 벗어나는 것을 뜻한다. 분별을 내려놓는 그 순간, 목전에 펼쳐지는 깊은 적막과 평정. 연암은 그것을 '눈과 귀'가 사라지는 '어둠'으로 표현한 것이다.

잠깐만 삐끗해도 목숨이 위태로운 순간, 그때 만약 삶에 집착하게 되면 강물은 공포의 대상이 된다. 대상과 주체 사이에 선명한 경계가 그어지는 까닭이다. 그 경계에 갇혀 있는 한 공포는 더더욱 증폭되고, 그와 동시에 몸은 뻣뻣하게 굳어 버리고 만다. 이런 적대적 관계로부터 해방되려면 무엇보다 주체와 대상 사이의 경계를 허물어야 한다. 그래야 나와 외물外物 '사이에서', 나도 아니고 외물도 아닌, 전혀 새로운 '관계의 장'이 펼쳐지는 것이다. "물이 땅이 되고 물이 옷이 되고, 물이 몸이 되고 물이 마음이" 되는 경이로운 생성의 장이. 이것이 바로 연암이 삶과 죽음 '사이에서' 도달한 도의 경지이다.

이렇듯, 연암에게 있어 삶과 여행은 분리되지 않았다. 그는 길 위에서 사유하고, 사유하면서 길을 떠나는 '노마드'(유목민)였던 것. 이질적인 것들 사이를 유쾌하게 가르지르면서 항상 예기치 않은 창조적 선분들을 창안해 내는 존재, 노마드! 열하일기는 이 노마드의 유쾌한 유목일지이다. 『열하일기』가 18세기에 갇히지 않고, '지금, 우리'에게도 삶과 우주에 대한 눈부신 비전을 던져 주는 이유가 거기에 있다.

2003년 봄, 연구실과 그린비의 아주 특별한 인연 덕분에 『열하일기』를 '리라이팅' 하는 책을 냈다.(『열하일기, 웃음과 역설의 유쾌한 시공간』) 인연이 인연을 부른다고 책이 나오자, 나는 전국 곳곳을 다니며 『열하일기』를 안내하는 전령사 역할을 하게 되었다. 『열하일기』의 지혜와 비전에 대해 '열나게' 떠들고 나면, 막판에 꼭 이런 질문이 나왔다. "『열하일기』를 직접 읽으려면 어떤 걸 봐야 하나요?" 난감했다. 1960년대에 민족문화추진회에서 나온 책은 절판이 되었고, 시중에 나와 있는 다이제스트판 역시 독자들이 편안하게 접근하기에는 언어적 장벽이 두터웠던 탓이다. 누구나 쉽게 읽을 수 있는 번역본을 내겠노라고 결심한 건 그 때문이다. 물론 혼자 힘으론 '택도 없는' 일이라, 한문학을 전공한 후배 김풍기, 길진숙을 꼬드겨 공동작업을 시작했다. 그로부터 꼬박 5년이 걸렸다.

기초작업은 번역자들과 그린비 팀이 함께 참여하는 세미나에서 이루어졌다. 각자 번역해 온 부분을 다함께 큰 소리로 읽어 가면서 우리 시대의 생생한 언어를 찾아내는 데 온힘을 기울였다. 하지만 누구나 인정하는 바와 같이 연암의 문장은 비끄럽나. 막 잡아올린 물고기처럼 펄펄 살아 있어 잡았는가 싶으면 순식간에 손아귀를 벗어난다. 결국 애초 예상보다 작업이 길어졌다.

그러는 동안에 많은 사건들이 개입했다. 특히 작업이 한참 진행되는 도중, 뜻하지 않게 내가 미국에 7개월 동안 체류하는 '사건'이 발생했다. 뉴욕 동북부에 있는 이타카라는 곳이었다. 인디언의 숲과 호수가 장엄하게 남아 있는 깊고 그윽한 오지였다. 영어도 안 될 뿐 아니라, 아는 사람도 거의 없었던 터라, 처음 얼마간은 날마다 하루를 『열하일기』 번역과 함께 시작하곤 했다. 그리고 나서 오후엔 정처없이 숲과 호수 사이를 걸었다. 『열하일기』와 산책이 반복되는, 내 생애 가장 여유롭고 멋진 휴가였다. 내가 돌아온 다음에는 길진숙이 또 그곳에서 1년여를 머물렀다. 결국, 공교롭게도 이 책의 적지 않은 부분이 이타카에서 이루어진 셈이다. 책의 갈피마다에 이타카의 공기와 바람과 햇빛이 서려 있으리라. 고마움과 그리움을 전한다.

다른 한편, 그 사이에 보리출판사에서 『열하일기』 북한판 완역본이 나왔다. 북한학자들의 역량이 총결집된, 그리고 북한식 구어체가 생생하게 살아 있는 명실상부한 완역본이었다. 덕분에 우리들은 완역의 책임에서 자유로워졌다. 버전이 다양할수록 좋겠다는 의견하에 개성 있는 편역본을 내기로 방향을 선회했다.

『열하일기』는 여정을 시간의 흐름에 따라 정리하는 편년체 방식과 여정과는 분리되어 독자적으로 쓰여진 기사체 글들이 공존한다. 이 책은 전자는 오롯이 살리고, 후자 중에서 보석 같은 대목만을 가려 여정에 맞게 재배열하였다. 나 같은 '열하일기 폐인'에겐 어느 것 하나 보석 아닌 것이 없지만, 청소년들이 많이 읽어 주기를 바라는 마음에서 방대한 배경지식이 필요하거나 다소 번다한 장들은 생략할 수밖에 없었다. 대신 이김천 화백의 멋진 그림이 여행의 이미지를 기막히게 살려 주었고, 책 곳곳을 장식하고 있는 시각자료들은 번역의 결함과 여백을 눈부시게 메워 주었다.

　교정지를 받아 들고 이토록 행복했던 적이 없었다. 역시 그린비 '친구'들은 멋지다! 독자들도 분명 행복하리라 믿는다. 부디 그 행복 속에서 '삶이 길이 되고, 길이 또 새로운 삶으로 변주되는' 유목적 여정을 열어 가시기를!

2008년 2월
남산 아래 햇빛 넘치는 곳,
〈연구공간 수유+너머〉에서

고미숙

도강록 渡江錄 •40

성경잡지 盛京雜識 •148

일신수필 馹汛隨筆 •224

1 『열하일기』 판본은 크게 필사본과 활자본 두 종류가 있다. 필사본에는 연암 박지원의 수택본(手澤本)으로 불리는 충남대본을 비롯하여 규장각본, 전남대본, 대만본 등이 있다. 활자본에는 육당(六堂) 최남선(崔南善)이 편집하여 간행한 광문회본, 박영철(朴榮喆)이 편집하여 간행한 박영철본이 있다. 초고에 가까웠을 것으로 추정되는 필사본은 박지원의 시선을 비교적 객관적으로 묘사하고 있는 데 비해, 활자본은 표현이나 문체 면에서 양반의 체면을 손상시키거나 당시의 시대적 조류를 거스르지 않으려는 태도를 보인다. 필사본과 활자본의 차이가 어디서 비롯된 것인지 지금으로서는 알 수 없지만, 박지원이 청나라를 다녀온 후 꾸준히 글을 쓰고 퇴고하는 과정에서부터 그와 같은 차이가 나타났을 것으로 보인다. 이 편역본에서는 영인본으로 가장 널리 알려진 '박영철본'을 대본으로 하였다.

2 박영철본 『열하일기』의 전체 목차는 아래와 같다. 이 중 검은색으로 표시한 편들은 여행의 과정을 매일매일 기록한 편들로 이 책에 전체 내용이 다 번역되어 실렸고, 갈색으로 표시한 편들은 편역자들이 중요하다고 생각해 가려 뽑은 글들로 여행 일정과 맞물리는 곳에 편집·수록되었다. 나머지 푸른색으로 표시한 편들은 이 책에서는 제외한 편들이다.

3 『열하일기』에 연암이 기록한 매일의 날짜는 음력 날짜이다.

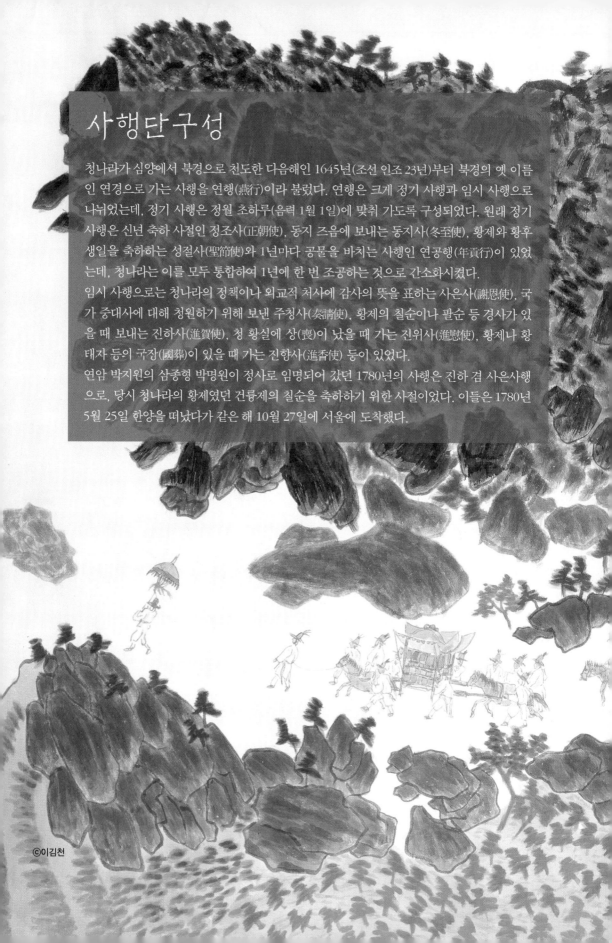

사행단 구성

청나라가 심양에서 북경으로 천도한 다음해인 1645년(조선 인조 23년)부터 북경의 옛 이름인 연경으로 가는 사행을 연행(燕行)이라 불렀다. 연행은 크게 정기 사행과 임시 사행으로 나뉘었는데, 정기 사행은 정월 초하루(음력 1월 1일)에 맞춰 가도록 구성되었다. 원래 정기 사행은 신년 축하 사절인 정조사(正朝使), 동지 즈음에 보내는 동지사(冬至使), 황제와 황후 생일을 축하하는 성절사(聖節使)와 1년마다 공물을 바치는 사행인 연공행(年貢行)이 있었는데, 청나라는 이를 모두 통합하여 1년에 한 번 조공하는 것으로 간소화시켰다.

임시 사행으로는 청나라의 정책이나 외교적 처사에 감사의 뜻을 표하는 사은사(謝恩使), 국가 중대사에 대해 청원하기 위해 보낸 주청사(奏請使), 황제의 칠순이나 팔순 등 경사가 있을 때 보내는 진하사(進賀使), 청 황실에 상(喪)이 났을 때 가는 진위사(進慰使), 황제나 황태자 등이 국장(國葬)이 있을 때 가는 진향사(進香使) 등이 있었다.

연암 박지원의 삼종형 박명원이 정사로 임명되어 갔던 1780년의 사행은 진하 겸 사은사행으로, 당시 청나라의 황제였던 건륭제의 칠순을 축하하기 위한 사절이었다. 이들은 1780년 5월 25일 한양을 떠났다가 같은 해 10월 27일에 서울에 도착했다.

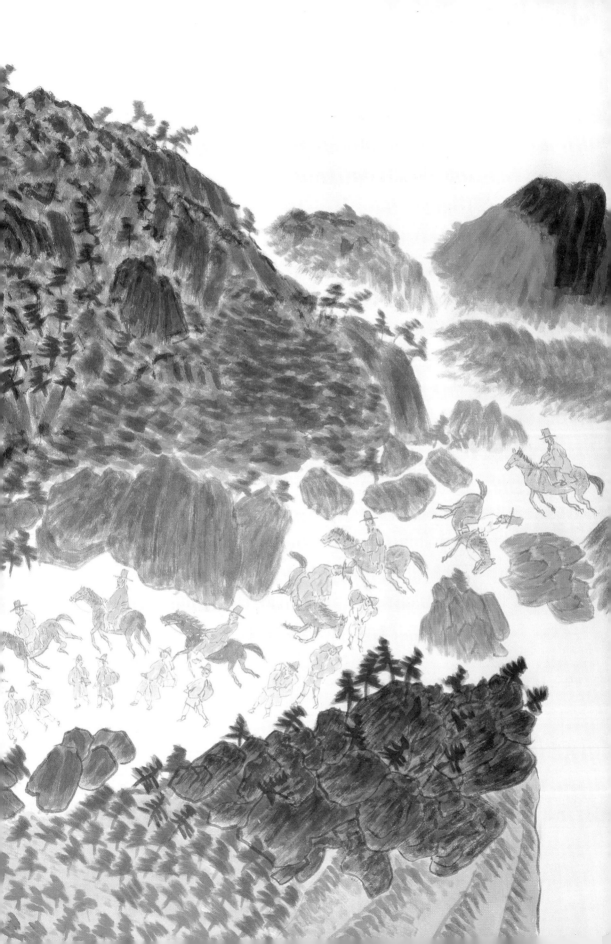

🐎 사행단 구성

삼사三使

삼사란 정사, 부사, 서장관을 말한다. 각각 1명씩을 임명하며, 이들은 결함結銜이라 하여 품계를 한 등급씩 올려 보냈다. 정사와 부사는 반드시 귀한 집안의 저명한 사람으로 선별하여 의전을 책임지는 상징적 존재로 삼았고, 서장관 역시 평소 명망을 쌓아 풍습과 도덕 규범을 감당할 만한 인물로 임명했다. 서장관은 일행을 규찰할 임무가 있었으며 매일 보고 들은 바를 적어서 연행에서 돌아온 후에 그 문서를 제출해야 했다. 또 사행단이 압록강을 건너기 전에 의주 부윤과 함께 일행이 지닌 물품들을 점검하는 것도 서장관의 중요한 일 중 하나였다.

역관譯官

총 19명이 정원이었으며, 이들은 모두 외국어의 통역 및 번역을 맡았던 부서인 사역원에서 임명해 보냈다. 이들 가운데 3명이 당상역관堂上譯官에 임명되었는데, 당상역관은 중국어는 물론 접대에도 능통한 인물들이 발탁되었다. 또 역관 중 3명은 관주관館廚官에 임명되어 삼사의 식사를 돌보았고, 1명의 장무관掌務官은 사행 중의 문서를 담당했다. 역관에게는 사신을 수행해서 외국에 다녀오는 것이 출세와 치부致富의 방법이었다. 특히 연행에서 합법적으로 휴대할 수 있었던 인삼 80근의 팔포八包를 가지고 엄청난 자금을 확보하여 무역 활동을 할 수 있었고, 이를 통해 부를 축적할 수 있었다. 따라서 몇몇 유력한 집안이 이익을 독점하고 기득권을 유지하려 했기 때문에, 실제로는 중국어를 제대로 할 줄도 모르는 사람이 역관으로 뽑혀 가는 일도 있었다고 한다.

연행도(부분)

의원醫員

궁중 의료를 담당하는 내의원과 국립의료원이라 할 수 있는 혜민
원에서 번갈아 임명했다.

사자관寫字官

외교 문서를 맡아 보던 관아인 승문원承文院에서 서원 1명을 차출
하여 임명했는데, 사자관은 청나라 조정에 올리는 각종 문서의 글씨
쓰는 일을 담당했다.

연행도(부분)

화원畫員

사행을 그림으로 기록하고, 입수하기 어려운 지도나 그림을 베껴 그리고, 새로운 그림 기법을 배우는 일 등이 화원이 하는 일이었다. 도화서圖畫署에서 1명을 발탁했다.

군관軍官

총 7명이었는데, 정사는 4명, 부사는 3명, 서장관은 1명을 데려갈 수 있었다. 대체로 전·현직의 무관을 데려갔으나, 자제군관이라 하여 손아래 친인척을 기용해서 그들의 견문도 넓혀 주고, 또 사행길의 외로움을 달래기도 하였다. 연암 박지원도 정사 박명원의 자제군관이었다.

우어별차偶語別差

중국어, 몽고어, 만주어 학습을 위해 사역원에서 1명을 뽑았다.

만상군관灣上軍官

모두 2명을 의주 사람 중에 뽑았는데, 연행길에 삼사가 머무르는 곳을 정돈하고 식량을 관리하는 일을 맡았다.

마두와 하인들

말을 돌보고 모는 일을 하는 마두에는 견마잡는 사람과 짐 실은 말을 모는 사람이 있었는데, 같은 마두라도 견마잡이가 그나마 옷도 제대로 입고 어느 정도 말 탄 사람과 대화를 나눌 수준도 되었다고 한다. 특히 국경에 있는 의주에는 사행 관리들의 견마잡이로 평생을 보낸 마두들도 있었다고 한다. 이 마두들은 관가에서 노자로 쓸 돈을 지급받았지만, 미리 가족들에게 다 주고 자신들은 빈손으로 들어가서 길가의 논밭이나 과수원, 일반 민가 등에서 훔쳐 먹는 일이 많았다.

🐎『열하일기』속 1780년 사행단 멤버들

사행단의 규모는 적게는 수십 명에서 많게는 수백 명에 이르렀다. 그래서 몇 개의 무리로 나누어 움직였는데, 정사가 속한 상방, 부사가 속한 부방, 서장관이 속한 삼방이 있었다. 각 방마다 역관과 수행을 담당하는 비장이 배치되었다.『열하일기』에서 계속 코믹한 이미지로 등장하는 진사 정각은 바로 상방 비장이었다.

정사 박명원朴明源

사행단의 총지휘자. 연암의 삼종형(팔촌형)이다. 영조의 딸인 화

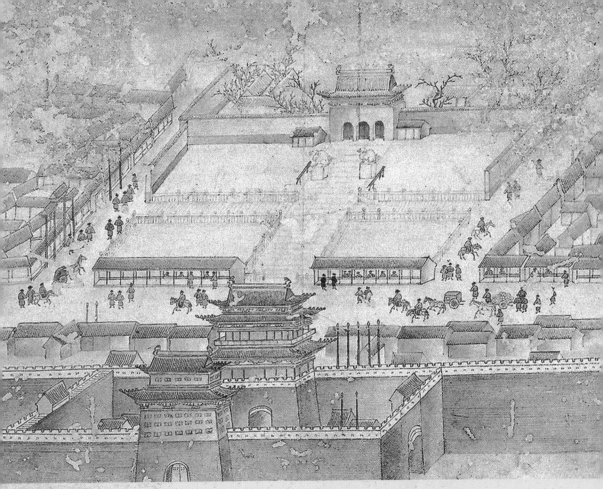

연행도(부분)

평옹주의 남편으로 금성위에 봉작된 왕족이다. 연암 같은 무직자가 연행을 할 수 있었던 건 순전히 이 '형님의 빽' 덕분이다. 근엄하면서도 결단력이 있다. 일정이 빡빡하자 폭우에도 아랑곳하지 않고 일행들을 재촉해 임무를 완수한다. 열하에선 판첸라마 덕분에 몇 번이나 곤경에 처한다. 연암에 대해서는 자상한 배려를 아끼지 않는다.

부사와 서장관 정원시鄭元始 , 조정진趙鼎鎭

이들은 압록강을 건너 책문을 통과한 후 머물게 된 한족의 집에서 연암과 서로 인사를 나누게 된다. 부사인 정원시의 할아버지와 연암의 할아버지는 함께 공부한 동창 사이여서 두 집안 간에는 대대로 교류가 있어 왔다. 연암은 이들과 연행길에 몇 번 해돋이를 보자고 약속했으나 정작 함께 보지는 못한다. 글 속에 이들이 눈에 띄게 등장하지는 않지만, 가만히 보면 연암이 이들과 함께 어울려 구경한 일이 많다는 걸 알 수 있다.

수석 역관 홍명복

연암이 압록강을 건널 때 "자네 길을 아는가?"라고 물으며 '사이의 철학'을 펼친 인물. 역관인 만큼 무슨 일이 생기면 청나라 관리와 조선 사행단 사이에 나서서 중재를 하는 경우가 많다.

의원 변계함

임금의 의원인 태의관太醫官. 책문에 들어서면 청나라 관인들 앞에서는 말에서 내려 걸어가야 하는데, 혼자 말을 타고 달려가 봉변을 당할 뻔 했으나 수역 홍명복 덕분에 화를 면했다. 성경에서 연암이 예속재와 가상루의 친구들을 밤에 몰래 만나러 나갈 때 같이 가자고 했으나 눈치 없이 수역에게 나가도 되냐고 물어봤다가 타박만 당하기도 하고, 북경에서 한밤에 몽고군이 쳐들어 왔다는 연암의 장난에 속아 "우린 이제 죽었다"고 울부짖기도 하는 등 『열하일기』에 등장하는 대표적으로 눈치 없는 인물 중 한 명이다.

상방 비장 노이점, 정각, 박래원, 주명신 등

이 가운데 특히 진사 정각은 식자층이긴 하나 별로 똑똑한 구석은 없는 인물이다. 『열하일기』에 아주 많이 등장하긴 하지만, 대부분 '띨띨한' 모습으로 나온다. 연암이 벽돌론을 설파할 때, 말 위에서 졸다가 '벽돌은 돌만 못하고, 돌은 잠만 못하다'는 어처구니 없는 잠꼬대를 한 것으로 유명하다. 달걀을 특히 좋아해 '초란공'이란 별명이 붙었고, 한 점포에서 연암과 함께 「호질」을 베껴 쓰기도 했다. 물론 엉터리로 베껴서 연암이 다시 뜯어고쳤지만.

마두馬頭와 하인들 늑룡, 장복, 창대, 시대, 대종, 태복 등 그 외 나수

『열하일기』에 등장하는 마두들은 연경에 예닐곱 번씩 드나든 이가 꽤 많다. 정진사의 마두인 태복도 그렇고, 그 수완과 말솜씨를 인정받은 득룡도 상판사의 마두였다. 상방의 마두인 시대나 의원 변계함의 마두인 대종도 중국말을 잘하는 장면이 『열하일기』에 종종 등장한다. 특히 득룡은 열네 살 때부터 중국을 드나든 '중국통'으로, 중국어에 능통한 데다 처세술도 능란하기 이를 데 없어 사행단에선 없어서는 안 되는 인물이다. 중국으로 귀화할까봐 가족들을 인질로 잡아 놓을 정도로 수완이 좋다. 책문을 통과할 때 청나라 사람들을 기막힌 수법으로 멋지게 속여 넘긴다. 이름하여 '살위봉법'殺威棒法!

연암의 수행인들인 장복과 창대는 『열하일기』의 주연급 조연이다. 장복은 하인이고, 창대는 마두다. 술은 입에도 못 대고, 일자무식인 데다 고지식하기로는 둘째 가라면 서러운 '환상의 커플'. 중화주의가 뼛속까지 침투하여 중국은 '되놈의 나라'라며 거들떠보지도 않는다. 종종 어이없는 해프닝을 저질러 연암을 질리게 한다. 갑작스럽게 열하행이 결정되면서 장복이만 북경에 남게 되자, 울고불고 하는 바람에 연암이 그걸 빌미로 '이별론'을 한바탕 늘어놓는다. 창대는 가는 도중 부상에, 몸살에 거의 죽을 고생을 한다. 덕분에 연암이 창대를 돌보는 처지가 된다.

🐎 『일성록』에 나타난 1780년 사행단의 출발과 귀환 장면

1780년 5월 25일 출발

성정각誠正閣에서 삼사三使를 불러서 보았으니, 상사上使 박명원, 부사 정원시, 서장관 조정진이다.

나(정조) "이 더운 날에 만 리 먼 길을 다녀오는 것은 과연 어려운 일이다. 경卿 등이 모름지기 다녀와야 할 것이다. 여행 일정은 어떻겠느냐?"

박명원 "요동벌판은 때마침 장마철이어서 온통 진흙밭일 것입니다. 사람과 말이 지나가기 어려울 터인데, 비록 빨리 갈 수는 없겠지만 한 달 사흘쯤 걸려 도달하면 8월 13일 이전에는 그곳에 도착할 수 있을 것 같습니다."

나 "사신의 귀중함은 오직 사정을 잘 알아서 그때그때 잘 응대하는 것에 달려 있다. 이번에 경 등은 모름지기 잘 해주기 바란다. 상주문上奏文_임금에게 아뢰는 글 1절은 예비로 두 개를 준비하여 가는 것이 어떠하겠는가. 경 등은 모름지기 서로 상의하여 처리하는 것이 좋겠다."

박명원 "이 일은 신 등이 삼가 마땅히 그때에 닥치면 처리하도록 하겠사옵니다."

1780년 10월 27일 도착

중국에서 돌아온 사신을 선정전宣政殿으로 불러서 보았으니, 상사 박명원과 부사 정원시이다.

나 "만리길을 무사히 다녀왔으니 너무도 다행스럽고도 다행스럽구나."

박명원과 정원시 "폭염을 무릅쓰고 중국에 들어갔다가 큰비를 맞으며 돌아

일성록日省錄

1760년(영조 36년)부터 임금이 자신의 동정을 일기 형식으로 직접 기록한 책이다. 철종 때의 화재로 일부 손실되기는 했지만, 2,300여 권에 이르는 방대한 양이 전하고 있다. 정조는 세손 시절부터 일기를 남기기 시작하였는데, 단순히 신변 문제를 기록한 것이 아니라 국정 전반에 걸친 다양한 문제들을 기록하였다. 정조 이후에도 이 관행은 계속 이어져서, 1910년 8월 조선의 멸망 때까지 계속된다. 이 기록들을 통틀어 '일성록'이라고 한다. 정조의 문집인 『홍재전서』(弘齋全書) 권675에 수록된 '군서표기'(群書標記)의 '일성록' 조항에는 다음과 같은 글이 있다. "나는 젊은 시절부터 동정(動靜)과 언행을 날마다 기록해 둔 것이 있었다. 즉위한 후에는 그 규모를 확대하고 형식을 다듬어서 모든 조치와 정령(政令), 관리 승진 문제 및 상벌을 모두 날짜별로 기록하여 참고자료로 삼았는데, 증자의 '날마다 세 가지 측면에서 반성한다'고 한 말에서 따와 '일성록'이라 이름하였다."

이 같은 언급에서도 알 수 있듯이, 정조는 조정에서 일어나는 모든 업무에 대하여 조목을 나누어 기록하였다. 이 기록에는 왕조실록에 들어 있지 않은 기록이 다수 포함되어 있어서, 조선시대를 연구하는 중요한 자료로 꼽는다.

왔는데, 저희 일행이 아무 탈이 없었으니 이는 성은이 미치지 않은 바가 없는 일입니다."

나 "황제의 총애가 예전에 비해 융숭하고 무거웠다고 하던데, 과연 어떠 하였는가?"

박명원 "신臣 일행이 황도皇都_북경을 말함에 도착하니 황제께서는 열하로 가셨습니다. 그래서 예부禮部에 문서를 올렸더니, 예부에서는 신 등이 들어 온 의도를 보고하였습니다. 황제는 '조선 사신들은 열하로 와서 대기하라'고 칙명을 내렸습니다. 신 등은 그날 즉시 길을 나서서 열하로 가니, 황도에서 열하까지 7백 리나 되었습니다. 출발한 지 8일만에 열하에 도착하여 표전表箋과 예물 목록을 올리니, 황제는 크게 기뻐하면서 저희를 불러서 만나 주었습니다. 황제는 먼저 전하의 안부를 물으시면서, '너의 국왕은 제후로서의 예를 공경하면서도 부지런히 지켜 이렇게 사신을 보내니 너무도 가상하도다. 너의 나라에도 일이 많을 터인데 도리어 미안하구나' 하고 말씀하시고는 술을 하사하였습니다. 그 뒤로 연회나 잔치를 마련하는 날이면 반드시 저희를 불러 들여서 가까운 자리에 앉아 감상하고 즐기도록 하셨으니, 그 접대는 다른 나라 중에서도 으뜸이었습니다.

나 "사신단의 접대가 특별했을 뿐 아니라 칙서의 내용과 보내온 예물도 예법으로 우대하였다 할 만하다. 예법으로 우대한 것에 대하여 감사의 인사를 하지 않을 수 없다. 사신을 보내 황제의 은혜에 감사하는 것이 마땅하겠도다."

정원시 "앞에서는 비록 이번 일보다 못했는데도 사신을 보내 은혜에 감사를 표했었는데, 하물며 이번처럼 특별한 은혜를 입은 때에는 당연한 일이옵니다."

나 "방물方物예물도 또한 같이 보내라. 황도에 도착한 뒤에 만약 그것을 받아들이지 않는다면, 이후 동지사冬至使가 사용해도 별 문제가 없을 것이다."

박명원 "신이 여러 차례 왕래하여 대국大國의 사정을 잘 알고 있사온데, 방물을 가지고 중국에 들어가더라도 그것을 물리쳐서 받아들이지 않는 전례는 없습니다.

나 "열하는 궁실의 장려함이나 백성들의 번성함이 황도에 비하여 어떠하더냐?

박명원 "궁실의 크고 웅대함은 황도만 못하였지만, 만든 수법의 기묘하고 사치스럽고 아름다움은 황도보다 더했습니다. 백성들의 번성함은 황도의 3~4할가량 되었습니다."

나 "황제가 보내온 금부처는 과연 어떻게 처리했느냐?"

박명원 등 "서 나라청나라를 말함는 사람들의 상수를 기원할 때 반드시 금불상으로 합니다. 이번에 금부처를 보낸 것도 역시 전하의 장수를 기원하려는 본뜻이 있어서입니다만, 신이 돌아오는 도중에 이미 연교筵教_임금이 연석筵席에서 내리는 명령로 영변 향산에서 받들어 모시도록 하셨으므로, 향산의 깔끔한 사찰로 보내 봉안하도록 하였습니다."

나 "경 등은 정말 노고가 많았다. 물러가 쉬도록 하라."

열하일기 여정도

연암 박지원이 참가했던 사행단은 1780년 5월에 한양을 출발하여, 6월 24일에 압록강
을 건넜다. 그후 사행단은 정해진 길을 따라 이동했다. 따라서 이 여정도에서 압록강을
건넌 후 북경에 이르기까지의 경로는 다른 사행단과 다름이 없다. 다만, 북경에서 열하
까지 오간 점이 특별하다. 『열하일기』에 실린 날짜별로 기술된 부분은 이 길 위에서 쓰
여진 것이다.

열하熱河

고북구
古北口

거용관
居庸關

영원주寧遠州
중우소
中右所
동관東關
중후소
中後所
냉수점冷水店
중전소 中前所

옥전
玉田
양수점
兩水店

삼하
三河

영평 永平
신해관
山海關

통주
通州

소주 蘇州

풍윤 豊潤

청룡교
青龍橋

사하일沙河馹

요점
要店
무령
撫寧
심하보
深河堡

하점
夏店

황성 皇城
(북경)

©이김천

성경盛京

거류하사
巨流河司

백기보
白旗堡

노변점
路邊店

백탑포
白塔鋪

주아호주일
朱兒呼朱駟

십리하일 十里河駟

이도정
二道井

동경
東京

백애 白厓

여양일
閭陽駟

소흑산
小黑山

요양
遼陽

광영일
廣寧駟

낭자산점
浪子山店

마천령
磨天嶺

금주 錦州

신점자장
新店子庄

게수점
憩水店

십삼산점
十三山店

연산관連山關

고교
高橋

동원보 通遠堡

설리점
雪裏店

봉황산鳳凰山

봉황성鳳凰城

탕점湯店

구련성 九連城

임강진臨江鎭

의주성
義州城

도강록	성경잡지
일신수필	관내정사
막북행정록	환연도중록
● 태학유관록	

연암 박지원 약전略傳

연암 박지원. 보다시피 덩치가 좀 큰 편이다. 눈매도 매섭고 목소리도 커서 한번 입을 열면 담장 너머까지 울렸다고 한다. 양기가 세서 만년에 면천군수를 할 적엔 연암의 목소리만 듣고도 귀신이 달아난 일까지 있었다.(믿거나 말거나!)

영조대왕 13년(1737년) 서울 서소문 밖 야동冶洞에서 노론 명문가 박사유의 막내로 태어났다. 열여섯, 이팔청춘에 전주 이씨와 결혼한 후, 장인어른(이보천)과 처삼촌(이양천)의 지도 하에 학업에 정진했다. 처가 역시 노론 학통을 계승한 명문가. 한마디로 출신성분은 '빵빵한' 편이다. 하지만, 양쪽 집안 모두 '청렴'을 가문의 영광으로 내거는 바람에 평생 가난이 떠날 날이 없었다.

젊은 날의 특이한 사건이라면 우울증에 걸렸다는 것. 연암처럼 '양기충만'한 인물이, 그것도 한참 팔팔할 나이에 웬 우울증이냐고? 그게 참 모를 일이다. 좌우지간 어느 날 우울증이 그의 청춘을 덮쳤고, 그때부터 그는 먹지도, 자지도 못하는, 그야말로 '꿀꿀한' 시간을 보내야 했다. 병을 치유하기 위해 연암은 거리로 나섰다. 거기서 분뇨 장수, 이야기꾼, 도사, 건달 등 온갖 부류의 사람들을 만났다. 그는 그들의 기이한 인생 역정에 귀를 기울였고, 그러면서 그들 모두와 친구가 되었다. 그 과정을 기록한 것이 바로 「방경각외전」이다.

그는 당시 선비들의 무능과 부패에 질릴 내로 질린 상태였다. 오죽하면 「양반전」 같은 과격한 작품을 썼겠는가. 그런 썩어 빠진 양반들에 비하면, 비록 신분이 미천하고 험궂은 일에 종사하긴 하지만, '거리의 친구'들은 훨씬 기상이 맑고 드높았다. 그때 이후 연암은 뜻만 맞으면 이 세상 누구와도 친구가 될 수 있다는 걸 깨닫게 되었다. 질병이 가져다 준 멋진 선물!

더 결정적으로, 그때 이후 연암은 과거를 통한 입신양명이라는 코스에서 탈주해 버렸다. 물론 그가 과거를 포기한 데는 여러 가지 요인들이 개입했을 터이다. 당쟁으로 얼룩진 정국, 아수라장으로 변한 과거 시험장, 절친한 친구들의 정치적 희생 등등. 하지만 그 어떤 것도 결정적인 원인이라 하기는 뭣하다. 굳이 따지자면, 체질적으로 격식에 갇히는 삶을 지독히도 싫어한 탓이라고 할밖엔. 남들은 수천 수를 짓는 한시를 그는 고작 50여 수밖에 남기지 않은 걸 봐도 알 만하지 않은가.

부富도, 명예도 없었건만 그래도 30대는 그의 생애에서 가장 빛나는 시절이었다. 함께 웃고 함께 울어 주는 벗들이 있었기 때문이다. 이름하여, '백탑白塔에서의 청연淸緣'! 백탑은 탑골 공원에 있는 원각사지 10층 석탑을 말한다. 당시 연암과 그의 친구들이 이 근처에서 주로 살았기 때문에 생긴 명칭이다. 북학파의 핵심 멤버인 박제가와 이덕무, 천재 과학자이자 음악가인 홍대용, 괴짜 발명꾼 정철조, 조선 최고의 창검술을 자랑한 백동수 등이 그의 자랑스러운 친구들이었다.

삼십대 중반 즈음, 연암은 식구들을 처가로 보낸 뒤 전의감동典醫監洞에 혼자 기거하면서 이 모임을 이끌었다. 연암과 그의 친구들은 매일 밤 모여 한곳에선 풍류를, 다른 한편에선 명상을, 또 한쪽에선 세상의 이치를 논하는 모임을 이어갔다. 북벌(무찌르자, 청나라 오랑캐!)의 이데올로기에 맞서 북학(청나라 문명을 배우자!)의 기치를 내건 것

도, 고문의 매너리즘을 벗어나 '지금, 여기'의 살아 숨쉬는 글쓰기를
실험한 것도 다 이 향연의 산물이었다. 벗이 있었기에 진정 행복했
고, 벗이 있었기에 그 무엇도 두렵지 않은 시절이었다. 그때, 그들을
사로잡은 윤리적 강령은 오직 하나, "벗이란 또 다른 '나'다."

　하지만 백탑에서의 빛나는 시절은 그리 오래가지 않았다. 1776
년, 우여곡절 끝에 정조 임금이 즉위하게 되자, 그때부터 본격적으로
홍국영의 세도가 시작되었다. 홍국영은 자신의 반대파를 하나씩 제
거해 나갔는데, 그 불똥이 급기야 연암에게까지 튀게 된 것이다. 설
상가상으로 가정 형편 역시 좋지 않았다. 그 즈음 그의 스승이자 정
신적 지주이기도 했던 장인어른이 세상을 떠나고, 그간 가족의 생계
를 떠맡아 왔던 형수님마저 돌아가시는 바람에 먹고살기가 막막해
졌다. 이래저래 연암은 도주하듯 개성 부근에 있는 '연암골'로 들어
가야 했다. 그때 그의 나이 마흔두 살 즈음이었다.

　2년 뒤, 홍국영의 실각과 더불어 연암은 다시 서울로 돌아왔다.

화근은 사라졌지만 옛 친구들은 이런저런 사정으로 뿔뿔이 흩어지고 말았다. 말하자면, 벗과의 교유도 세월의 무상함을 피할 수는 없었던 것.

하지만, 인생은 길섶마다 행운을 숨겨둔다고 했던가. 1780년, 울울한 심정에 어디론가 멀리 떠나기를 염원하던 차, 삼종형 박명원이 건륭 황제의 만수절 축하 사절로 중국으로 가게 되면서 연암을 동반하기로 한 것이다. 그의 생애 가장 큰 행운이자 18세기 지성사의 한 획을 긋는 사건인 '중국 여행'은 이렇게 해서 시작되었다. 장장 6개월에 걸친 '대장정'의 기록이 바로 그를 불후의 문장가로 만들어 준 『열하일기』다. 책을 내자, 천고에 드문 문장이라며 열광하는 '폐인'들도 많았지만, 책을 불태워 버려야 한다며 난리를 떠는 '안티팬'들도 적지 않았다. 급기야 1792년, 정조는 문체반정을 주도하면서 문체를 어지럽힌 장본인으로 『열하일기』를 지목하기에 이른다. 하지만 뭐 어쩌겠는가. 그는 그저 중원천지에서 마주친 '말과 사물'들의 웅성거림을 세상에 전달한 전령사였을 뿐인 것을.

나이 쉰이 넘어서야 비로소 벼슬길에 올랐다. 무슨 특별한 심경의 변화가 있었던 건 아니고, 순전히 호구지책이었다. 면천군수, 안의현감 같은 것이 그가 노년에 쓴 감투들이다. 하지만 그것도 강원도 양양부사를 끝으로 마감하고, 다시 서울 가회동으로 돌아와 말년을 보냈다. 1805년, 풍증이 찾아오자, 연암은 죽음이 임박했음을 직감했다. 약을 물리친 다음, 친구들을 불러 조촐한 술상을 차려 서로 이야기를 나누게 하였다. 생의 마지막 순간까지 친구들과 함께 하고 싶었던 것이다. 유언은 "깨끗이 목욕시켜 달라"는 것뿐. 그때 그의 나이 69세였다.

그는 묘비명의 대가였다. 그의 묘비명들은 생의 빛나는 순간을 압축함으로써 망자를 전송하는 '지상에서 가장 아름다운 레퀴엠'이다. 하지만 어쩐 일인지 그에 대한 묘비명은 쓰여지지 않았다. 하여, 만일 그가 허락해 준다면, 나는 그의 어법을 흉내내어 이런 묘비명을 바치고 싶다.

"이질적 존재들의 시끌벅적한 향연을 즐긴 건 에피쿠로스를 닮았고, '친구에 살고 친구에 죽는' 우정의 정치학을 설파한 건 스피노자를 닮았으며, 웃음이야말로 삶과 사유의 동력임을 보여 준 것은 니체를 닮았으며, '투창과 비수'의 아포리즘으로 통념의 기반을 가차 없이 뒤흔든 건 루쉰을 닮았구나!"

"이 강은 바로 저들과 우리 사이에 경계를 만드는 곳일세.
언덕이 아니면 곧 물이란 말이지. 사람의 윤리와 만물의 법칙 또한 저 물가 언덕과 같다네.
길이란 다른 데서 찾을 게 아니라 바로 이 사이에 있는 것이지."
"무슨 뜻인지요?"
"인심은 위태롭고 도심은 은미한 법이지. 서양 사람들은 기하학의 한 획을 변증하면서
선 하나를 가지고 가르쳤다네. 그런데도 그 미세한 부분을 다 변증하지 못해서
'빛이 있기도 하고 없기도 한 경계'라고 말했어. 이건 바로, 부처가 말한 '닿지도 떨어져
있지도 않는다'는 그 경지일세. 그러므로 이것과 저것, 그 '사이'에서 존재하는 것은
오직 길을 아는 이라야만 볼 수 있는 법, 옛날 정사신鄭士信 같은 사람이라야 될 걸."

渡江錄

1편

도강록

6월 24일부터
7월 9일까지의 기록이다.
압록강에서부터 요양에 이르기까지
15일이 걸렸다.

도강록

서序

어째서 '후삼경자'後三庚子라고 했는가. 여정과 날씨의 흐리고 맑음을 기록하면서 한 해를 가지고 달과 날짜를 말하려는 것이다. 어째서 '후'後라고 했는가. 지금이 숭정崇禎 명나라 마지막 황제인 의종이 통치하던 시기의 연호 연간의 뒤를 잇는 시기이기 때문이다. 어째서 '삼경자'라 하였는가. 숭정 황제가 즉위한 지 세번째로 맞는 경자년庚子年이기 때문이다. 어째서 '숭정'을 말하지 않았는가. 압록강을 건너야 하기 때문에 이를 피한 것이다. 어째서 이를 피했는가. 강 저편은 온통 청나라 사람들이기 때문이다. 천하가 모두 청나라의 연호年號를 쓰기 때문에 감히 숭정을 말하지 못하였다. 그런데 어째서 사사로이 숭정을 말하는 것인가. 황명皇明은 중화인데 우리나라가 애초에 승인을 받은 상국上國인 까닭이다. 숭정 17년 의종毅宗 열烈 황제가 명나라 사직을 위하여 죽었다. 명이 망한 지 벌써 130여 년이나 되는데 어째서 지금까지 숭정의 연호를 쓰고 있는가. 청나라 사람들이 들어와 중국을 차지하자 선왕의 제도가 변해서 오랑캐가 되었다. 우리의 동녘 수천 리 강토는 강을 경계로 나라를 이룩하여 홀로 선왕의 제도를 지켰다. 이는 명나라의 황실이 여전히 압록강 동쪽에 존재한다는 사실을 분명히 보여주는 일이다. 힘은 비록 저 오랑캐를 쳐

없애고 중원 땅을 깨끗이 정리함으로써 선왕의 옛 시절을 광복시키지는 못할지라도 사람마다 모두 숭정을 높여 중국을 보존하자는 뜻이다.

　숭정 156년 계묘에 열상외사洌上外史_연암의 별호는 쓰다.

　'후삼경자'는 곧 우리 성상聖上_정조를 말함 4년1780년 청淸 건륭乾隆 45년이다.

도강록 서문의 의미

이 글은 『열하일기』로 들어가는 '입구'다. 첫문턱에 걸맞게 연암의 호쾌한 필력이 유감없이 발휘되어 있다. 하지만 이걸 제대로 음미하려면 약간의 '워밍업'이 필요하다.

잘 알다시피, 당시는 청나라 만주족을 물리치고 중원을 회복하자는 북벌론이 판을 치던 시대였다. 명분상으로야 임진왜란 때 조선을 구원해 준 명나라에 대한 의리를 지킨다는 것이었지만, 실제로는 주로 내부통치 및 권력투쟁을 위한 이념적 방편에 불과했다. 그래서 대부분의 사대부들은 연도를 기재할 때, 명나라의 연호인 '숭정 기원 후'를 고수하였다. 명에 대한 충성과 청나라에 대한 적대감을 그런 식으로 표현한 것이다.

연암이 보기에 이건 참으로 공허하기 짝이 없는 일이다. 무엇보다 청나라 문명의 실상을 제대로 보지 못하게 한다는 점에서 그렇다. 하지만, 그렇다고 정식으로 청나라 연호를 써 버리면 꼴통 같은 사대부들이 '오랑캐의 연호'를 썼다며 난리를 칠 게 뻔했다. 자, 그럼 어떻게 할 것인가? 결국 연암은 그 '사이에서' 교묘하게 줄타기를 시도한다.

후삼경자(연암이 중국으로 가는 해가 바로 경자년이다)라는 표현은 실로 교묘하기 짝이 없다. 여기서 핵심은 '후'(後)라는 표현이다. '숭정 이후'라는 의미를 연상시킴으로써 북벌론자들의 예봉을 피하면서, 다른 한편, '숭정'을 과감히 생략해 버림으로써 청 문명에 대한 자신의 입장을 충분히 담아내고 있는 까닭이다. 나아가, 『열하일기』의 첫 페이지를 연호 표기에 대한 변으로 시작함으로써 당시의 이념적 대치 상황을 한눈에 압축해서 보여 준다는 것, 과연 연암답지 않은가!

그런 점에서 이 글은 이 여행기가 어떤 '매트릭스' 위를 가로지를지를 예고해 주는 멋진 복선인 셈이다.

6월 24일

신미일 辛未日

종일 오락가락함
아침부터 내린 보슬비가

🐎 오후에 압록강을 건넜다. 30리를 가서 구련성九連城에서 노숙했다. 밤에 큰비가 퍼붓더니 곧 그쳤다.

앞서 용만龍灣 의주관에서 묵었다. 방물方物_중국에 바칠 우리나라의 특산물이 다 들어오는 데 무려 열흘이나 걸리는 바람에 일정이 몹시 촉박해졌다. 한바탕 장마로 두 강물이 온통 불어났다. 나흘 전부터 쾌청해졌는데도 물살은 여전히 거세다. 나무와 돌이 함께 굴러 내리며 탁류는 아득하니 하늘가로 이어진다. 압록강의 발원지가 그만큼 먼 까닭이다.

『당서』唐書에 따르면, 고려의 마자수馬訾水는 말갈의 백산白山에서 나오는데, 물빛이 마치 오리鴨 대가리처럼 푸르다綠 해서 '압록강'이라 부른다. 여기서 백산은 장백산으로, 『산해경』山海經에는 '불함산'이라 했고, 우리나라에선 '백두산'이라고 부른다. 백두산은 모든 강의 발원지인데, 그 서남쪽으로 흐르는 강이 압록강이다.

또 『황여고』皇輿考에는, "천하에 큰 물 셋이 있으니, 황하黃河와 장강長江과 압록강이다" 하였고, 진정陳霆이 지은 『양산묵담』兩山墨談에는 "회수淮水 이북은 북조北條_북쪽 가닥라 일컬어서 모든 물이 황하로 모여들므로 강으로 이름지은 것이 없는데, 다만 북으로 고려에 있는 것을 압록강이라 부른다" 하였다.

대개 이 강은 천하의 큰 물이다. 그 발원지가 가뭄이 들었는지 장마가 났는지 천 리 밖에선 예측하기 어렵다. 지금 이 강물이 넘쳐 흐르는 형세로 보아 백두산의 장마를 대강 짐작할 만하다. 하물며 이곳은 범상한 나루가 아님에랴. 물이 넘치다 보니 나루터는 모두 사라져 버렸고, 모래톱도 잘 보이지 않는다. 사공이 조금만 실수를 해도 큰 사고가 날 판이다. 하여, 일행 중 역원譯員_통역하는 사람들은 번갈아 옛일을 끌어대면서 날짜를 늦추자고 요청했다. 의주 부윤● 이재학李在學 역시 비장裨將을 보내 며칠만 더 묵도록 만류했다. 그러나 정사正使는 기어이 오늘을 도강일로 정하고 벌써 장계狀啓_왕의 명령으로 지방에 나가 있는 신하가 중요한 일을 왕에게 보고하는 문서에 날짜를 써 넣었다.

아침에 일어나 창을 열었다. 먹구름이 산에 가득하여 당장이라도 비가 올 듯하다. 세면을 마치고 행장을 정돈했다. 집에 보낼 편지와 여러 곳의 답장들을 손수 봉하여 파발 편에 부쳤다. 죽을 뜨는 둥 마는 둥 하고 천천히 관소館所_관리들이 공적인 업무로 여행할 때 묵는 장소로 갔다. 비장들은 모두 군복과 전립戰笠을 갖추어 입었다. 전립엔 은화은색 꽃 모양와 운월구름, 달 모양 모양의 수를 놓았고 공작 깃을 꽂았다. 남방사주藍紡紗紬_남빛이 나는 비단로 만든 전대纏帶를 허리에 두르고 환도環刀를 찼으며, 손에는 채찍을 쥐었다.

서로 마주보고 웃으면서 "어떻습니까?" 한다.

상방 비장인 참봉 노이점盧以漸은 첩리帖裏를 입었을 때보다 훨씬 건장해 보인다(첩리는 방언으로 철릭●●이라 한다. 비장은 우리 국경 안에서는 철릭을 입다가 강을 건너면 협수狹袖로 바꿔 입는다). 역시 상방의 비장인 진사 정각鄭珏이 웃으며 "오늘은 정말로 강을 건너겠죠?" 하자, 노이점이 옆에서 "곧 강을 건널 겝니다" 한다.

●의주 부윤
부윤(府尹)은 조선시대 지방 관아인 부(府)의 우두머리이다. 영흥부, 평양부, 의주부, 전주부, 경주부 등 다섯 개의 부가 있었다. 이 가운데 의주는 평안북도 북서단에 위치한 지역이다. 북서쪽으로 압록강을 사이에 두고 중국(만주 지방)과 경계를 이루고 있다. 의주 부윤은 '만윤'(灣尹)이라고도 한다.

●●철릭
상의와 하의를 따로 재단해 허리에 연결시킨 형태의 포(袍). 포는 바지와 저고리 위에 입는 겉옷으로 예의를 차리거나 추위를 막기 위해 입었던 옷을 말한다. 철릭은 조선시대 사대부의 평상복으로 애용되었으며, 외국에 사신으로 파견되었을 때와 국난을 당했을 때도 입었다.

비장의 옷차림·군복

구군복(具軍服) 문무관이 입던 군복으로 붉은색 동달이(소매를 몸판과 다른색 천으로 덧붙인 옷) 위에 전복을 입고, 남색 전대를 두르며 환도를 차고 손에는 등채를 든다.

전립(戰笠) 조선시대에 무관이 쓰던 벙거지. 구군복에는 공작깃과 패영 등으로 장식한 전립을 썼다.

전대(纏帶) 무명이나 베 따위의 헝겊으로 만든 중간을 막고 양 끝을 튼 긴 자루.

환도(環刀) 군복을 갖추어 입고서 차던 군도(軍刀).

나는 그들에게 "그럼, 물론이지" 하고 답했다.

열흘이나 객관에 묶여 있었던 터라 다들 몸이 근질근질하여 훌쩍 날아가고 싶은 심정이다. 장마로 불어난 강물 때문에 마음이 더욱 조급해졌다. 바야흐로 떠날 시간이 닥치고 보니 이제는 강을 건너지 않으려 해도 어쩔 도리가 없다.

멀리 앞길을 바라보니 찌는 듯한 무더위다. 고향을 돌아보니 구름 덮인 산이 아득하다. 문득 서글퍼져서 돌아갈 마음이 솟구친다. 장쾌한 유람이라면서 '꼭 한 번 구경을 해야지' 하고 벼르지 않았던가. 하지만 이것도 딱 맞는 말은 아니다. 저들도 말로는 "오늘에야 드디어 강을 건너는군!" 하며 떠들어 대지만, 진짜로 흔쾌해서 하는 말은 아니고, 코앞에 닥쳤으니 어쩔 수가 없다는 뜻이다.

역관 김진하金震夏는 늙고 병이 깊어 여기서 되돌아가기로 했다. 그의 정중한 하직인사에 왠지 서글퍼진다.

아침을 먹은 뒤 혼자 말을 타고 먼저 출발했다. 말은 자주색 갈기에 흰 정수리, 날씬한 정강이에 높은 발굽, 뽀족한 머리와 짧은 허리에 두 귀가 쫑긋한 품이 만 리를 달릴 듯싶다. 창대는 앞에서 견마를 잡고 장복은 뒤에서 따라온다. 안장에는 주머니 한 쌍을 달았다. 왼쪽 주머니에는 벼루를 넣고 오른쪽에는 거울, 붓 두 자루, 먹 한 장, 조그만 공책 네 권, 이정록里程錄 한 축을 넣었다. 행장이 이렇듯 단출하니 국경에서의 짐 수색이 아무리 엄하다 한들 근심할 게 없다.

성문에 못 미쳐 동쪽에서 한바탕 소나기가 몰려온다. 채찍을 마구 휘두르며 서둘러 성 문턱에 와서야 말에서 내렸다. 혼자 문루門樓에 걸어 올라갔다. 성 밑을 굽어보니, 창대 혼자 말을 잡고 섰고 장복은 보이지 않는다. 잠시 뒤 장복이가 튀어나와, 길 옆 작은 일각문*에 버티고 서서 위아래를 살피더니 삿갓으로 비를 가린다. 손에는 조그만 오지병을 들고 바람나게 걸어온다. 둘이 주머니를 터니 돈 스물

*일각문一角門
위 그림처럼 양쪽에 기둥을 하나씩 세워 문짝을 달고 지붕을 이은 대문. 보통 살림집 중간 문이나 협문 등으로 쓰였다.

여섯 푼이 나왔단다. 조선의 논은 청나라로 가지고 들어가지 못하는데, 그렇다고 길에 버리자니 아깝고 해서 술을 샀다는 것이다.

"너희들, 술은 얼마나 하느냐?"

"입에도 못 댑니다요."

"예끼! 한심한 놈들. 술도 마실 줄 모르다니."

한바탕 꾸짖으면서 다른 한편 스스로를 위로했다. "이 술도 먼 행로에 약간의 도움은 될 테지."

혼자서 쓸쓸히 한 잔을 부어 마시며 동쪽을 바라보니, 용만과 철산의 모든 산들이 첩첩 구름 속에 들어 있다. 다시 한 잔을 가득 부었다. 문루 첫번째 기둥에 뿌리며, 잘 다녀올 것을 스스로 빌었다. 그리고 또 한 잔을 부어 그 다음 기둥에 뿌리며 장복과 창대를 위해 빌었다. 술병을 흔들어 보니, 아직도 몇 잔 더 남아 있기에 창대를 시켜 술을 땅에 뿌리도록 했다. 말을 위한 것이다.

성 위 낮은 담에 기대어 동쪽을 바라보았다. 찌는 듯한 구름이 언뜻 피어오르자 백마산성 서쪽 한 봉우리가 홀연 반쯤 모습을 드러냈다. 그 짙푸른 모습은 마치 연암서당*에서 불일산佛日山 뒷봉우리를 바라보는 것 같았다.

**막수莫愁 아씨
당나라 때 석성(石城)의
여인으로 노래를 잘 불렀다.

붉은 단청 높은 다락에서 막수 아씨** 여의고는 紅粉樓中別莫愁
갈바람 스산한데 몇 마리 말로 변방을 나선다. 秋風數騎出邊頭

*연암서당
연암협은 '제비바위'라는 뜻으로, 개성에서 30여 리 떨어진 두메산골을 이른다. 연암이 젊은 시절 팔도를 유람하던 중 친구 백동수의 안내로 발견하게 된 곳이다. 고려 때까지는 목은 이색과 익재 이제현 등 명문장가들이 살던 곳이었지만 당시에는 화전민들만 약초를 캐고 숯을 키우며 살고 있었다. 연암은 이곳을 자신의 본거지로 삼기로 마음먹었고, 그때부터 '연암'을 자신의 호로 삼았다. 그렇지만, 연암이 이곳에 본격적으로 터를 잡게 된 것은 40대에 접어들면서였다. 1776년 정조가 즉위하자, 정조의 즉위에 결정적인 역할을 한 홍국영의 세도정치가 시작되었다. 홍국영은 정적들을 하나씩 제거해 나갔는데, 마침내 그 그물망이 연암에게까지 조여들게 되었다. 그러자 벗들의 권유로 연암협으로 숨어들게 된 것이다. 연암서당은 그곳에 있던 서재를 이른다.

그림배에서 들려오던 풍악소리 끊어지니 畵船簫鼓無消息
애끊는 듯 그립구나 청남 첫째 고을이여. 腸斷淸南第一州

이 시는 유득공이 일찍이 심양瀋陽으로 들어갈 때 지은 것이다. 몇 번이나 소리 내어 읊고서는 홀로 크게 웃었다.

"이건 국경을 넘는 이가 부질없이 쓸데없는 말을 만든 것일 게야. 어찌 여기에 그림배, 퉁소, 북이 있었겠어?"

옛날 형가荊軻_진시황을 죽이려다 실패한 위나라 출신의 자객가 막 역수易水를 건너려 할 때였다. 머뭇거리면서 떠나지 않자 연나라 태자太子는 그의 마음이 변하지나 않았나 의심하면서 진무양秦舞陽_형가와 진나라에 함께 들어간 인물을 먼저 출발시키려 했다. 형가는 이에 노하여 말했다. "제가 머뭇거리는 까닭은 함께 떠날 사람이 있기 때문입니다."

이것은 형가가 부질없이 빈 말을 한 것일 뿐이다. 태자가 만일 형가를 의심하면서 후회했다면 이는 그를 깊이 알지 못한 것이리라. 그러나 형가가 기다리는 사람 또한 꼭 이름을 가진 실존 인물은 아닐 것이다. 한 자루 비수匕首를 들고 앞날을 예측할 수 없는 진나라로 들어감에 있어서 저 진무양 한 사람이면 충분하지 않은가. 어찌 다른 사람이 필요하겠는가. 그저 찬 바람에 노래와 축筑_중국 악기의 하나로 열세 줄의 현악기을 연주하여 그날의 감상을 토로했을 뿐인데도 이 글을 지은 사람은 '그 사람이 먼 곳에 살았기 때문에 제시간에 오지 못했다'고 했다. 교묘하기도 하여라, 먼 곳에 산다는 말이여. 그 사람이란 천하에 둘도 없는 절친한 벗일 테고, 그 약속

이란 천하에 둘도 없는 큰 약속이다. 천하에 둘도 없는 빚으로서 한 번 가면 돌아오지 못할 약속에 임하여 어찌 날이 저물었다고 오지 않는단 말인가. 그 사람이 사는 먼 곳은 필시 초楚·오吳·삼진三晉과 같은 먼 곳이 아닐 것이다. 또 꼭 이날 진나라로 들어가자고 손을 잡고 간절하게 약속을 한 일도 없었을 터이다. 단지 형가의 마음속에 문득 어떤 벗이 떠올랐을 뿐인데, 이 글을 지은 이는 마음속의 그 인물을 이끌어 '그 사람'이라고 부연하였다. 그 사람이란 어떠한 사람인지 알지 못한다. 알지 못하기 때문에 먼 곳에 살고 있다는 식으로 둘러대어 형가를 변호해 주었다. 또 혹시나 오지 않을까 해서 '아직 오지 않았다'고 한 것이다. 이는 형가를 위해서는 참으로 다행스러운 일이다. 천하에 그 사람이 정말 있다면 나도 그를 보았을 것이다. 응당 그 사람의 키는 일곱 자 두 치, 짙은 눈썹에 검푸른 수염, 하관은 두툼하고 이마가 뾰족했을 것이다. 어째서 그런 줄 아는가. 유득공이 지은 이 시를 읽고 나서 알게 되었다.

깃발과 곤棍, 봉棒 따위를 앞세운 정사正使의 사행단이 힘차게 성을 나섰다. 박래원과 주주부가 나란히 간다(래원은 나의 팔촌 아우이고, 주주부의 이름은 명신命新인데, 둘 다 상방의 비장이다). 채찍을 옆에 끼고 몸을 솟구쳐 안장에 걸터앉았다. 어깨가 으쓱하고 목은 길게 빼서 날래고 용맹스럽긴 하지만 이불과 옷 보따리가 너무 커서 덜렁거리고 아랫것들의 짚신까지 안장 뒤에 걸려 있다. 래원은 군복을 푸른 모시로 해 입었다. 헌 것을 새로 빨아 입은 탓에, 뻣뻣하니 영 편치 않은 모습이다. 검소함을 지나치게 숭상한다는 말을 들을 만하다.

부사副使의 행차가 성을 나가기를 기다렸다가 제일 뒤에서 말고삐를 잡고 천천히 길을 나섰다. 구룡정九龍亭에 이르니 여기가 바로 배가 떠나는 곳이란다. 의주 부윤 이재학은 벌써 장막을 치고 기다리고 있었다. 서장관書狀官이 꼭두새벽부터 나가서 의주 부윤과 함께 점검하는 것이 상례다. 바야흐로 사람과 말을 점검하기 시작한다. 사람의 경우, 성명·거주지·나이, 수염이나 흉터의 유무, 키가 작은가 큰가를 적고, 말의 경우에는 털 색깔을 적는다. 깃대 셋을 세워서 문으로 삼고, 그곳에서 소지품을 뒤지니, 금지품목이 황금·진주·인삼·수달 가죽과 한도를 넘는 은銀에서부터 자질구레한 것들에 이르기까지 수십 가지나 나온다.

하인들은 웃옷을 풀어헤치기도 하고 바짓가랑이도 더듬어 본다. 비장과 역관들은 행장만 풀어 뒤져 본다. 이불 보따리며 옷 꾸러미가 강 언덕에 마구 풀어헤쳐져 있고 가죽상자와 종이곽이 풀밭에 어지러이 뒹군다. 사람들은 다투어 짐을 주워 담으면서도 흘깃흘깃 서로 곁눈질을 해댄다. 수색을 하지 않으면 나쁜 짓을 막을 수가 없고, 수색을 하자니 이렇듯 체면을 구기게 된다. 하지만 이것도 실은 겉치레에 불과하다. 의주의 장사치들은 수색에 앞서 이미 몰래 강을 건넜으니, 대체 누가 그들을 막을 수 있으랴. 만약 수색을 해서 금지물품이 발견될 경우, 첫번째 깃발에서 걸리면 큰 곤장으로 매질을 하고 물건을 몰수한다. 가운데 깃발에서 걸리면 귀양을 보내고, 마지막 깃발에서 걸리면 목을 베어 길거리에 내건다. 법이 실로 엄중하다. 이번 길에는 원포原包*도 절반에 미치지 못하고 은을 가져오지 못한 사람도 많으니, 남은濫銀_규정액을 넘는 은이 있을 리 없다.

초라한 다담상茶啖床이 들어오는가 싶더니 휑하니 물려 버린다. 강

*원포

사신들이 중국에 가져 가도록 국가에서 허락한 은. 원포의 '포'는 글자 그대로 '자루'라는 뜻. 이 때문에 생겨난 것이 '팔포제'(八包制)다. '팔포'란 여덟 자루의 인삼이라는 뜻으로, 사행 인원 한 사람이 휴대할 수 있는 인삼의 양이었다. 인삼은 당시 중국이나 일본에서 가장 선호하는 무역상품의 하나였다. 그래서 사행 인원들에게 인삼 8포의 무역권을 준 것이다. 조선 초에는 사행 1인당 인삼 10근을 가져가 사행경비와 무역자금으로 충당했는데, 10근을 여덟 포로 나눈 다음 다시 1포당 20냥으로 나눈 것이 팔포의 시초였다. 인조 후반에는 80근으로 대폭 늘었지만, 10근을 1포로 삼았기 때문에 자루는 여전히 여덟 개였다. 이렇게 되자 국내에서 사용할 인삼이 부족해져 조선 후기에는 인삼 대신 은을 가져가는 것으로 바꾼다. 당시 일본산 은이 조선에 많이 들어오던 터라 마침 은이 풍부하기도 했다. 인삼 1근당 은 25냥으로 환산하면 인삼 80근은 은 2,000냥이었다. 여기에 당상관은 은 1,000냥을 더 가져갈 수 있었다.

통군정

통군정은 의주읍성에서 제일 높은 삼각산 봉우리에 지어진 누각으로, 이곳에 올라서면 압록강이 바로 내려다보인다. 이곳에서 보이는 경치가 매우 아름다워 관서 8경의 하나로 꼽힌다.

* **'먼저 저 언덕에 오른다'**

『시경』(詩經) 「대아」(大雅) '황의'(皇矣)시의 한 구절. 주자가 『시경』을 체계적으로 정리하면서, 이 언덕(岸)의 의미를 '도의 지극한 경지'(道之極至處也)라고 해석했기 때문에 이런 질문을 던진 것이다.

** **'인심은 위태롭고 도심은 은미한 법이지'**

『서경』(書經) 「대우모」 (大禹謨)에 나오는 구절로, 원문은 다음과 같다.
人心惟危, 道心惟微

긴니기에 바빠서 짓가락을 대는 사람이 없다. 배는 다섯 척뿐이다. 배들은 한강의 나룻배와 비슷한데 규모가 조금 크다. 먼저 방물과 사람, 말 등을 건너가게 했다. 정사의 배에는 표자문表咨文_외교문서과 수석 통역관인 수역首譯을 비롯하여 상방의 하인들이 함께 탔다. 그리고 부사, 서장관 및 그 하인들이 또 한 배에 탔다.

이에 의주의 아전들과 장교들 · 기생들 · 통인通引_수령 밑에서 잔심부름하는 사람 및 평양에서 모시고 온 영리營吏 · 계서啓書들이 모두 뱃머리에서 차례로 하직 인사를 올린다. 상방 마두馬頭_마부들 중 우두머리의 고함 소리가 채 끝나지도 않았는데 사공은 삿대를 들어 크게 한 번 저었다. 물살이 몹시 빠르다. 사공들이 일제히 뱃노래를 부르며 힘껏 저으니 배는 번개처럼 쏜살같이 내달린다. 아찔한 것이 마치 하룻밤이 획 지나간 듯하다. 통군정 기둥과 난간들이 팔방으로 빙빙 도는 것 같다. 전송하느라고 모랫벌에 서 있는 이들이 팥알만 해 보인다.

"자네, 길道을 아는가"

수역 홍명복洪命福에게 물었다.

"네? 무슨 말씀이시온지?"

"길이란 알기 어려운 게 아니야. 바로 저편 언덕에 있거든."

"'먼저 저 언덕에 오른다' *는 말씀을 이르시는 겁니까?"

"그런 말이 아니야. 이 강은 바로 저들과 우리 사이에 경계를 만드는 곳일세. 언덕이 아니면 곧 물이란 말이지. 사람의 윤리와 만물의 법칙 또한 저 물가 언덕과 같다네. 길이란 다른 데서 찾을 게 아니라 바로 이 사이에 있는 것이지."

"무슨 뜻인지요?"

"인심은 위태롭고 도심은 은미한 법이지.** 서양 사람들은 기하학의 한 획을 변증하면서 선 하나를 가지고 가르쳤다네. 그런데도 그 미세한 부분을 다 변증하지 못해 '빛이 있기도 하고 없기도 한 경계'라고 말했어. 이건 바로, 부처가 말한 '닿지도 떨어져 있지도 않는다' 는 그 경지일세. 그러므로 이것과 저것, 그 '사이' 에서 존재하는 것은 오직 길을 아는 이라야만 볼 수 있는 법, 옛날 정자산鄭子産*** 같은 사람이라야 될 걸."

그 사이에 배는 벌써 언덕에 닿았다. 옷감을 짜놓은 듯 촘촘한 갈대 때문에 땅바닥이 보이지 않는다. 하인들이 다투어 언덕으로 내려섰다. 갈대를 꺾어낸 뒤 서둘러 배 위에 깔았던 자리를 걷어서 땅에 펴려고 하였다. 그렇지만 갈대 뿌리는 창날 같고 검은 흙은 너무 질어서 어쩔 도리가 없다.. 하여, 정사 이하 모두가 우두커니 갈대밭 가

*** 정자산鄭子産
정(鄭)나라 대부(大夫) 공손교(公孫僑)를 말한다. '자산' 은 그의 자(字). 『논어』 「공야장」에서 공자는 자산에 대해 "군자의 도(道) 네 가지를 갖추었으니, 몸가짐이 겸손하고, 윗사람을 섬김이 공경스러웠으며, 백성을 기름이 은혜로웠고, 백성을 부림이 의로웠다" 라고 평가했다.

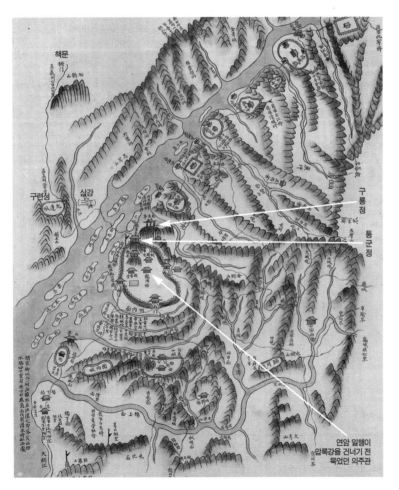

의주부 지도
18세기 중엽의 의주부 지도이다. 통군정 밑에서 출발하여 압록강을 건넌 후 다시 삼강을 건너 구련성에 이르고, 그 위로 책문까지 가는 길이 잘 나타나 있다. 이 지도는 의주에서 책문까지가 160리라고 기록하고 있다.

오늘날의 압록강
압록강의 중국 쪽인
단동(丹東)에서 북한 신의주
쪽을 보고 찍은 사진이다.

운데 서 있을 수밖에 없었다.

"앞서 건너간 사람과 말은 어디로 갔느냐?"

"모르겠습니다."

"방물은 어디 있느냐?"

"모르겠습니다."

멀리 구룡정 모래 언덕을 가리키면서 말한다.

"우리 일행이 아직도 태반은 건너지 못했습니다. 저쪽 개미 언덕처럼 모여 있는 것이 그들입니다."

멀리 외주 쪽을 바라보았다. 성은 마치 한 필의 베를 펼쳐 놓은 듯하고, 성문은 흡사 바늘구멍처럼 뚫려서 그리로 쬐는 햇살이 마치 한 점 샛별처럼 보인다.

이때 커다란 뗏목이 거센 물살에 떠내려 왔다. 상방의 마두인 시대時大가 큰소리로 그들을 부른다.

"웨이!"

이는 중국어로 남을 부르는 소리인데, 존칭이다. 그들 중 한 사람이 일어나더니 크게 소리친다.

"댁들은 때도 아닌데 무슨 일로 중국에 조공을 바치러 들어가시오? 이 더위에 먼 길 가느라 고생하시는구려."

"댁들은 어디 사시오? 나무를 어디서 베어 오는 거요?"

"우리들은 모두 봉황성에 살아요. 장백산에서 나무를 베어 오는 길이라오."

미처 말이 다 끝나기도 전에 뗏목은 까무룩하게 사라졌다.

이즈음에 두 갈래 강물이 한데 합하여 크게 불어나더니 중간에 섬 하나가 만들어졌다. 먼저 건너간 사람과 말들은 실수로 여기에 내리고 말았다. 거리는 5리밖에 되지 않으나 배가 없어서 다시 건너오지 못하는 차였다. 즉시 배 두 척을 불러 얼른 사람과 말이 건널 수 있도록 엄명을 내렸다.

"배로 저 물을 거슬러 올라가려면 하루가 걸려도 안 될 겁니다."

사공의 대답에 사신들이 벌컥 화를 낸다. 배를 관장하는 의주의 군교를 처벌하려 했지만 군뢰軍牢_죄인을 다루는 병사가 없다. 군뢰 역시 먼저 건너가다 강물 중간에 있는 섬에 잘못 내렸다는 것이다. 부방 비장副房裨將 이서구李瑞龜가 화를 이기지 못하고 마두에게 호통을 친다. 의주 군교를 잡아들였지만 놈을 엎을 자리가 없다. 할 수 없이 볼기를 반쯤 까더니 말채찍으로 네댓 번 후려친다. 빨리 거행하라는 뜻이다. 의주 군교가 한 손으로 전립을 쥐고 또 한 손으론 바지를 잡고 연방 "예, 예" 하기 바쁘다. 배에 있는 사공들이 물로 들어가서 배를 끌어 당겼지만 물살이 어찌나 거센지, 한 치 나아가는가 싶으면 순식간에 뒤로 한 자 물러난다. 아무리 호통을 쳐 본들 도리가 없다.

곤장틀과 곤장
조선시대에 죄인의 볼기를 칠 때 사용하던 곤장틀과 곤장. 죄의 경중에 따라 곤장의 크기, 두께, 너비 등 규격이 법으로 정해져 있었다.

잠시 후, 배 한 척이 강기슭을 타고 나는 듯이 내려온다. 군뢰가 서장관의 가마와 말을 태우고 온 것이다. 장복이 창대를 부르며 기뻐한다.

"너도 왔구나!"

두 놈을 시켜서 행장을 점검해 보았다. 별 탈은 없다. 비장과 역관이 타던 말은 도착한 것도 있고 아닌 것도 있다. 결국 정사가 먼저 떠나기로 했다. 군뢰 두 명이 말을 타고 나팔을 불며 길을 인도한다. 또 다른 두 명은 앞에서 바스락 바스락 소리를 내며 갈대숲을 헤치고 걸어간다.

말 위에서 칼을 뽑아 갈대 하나를 베어 보았다. 껍질은 단단하고 속은 두툼하다. 화살은 못 만들겠지만 붓자루를 만들기에는 딱이다. 놀란 사슴 한 마리가 갈대숲을 뛰어넘어 달려간다. 마치 보리밭 저편 끝에 날아오르는 새처럼 가뿐하다. 일행이 모두 놀랐다.

10리를 가서 삼강三江에 이르렀다. 강물은 비단결처럼 맑다. 여기가 바로 애랄하愛剌河다. 이 강의 발원지가 어딘지는 잘 모르겠다. 압록강과의 거리가 10리도 안 되는데 강물은 조금도 넘치지 않는다. 서

로 발원지가 다르기 때문일 것이다. 배 두 척이 있는데, 우리나라 늘
잇배와 비슷하다. 길이나 넓이는 그만 못하지만 제도는 아주 튼튼하
고 치밀하다. 사공들은 모두 봉황성 사람이다. 사흘간을 여기서 기다
리느라 식량이 다 떨어져서 허기가 져 죽겠다며 난리를 친다. 이 강
은 평소엔 우리나 중국이나 서로 오갈 수 없는 지역이다. 하지만 우
리나라의 역학譯學_역관들의 관계 사업. 당시 역관들은 통역, 무역, 첩보 등의 역할을 했다
이나 중국 외교 문서를 불시에 주고받을 경우를 대비하여, 봉성장군
이 늘 배를 준비해 둔다고 한다. 배를 대는 곳이 몹시 질척거린다.

　　"웨이!"

　　　내가 되놈 하나를 불렀다. 아까 시대한테 막 배운 말이다. 그
자가 얼른 상앗대를 놓고 다가온다. 몸을 솟구쳐 녀석의 등에
업혔다. 놈이 히히거리고 웃는다. 나를 배에 들여 놓더니 숨을
길게 내쉬면서 말한다.

　　　"으휴~ 흑선풍 어머니가 이렇게 무거웠다면 어찌 기풍
령沂風嶺에 올랐을까나!"

　　　주부 조명회趙明會가 큰 소리로 웃는다.

　　"저 무식한 놈이 강혁은 모르고 흑선풍만 아는구만."•

　　내가 말하자 조군이 설명한다.

　　"저 자의 말에는 '뼈'가 있습니다. 이 말은 애초 이규의 어머니가
이렇게 무거웠다면 이규의 괴력으로도 어머니를 등에 업은 채 높은

흑선풍 이규의 모습

•흑선풍黑旋風과 강혁江革

흑선풍 이규는 중국의 사대기서에 속하는 『수호지』에서 양산박에 모여든 108호걸 가운데 하나
다. 두령 송강의 허락을 받아 홀어머니를 모시러 고향으로 갔는데, 당시 어머니는 이규에 대한
걱정으로 눈이 먼 상태였다. 그러자 이규는 어머니를 등에 업고 양산박을 향했다. 하지만 기풍
령 고개에서 잠시 쉬면서 어머니를 위해 물을 구하러 다녀온 사이, 어머니가 호랑이에게 죽임
을 당하고 말았다. 이규는 어머니를 죽인 호랑이를 찾아내 원수를 갚았다.
강혁은 후한 때의 효자. 어린 나이에 아버지를 잃고 홀어머니와 같이 살다가 큰 난리가 닥치자,
어머니를 업고 산길로 도망을 갔다. 도중에 도둑 떼를 만났는데, 강혁은 어머니를 부둥켜 안은
채 살려 달라고 간절히 애원하였다. 그 효성에 감동한 도적들은 이들을 차마 죽이지 못하고 놓
아 주었다.

산을 넘지는 못했을 거라는 의미이고, 또 이규의 어머니가 호랑이에게 물려갔는데 나리처럼 이렇게 살집이 좋은 분을 만일 저 주린 호랑이에게 주었다면 오죽 좋으랴, 뭐 이런 뜻입죠."

"아니, 저런 놈들이 그렇게 문자속이 깊단 말이오?"

"하하, 그럴 리가요. 목불식정目不識丁은 바로 저런 놈을 두고 하는 말입지요. 그렇지만 패관稗官 기서奇書를 노상 입에 달고 일상어로 쓰거든요. 그게 바로 관화官話_청나라 때 중국 관리들이 쓰던 표준말랍니다."••

애랄하의 너비는 우리 임진강과 비슷하다. 여기서 바로 구련성으로 향했다. 풀이 우거진 곳에 장막을 둘렀다. 맹수의 침입을 막기 위한 그물도 쳐 놓았다. 의주의 창군鎗軍이 곳곳에서 벌목을 하느라 온 들판에 나무 찍는 소리가 가득하다. 혼자 높은 언덕에 올라 사방을 바라본다. 산은 밝고 물은 맑다. 탁 트인 모양새에 나무는 하늘에 닿을 듯 높기만 하다. 그 사이로 은은히 큰 마을들이 있다. 개와 닭 소리가 들리는 듯하며, 땅이 기름져 개간하기도 좋다. 패강浿江_대동강의 옛이름 서쪽과 압록강 동편에는 이와 비교할 만한 곳이 없다. 커다란 진鎭이나 부府를 설치할 법한데 중국이나 우리나 이를 버려두었다. 어떤 사람은 "고구려 때에 이곳에 도읍한 적이 있었다"고 한다. 이는 국내성을 두고 하는 말이다. 명나라 때에는 진강부鎭江府였다. 오늘의 청나라가 요동을 함락시키자 진강 사람들은 변발을 원하지 않아 어떤 이들은 모문룡•••에게 투항했고, 어떤 이들은 우리나라로 귀화를

•• 조선에선 문자와 소리를 함께 익히는 데 비해, 중국은 암송을 먼저 하고 글자를 나중에 배운다. 그래서 대부분의 사람들이 글자는 낫 놓고 기역자도 모를 만큼 무식하지만, 입으로는 온갖 고사성어를 유창하게 구사하곤 한다. 중국은 너무 넓어서 지역마다 방언 때문에 의사소통이 어려웠다. 따라서 과거를 보아 관리가 되기 위해서는 일종의 표준말에 해당되는 관리들의 언어를 익혀야 했는데, 그것을 관화(官話)라고 한다.

••• 모문룡毛文龍과 가도椵島 점령

1616년 누르하치의 지도 아래 '후금'(청나라)을 세운 만주족은 점차 명나라를 압박해 갔다. 요동 지역이 전쟁터가 되자 명나라 주민과 병사들은 조선으로 대거 몰려 왔는데 그 숫자가 갈수록 늘어나 1622년경에는 10만 명에 이를 정도였다. 이런 시기에 요동도사로 있었던 명나라 관리 모문룡은 요양이 함락되자 쫓겨나와 조선의 철산 근처에 주둔하다 조선 정부의 요청으로 '가도'라는 섬으로 옮겨 진을 치게 되었다. 정묘호란 때 가도에서 신미도로 내몰렸으나 청군이 철수하자 다시 가도로 들어와, 조선에는 끊임없이 군량을 요구하고 명나라에는 거짓 승전보를 알렸다. 결국 명 왕조가 보낸 원숭환에게 모문룡은 살해되었으나 그 뒤에도 가도에는 계속 명의 장군들이 '도독'으로 임명되어 오는 등 명에 점령된 상태였다. 1637년, 당시 의주 부윤 임경업이 청군과 연합하여 가도에서 명을 몰아낼 수 있었다.

감행했다. 하지만 우리나라로 투신한 사람은 청나라의 요구로 귀국 조치되었고, 또 모문룡에게 투항한 사람들은 유해劉海의 난 때에 많이 죽었다. 그 뒤로 어언 백여 년, 높은 산과 맑은 물만이 쓸쓸히 빈 터를 지키고 있다.

노숙하는 곳을 두루 살펴보았다. 역관은 천막 하나에 세 사람씩 혹은 다섯 사람씩 들었다. 역졸과 마부들은 다섯 명씩 열 명씩 어울려 시냇가에 나무를 얽어매고 그 속에 들었다. 밥 짓는 연기가 줄을 잇고 사람 소리, 말 울음 소리가 시끌시끌하다. 완연히 마을 하나가 만들어진 셈이다. 의주의 장사꾼 한 패가 저희들끼리 무리를 이루고 따로 묵는다. 한편에선 시냇가에서 닭 수십 마리를 잡아 씻고, 다른 한편에선 그물을 던져 물고기를 잡는다. 국을 끓인다, 나물을 볶는다 부산스럽다. 밥알마다 윤기가 반지르르한 게 실로 푸짐하다.

잠시 후 부사와 서장관이 차례로 도착했다. 해는 이미 뉘엿뉘엿 산허리에 걸렸다. 30여 군데에 화톳불을 만들었다. 아름드리 큰 나무를 톱으로 잘라다 먼동이 틀 때까지 환히 밝힌다. 밤새도록 군뢰가 나팔을 불면 300여 명이 일제히 고함을 치는데, 이는 호랑이를 경계하기 위함이다.

전립

의주부에서 가장 건장한 자로 뽑혀온 군뢰들은 하인들 중에서 일도 가장 많고 먹기도 제일 많이 먹는다. 그들의 차림새는 하도 우스워 포복절도할 지경이다. 구름무늬 감색 비단을 속에 받쳐 만든 전립 氈笠에 머리를 질끈 동여맸다. 꼭대기에는 운월 무늬 장식을 했고 다홍빛 상모象毛를 매달았다. 전립 앞쪽에는 쇠를 잘게 잘라서 날랠 용勇 자를 만들어 붙였다. 검푸른빛 삼베로 만든 소매 좁은 군

미투리 삼이나 노 따위로 짚신처럼 삼은 신. 바닥의 결이 고우며, 짚신보다 고급스럽게 여겨졌다.

복에 붉은 빛 무명 배자襟子를 입었다. 허리엔 남방사주 전대를 졸라 매고 어깨엔 주홍빛 무명실 대융大絨_웃옷 위에 걸치는 겉옷을 걸쳤다. 발에는 성글게 만든 미투리를 꿰어 찼다.

　차림새를 보자면 어엿한 사내다. 그러나 그가 탄 말은 소위 반부담*이다. 안장 없이 짐을 실었는가 하면, 타고 있다기보다는 오히려 쭈그리고 걸터앉은 셈이다. 등에는 작은 감색 깃발을 꽂았다. 한 손엔 군령판軍令版을, 다른 한 손에는 붓·벼루·파리채와 팔뚝만 한 마가목馬家木 짧은 채찍을 잡고 입으로는 나팔을 불고 있다. 좌석 밑엔 붉은 곤장 10여 개를 비스듬히 꽂았다. 각방에서 조금이라도 호령을 할 일이 있으면 즉시 군뢰를 부른다. 그러면 군뢰는 일부러 못 들은 체한다. 10여 차례나 연거푸 불러 대면, 그제야 입으로는 구시렁거리면서도 마치 처음 들었다는 듯이 큰 소리로 대답한다. 그러고는 단번에 말에서 뛰어내려 멧돼지처럼 내달려 소처럼 헐떡거리며 달려간다. 나팔이며 군령판, 붓, 벼루 등을 모두 한 쪽 어깨에 둘러메고 막대 하나를 질질 끌며 간다.

　한밤중이 채 못 되어 소낙비가 마구 퍼붓는다. 위로는 천막이 새고 밑에선 풀 사이로 습기가 치민다. 피할 곳이 없다. 잠시 후 날이 개더니 하늘엔 온통 별이 총총하다. 손을 뻗치면 그냥 닿을 것만 같다.

*반부담마半駙擔馬
부담롱을 싣고 그 위에 사람이 탈 수 있게 꾸민 말을 '부담마' 라고 하는데, 부담롱을 절반 정도 실은 말을 반부담마라고 한다. 부담롱은 옷이나 책 등의 물건을 담아 말에 실어 운반하는 작은 농짝이다.

아침에는 가랑비
낮에는 맑음

각방 및 역관들이 노숙한 곳마다 옷과 이불들을 말리고 있다. 간밤 비에 젖었기 때문이다. 쇄마刷馬_관에서 쓰던 말 마부 중에 술을 짊어지고 온 자가 있었다. 어의 변주부의 마두인 대종戴宗이 한 병을 사서 나에게 권한다. 모두 어울려 시냇가로 가서 술잔을 기울였다. 강을 건넌 후론 술을 통 못 마셨는데, 뜻밖에 횡재를 한 것이다. 술맛도 좋은 데다, 한가로이 시냇가에 앉아 마시니 흥취가 절로 난다.

마두들이 앞다투어 낚시질을 한다. 나도 취한 김에 낚싯줄 하나를 빌려 시냇물에 던졌다. 금세 조그만 고기 두 마리가 걸렸다. 평소 낚시꾼이 없는 곳이라 물고기들이 금방 속아 넘어간 것이다. 방물이 아직도 도착하지 않아 구련성에서 또 노숙을 했다.

구련성 옛터 구련성은 압록강 하구에서 가까운 중국 요녕성 단동의 북쪽에 있는 마을로, 험준한 산악 지역이다.

6월
26일
계유일 癸酉日

🐎 구련성을 떠났다. 30리를 가서 금석산金石山
밑에 이르러 점심을 먹은 후 다시 30리를 더 가 총수라는 곳에서 노
숙했다.

새벽 무렵 안개를 무릅쓰고 길을 떠났다. 상판사上判事_사행이 있을 때
임시로 잡무의 처리를 맡은 직명의 마두 득룡이 쇄마 마부들에게 강세작康世爵
이야기를 들려주었다. 득룡은 안개 속으로 어슴푸레 보이는 금석산
을 가리키며, 저곳이 형주荊州 사람 강세작이 숨었던 곳이라며 이야
기를 시작했다.

강세작의 조부 강림康霖은 양호楊鎬_정유재란 때 조선에 온 명나라 군인를 따
라 우리나라에 구원병으로 왔다가 평산 전투에서 죽었다. 그 아버지
강국태康國泰는 청주 통판淸州通判을 지내다가 만력 연간에 어떤 일에
연루되어 요양으로 귀양을 오게 되었다. 그때 강세작의 나이는 열여
덟 살이었는데, 아버지를 따라 요양에 와 있었다. 이듬해에 청나라가
무순을 함락시켰다. 유격장군 이영방李永芳이 항복하자, 양호가 여러
장수를 각지에 파견했다. 총병 두송杜松은 개원으로, 왕상건王尙乾은
무순으로, 이여백李如栢은 청하로, 도독 유정劉綎은 모령으로. 이때 강

국태 부자는 유정을 따라 이동 중이었는데, 산골짜기를 돌 즈음, 갑자기 청나라의 복병이 몰려나왔다. 순식간에 유정의 군대는 앞뒤가 끊겨 버리고 말았다. 유정은 스스로 불에 타 죽고 강국태 역시 화살에 맞아 쓰러졌다.

해가 저물자 강세작은 아버지의 시신을 찾아내 골짜기에 묻어 놓고 돌로 표시를 해두었다. 당시 조선의 도원수 강홍립姜弘立과 부원수 김경서金景瑞는 산 위에, 조선의 좌·우 영장營將은 산 밑에 진을 치고 있었다. 강세작은 강홍립의 진영에 투신했다. 이튿날 청나라 군대가 조선의 왼쪽 진영을 완전 박살 내고 말았다. 산 위에서 바라보고 있던 군사들은 어쩔 줄 몰라 허둥거렸다. 그러자 홍립은 싸우지도 않고 항복해 버렸다.• 청나라 군대는 홍립의 군사를 몇 겹이나 에워싸고 도망쳐 온 명나라 군사를 샅샅이 색출하여 모조리 목을 베어 죽였다. 강세작도 큰 바위 아래 결박되어 있었는데, 어찌된 일인지 그의 처형을 맡은 자가 깜빡 잊고 가 버렸다. 강세작은 조선 군사에게 눈짓으로 묶인 것을 풀어 달라 하였으나 조선 병사들은 서로 흘깃거리기만 할 뿐 감히 나서지는 못했다. 할 수 없이 강세작은 스스로 등쪽의 돌 모서리에 밧줄을 비벼서 끊은 뒤, 죽은 조선 군사의 옷으로 바꿔 입고 조선 군대로 들어가 죽음을 면했다. 그 뒤, 요양으로 돌아갔다.

당시 웅정필熊廷弼이 요양을 지키고 있었다. 그는 강세작을 불러 아버지의 원수를 갚으라고 하였다. 그 해에 청나라가 개원과 철령을 잇달아 함락시켰다. 웅정필이 교체되고 설국용薛國用이 대신 요양을 지키게 되었다. 그러나 곧바로 심양과 함께 요양마저 함락되었다. 강세작은 간신히 살아남아 낮에는 숨고 밤에는 걸어서 봉황성에 이르렀다. 거기서 광녕廣寧 사람 유광한劉光漢과 함께 흩어진 요양 군사들을 거두어 그곳을 함께 지켰다. 하지만 얼마 뒤 유광한은 전사하고 강세작도 십여 군데 부상을 입고 말았다. 강세작은 이제 중국으로 돌아가기는 영 틀렸고, 그럴 바에야 차라리 동쪽 변방 조선으로 가는 게 낫겠다고 판단했다. 최소한 변발이나 하고 옷섶을 왼쪽으로 여미는 오랑캐 신세는 면하자는 심산이었다. 마침내 그는 싸움터를 벗어나 금석산 속에 숨어들었다. 양가죽 옷을 구워 나뭇잎에 싸서 먹으며, 두어 달을 버텼다. 그렇게 압록강을 건너 관서 지역의 여러 고을을 돌아다녔다. 그러다가 회령으로 굴러 들어가선 조선 여자에게 장가들어 아들 둘을 낳고 살다가 나이 팔십이 넘어 죽었다. 그 자손이 번성하여 백여 명이나 되지만 아직도 함께 모여 산다고 한다.

청나라와 명나라 남성의 복장

옷섶을 왼쪽으로 여미는 것을 좌임(左衽)이라 한다.
이 좌임은 곧 미개한 상태를 일컫는 말로,
만리장성 북쪽의 민족들이
오른쪽 섶을 왼쪽 섶 위로 여민 데서 유래했다.
그림에서 보듯이 명나라 때 남성(왼쪽)은 옷섶을
오른쪽으로 여민 우임(右衽) 방식을 취했다. 또 머리
모양에도 큰 차이가 있는데, 오른쪽의 청나라 남성은
앞머리를 밀고 뒤쪽을 남기는 변발을 했고, 명나라 때는
머리카락을 모두 올려 묶은 다음 관모를 썼다.

이 이야기를 들려준 득룡은 가산 사람이다. 열네 살부터 북경에 드나들어 이번 북경행이 서른번째나 된다. 중국어에 능통한 데다 크건 작건 간에 우리 일행의 일은 모두 득룡이 아니면 감당할 사람이 없다. 가산과 용천, 철산 등 부府의 중군中軍_지방 장관 막하의 수석 군관을 지내고 품계가 가선嘉善에까지 이르렀다. 사행이 있을 때마다 미리 가산으로 공문을 보내서 득룡의 식구들을 인질로 붙잡아 두는데, 이는 그가 도망치는 것을 막으려는 심산이다. 그것만으로도 그의 재간을 짐작하고도 남음이 있다. 강세작이 처음 조선으로 나왔을 때 득룡의 집에 묵었는데, 그때 득룡의 조부와 친구가 되어 서로 중국말과 조선말을 배웠다고 한다. 득룡이 중국말을 잘하는 것도 집안 내력 탓이리라.

날이 저문 뒤에야 총수에 이르렀는데 우리나라 평산平山의 총수와 비슷하다. 지역이 비슷해서 같은 이름을 붙인 게 아닐까 싶다.

아침에는 안개 오후 늦게 갬

동틀 무렵 길을 나섰다. 길에서 되놈 대여섯을 만났다. 다들 작은 나귀를 탔는데, 모자와 옷은 남루하고 피곤에 절어 있는 모습이다. 모두 봉성의 군사들로 삯을 받고 고용되어 애랄하에 수자리 살러_국경을 지키러 가는 길이란다. 우리로서야 근심할 게 없지만 중국의 변방 경비로는 참, 허술하기 짝이 없는 노릇이다.

마두와 쇄마 구종驅從_말 고삐를 잡고 앞에서 끌거나 뒤에서 따르는 하인들이 나귀에서 내리라고 호통을 친다. 앞서 가던 되놈 둘은 나귀에서 내려 길옆에 서는데, 뒤에서 가던 되놈 셋은 내리려 하질 않는다. 마두들이 일제히 소리를 지르면서 내리라고 꾸짖는다. 그러자 눈을 부라리고 똑바로 째려보며 "니들 어른이 우리랑 무슨 상관이야?" 한다. 그러자 마두가 곧장 달려가선 채찍을 빼앗아 벌겋게 내놓은 종아리를 후려갈긴다.

"우리 대감께서 받들고 가는 봉물이 무슨 물건인 줄 아느냐? 지니고 가는 문서가 어떤 건 줄이나 아냔 말이다. 저 황색 깃발에 '황제 폐하 어전에 올릴 물건'萬歲爺御前上用이라고 써 놓지 않았느냐. 네놈들 눈깔이 삐었구나. 황제 어전에 올릴 물건을 알아보질 못하다니!"

그제서야 나귀에서 내려 땅에 엎드린다. 죽을 죄를 지었노라며 사

봉황산의 모습

봉황산은 중국 요녕성 4대 명산 가운데 하나로, 현재 중국의 국가급 풍경 명승구역이다. "태산의 웅장함, 화산의 험준함, 여산의 그윽함, 황산의 기이함, 아미산의 빼어남을 갖춘" 산으로 이름이 났다. 최고봉의 높이는 836m. 전설에 따르면, 순임금 때 이 산에서 봉황이 나타났다고 한다. 이후 '훌륭한 임금'이 나오면 봉황이 나타난다고 하여 봉황산이라는 이름을 가지게 되었다. 오른쪽 사진은 봉황산 위에서 시가지를 찍은 것이다.

죄를 올린다. 한 녀석이 일어나더니 자문 마두표자문을 실은 짐을 감독하는 마 두의 허리를 안고 만면에 웃음을 띠면서 말한다.

"어르신, 노여움을 푸시지요. 소인들이 죽을 죄를 졌습니다요."

마두배들이 한바탕 웃으면서 사죄하라고 소리친다. 그러자 그들은 모두 진흙탕에 꿇어 엎드려 머리를 땅에 조아린다. 누런 진흙이 이마에 덕지덕지 붙었다. 마두배들이 모두 크게 웃으면서 물러가라고 소리를 지른다. 내가 말했다.

"예끼! 연행길에 네놈들이 엄청 야료까닭없이 트집을 잡고 함부로 떠들어 댐를 부린다더니, 과연 듣던 대로구나. 앞으론 이런 쓸데없는 짓거릴랑 다신 하지 말거라."

"에이~ 이렇게라도 하지 않으면 먼 길에 기나긴 날을 무슨 낙으로 보냅니까요."

봉황산을 바라보니 흡사 돌로 만들어 놓은 듯 평지에 우뚝 솟아 있다. 손바닥에 손가락을 세운 듯, 연꽃이 반쯤 피어난 듯, 하늘 끝 여름 구름인 듯, 빼어난 산봉우리를 도끼로 깎아 놓은 듯 무어라 형용키 어렵다. 다만, 밝고 윤택한 기운이 없는 것이 아쉽다.

나는 우리 서울의 도봉산과 삼각산이 금강산보다 낫다고 생각해 왔다. 무엇 때문인가. 금강산은 그 골짜기가 이른 바 1만 2천 봉이나 된다. 기이하면서도 험준하고 웅장하면서도 깊지 않은 곳이 없다. 그

정선의 「금강전도」

모습이 마치 심승이 끄는 듯 날짐승들이 날아오르는 듯 신신은 솟구쳐 오르고 부처는 가부좌를 튼 듯하다. 어둑하면서도 빽빽하며 아득하면서도 아스라한 것이 귀신의 굴로 들어가는 듯하다. 나는 예전에 신원발申元發과 함께 단발령에 올라서 금강산을 바라본 적이 있다. 때는 바야흐로 깊고 푸른 가을, 하늘에 석양이 비낄 무렵이었다. 하지만 하늘에 닿을 듯한 빼어난 빛과 몸에서 솟아나는 윤기나는 자태가 없었다. 하여, 금강산을 위하여 긴 탄식을 하지 않을 수가 없었다. 그러고 나서 상류에서 배를 타고 아래로 내려왔다. 두미강 어귀에 이르러 서쪽으로 한양의 삼각산 여러 봉우리를 바라보았다. 하늘을 어루만지며 솟아난 푸른빛은 희미한 남기嵐氣와 옅은 노을에 밝고 아리따운 모습이 환히 드러났다. 또 남한산성 남문에 앉아서 북으로 한양을 바라본 적이 있었다. 물 위에 꽃이 핀 듯 거울 속에 달이 비친 듯하였다. 어떤 사람은 '빛과 바람이 허공에 떠 있다'고 말하는데, 이것이 바로 왕기旺氣_왕성한 기운이다. 왕기는 왕기王氣_왕의 기운이다. 우리 서울은 억만 년토록 용이 서리고 범이 웅크린 형세를 갖추고 있다. 그 신령스러우면서도 밝은 기운이 여타의 산과 다른 것은 당연한 일이리라. 지금 기이하고 우뚝 솟아난 이 산의 형세가 비록 도봉산이나 삼각산보다 높긴 하지만, 허공에 떠 있는 빛과 기운은 한양의 여러 산에 절대 미치지 못한다.

언덕과 들판이 넓고 탁 트여 있다. 아직 개간되는 않았지만 곳곳에 땔감으로 찍고 남은 나무 조각들이 어지럽고, 소 발자국과 수레바퀴 자국이 풀섶 사이 이리저리 나 있는 것을 보아 가까이 책문이 있음을 알겠다. 또한 이 근방에 거주하는 백성들이 책문 안을 마음대로 드나들고 있음도 충분히 짐작할 만하다.

말을 몰아 7, 8리를 가서 책문 밖에 이르렀다. 양과 돼지는 산에 가득하고 아침 연기는 푸른빛으로 둘러 있다. 나무를 깎아 목책을 세

소를 탄 농민의 모습

거리의 청인들 모습

워서 대충 경계를 알리는 정도다. 이른바 '버드나무 가지 꺾어 울타리 만드는' 꼴이다. 책문엔 이엉초가집의 지붕이나 담 위에 얹는 짚이나 억새 따위로 엮은 물건을 얹었다. 널빤지로 만든 삽짝문은 굳게 잠겨 있다. 책문에서 수십 걸음 떨어진 곳에 삼사三使 중국에 파견하던 세 사신. 상사, 부사, 서장관을 말함의 막사를 설치했다. 조금 쉬노라니 봉물이 일제히 도착하기에, 책문 밖에 쌓아 두었다.

우리를 구경하는 되놈들이 책문 안에 죽 늘어서 있다. 하나같이 입에는 담뱃대를 물고 번쩍이는 까까머리에 부채를 흔들고 있다. 어떤 놈은 검은색 공단 옷을, 어떤 놈은 수화주 옷을 입었다. 생포(생배)나 생저(생모시), 석새베(삼승포), 야견사 등으로 옷을 해 입은 놈도 있다. 바지도 마찬가지다. 허리에는 이것저것 어지럽게 매달았는데, 수놓은 주머니 서너 개와 작은 패도佩刀엔 모두 쌍아저를 꽂았다. 담배 쌈지는 호로병처럼 생겼는데 꽃이나 풀, 들짐승이나 옛사람의 이름난 구절을 수놓았다. 역관과 여러 마두들이 책문 밖에 다투어 서더니 서로 악수를 나누며 반갑게 안부를 묻는다. 한양에서 언제 출발했느냐, 길에서 비는 만나지 않았느냐, 집안은 모두 평안하시냐, 돈은 넉넉히 가지고 오셨느냐 하면서 수작을 하는데, 몽땅 한 사람의 입에서 나온 듯 천편일률이다. 되놈들은 "한상공과 안상공이 오셨느냐"면서 다투어 묻는다. 그네들은 의주 사람들로서, 해마다 연경으

시장의 모습

북경 거리의 상점들 모습

로 장사를 다녀서 모두들 중국의 사정에 훤한 '중국통'들이다. '상 공'相公이라고 하는 것은 장사꾼들이 서로를 높여서 부르는 말이다.

사행갈 때는 정관正官_정식 관리에게 팔포를 내리는 것이 관례다. 정 관은 비장과 역관을 합쳐서 모두 30명이다. 예부터 나라에서 정관 한 명당 인삼 몇 근을 지급했는데 이것을 팔포라고 한다. 지금은 나라에 서 지급하지 않고 제각기 은을 준비하도록 하되, 포의 숫자만을 제한 할 뿐이다. 당상관의 포는 은 3,000냥이고, 당하관은 2,000냥이다. 이것을 가지고 연경으로 들어가서 여러 물화를 바꿔오도록 한다. 가 난해서 은을 갖고 갈 처지가 아니면 그 포의 권리를 팔기도 한다. 송 도·평양·안주安州 등의 장사꾼들이 그것을 사서 대신 은을 넣어 간 다. 그러나 이들이 직접 연경에 들어가는 건 법으로 금지되어 있다. 그래서 이 포의 권리를 다시 의주 장사꾼들에게 넘겨주어 물건으로 바꾸어 오게 한다. 한韓이나 임林 같은 장사꾼들은 해마다 연경을 제 집 드나들 듯 하며, 저쪽 장사꾼들과 협잡하여 물건 값을 손아귀에 넣고 마구 주무른다. 우리나라에서 중국 물건의 값이 날로 오르는 것 은 실로 이 무리들 때문이다. 그런데도 온 나라가 도무지 이를 이해 하지 못하고 대책 없이 역관만 나무란다. 역관들도 이들 장사꾼에게 권리를 빼앗겼기 때문에 어쩔 도리가 없다. 다른 지역 장사꾼들도 이 것이 의주 장사꾼들의 농락임을 모르는 바는 아니다. 그렇지만 자기 눈으로 직접 본 것이 아니라서 열은 받지만 감히 대놓고 말은 못한 다. 아주 오래된 관례라고 한다. 요즘 의주 장사꾼들이 잠시 몸을 숨 기고 있는 것도 역시 흥정을 위한 술수 중의 하나다.

책문 밖에서 아침밥을 먹었다. 행장을 정리하다 보니 왼쪽 주머니 에 넣어 둔 열쇠가 간 곳이 없다. 풀밭을 샅샅이 뒤졌건만 끝내 찾지 못해 장복을 꾸짖었다.

"에라, 이 한심한 놈아! 행장 간수는 제대로 않고 늘상 한눈만 팔더 니, 겨우 책문에 와서 벌써 이런 일이 생겼구나. 속담에 사흘 길을 하루도 못 가서 늘어진다더니, 2천 리를 더 가 연경에 도착할 때쯤이면 네놈 창자도 남아나질 않겠구나. 구요동舊遼東과 동악묘東岳廟엔 원래 좀도둑이 많다는데, 네놈이 또 한눈을 팔다가는 뭘 잃어버릴지 모르겠다. 쯧쯧."

장복은 민망하여 머리를 긁적인다.

"쇤네, 정신 똑바로 차리겠습니다. 그 두 곳을 구경할 적엔 아예 두 손으로 눈깔을 꼭 붙들고 있을랍니다. 그러면 대체 어떤 놈이 뽑아 가겠습니까?"

"자알 한다!"

매사가 다 이런 식이다. 장복이는 나이도 어리고 초행길인 데다 도무지 융통성이라곤 없는 놈이다. 동행하는 마두들이 장난으로 농지거리를 하면 곧이곧대로 다 믿어 버린다. 저런 놈을 믿고 먼 길을 갈 생각을 하니 참, 답답하기 짝이 없다.

• 오량五樑집
지붕의 서까래를 받치기 위해서 기둥 위에 가로지른 나무를 도리(樑)라고 하는데, 이 도리 다섯 개를 써서 지붕틀을 만든 집이 오량집이다.

책문 밖에서 다시 안쪽을 바라보았다. 여염집들은 모두 오량집*처럼 높다. 띠풀로 이엉을 했다. 등마루는 흰칠하고 대문은 가지런히 정돈되어 있다. 거리는 평평하고 곧아서 양쪽 길가로 먹줄을 친 듯하다 한결같이 곧고 바르다. 담은 모두 벽돌로 쌓았

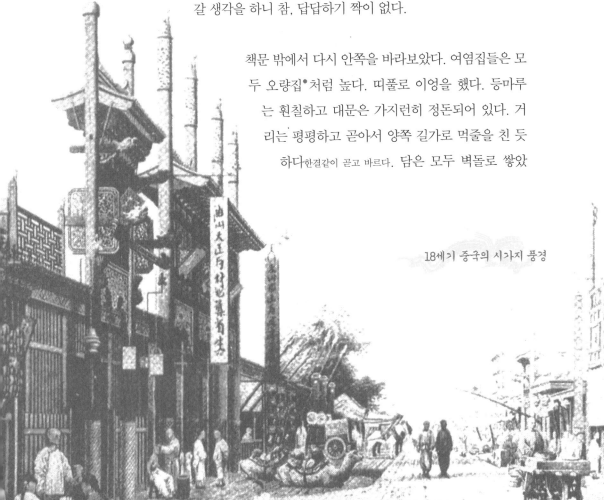

18세기 중국의 시가지 풍경

다. 사람용 수레와 화물용 수레들이 길을 마구 지난다. 벌여 놓은 그릇들은 모두 그림을 그린 도자기다. 그 모양새가 어디로 보나 시골티라곤 조금도 없다. 예전에 나의 벗 홍대용에게 중국 문물의 거대한 규모와 세밀한 수법에 대해 들은 적이 있긴 하지만, 중국의 동쪽 끝 촌구석도 이 정돈데 도회지는 대체 어느 정도일까 생각하니 기가 팍 죽는다. 돌아가고 싶은 마음이 굴뚝 같아지면서 나도 모르게 등줄기가 후끈거린다. 순간 나는 통렬히 반성한다.

'이것도 남을 시기하는 마음이지. 난 본래 천성이 담박해서 남을 부러워하거나 시기하는 마음이 조금도 없었는데……. 이제 다른 나라에 한 발을 들여놓았을 뿐, 아직 이 나라의 만분의 일도 못 보았는데 벌써 이런 그릇된 마음이 일다니. 대체 왜? 아마도 내 견문이 좁은 탓일 게다. 만일 부처님의 밝은 눈으로 시방세계十方世界를 두루 살핀다면 무엇이든 다 평등해 보일 테지. 모든 게 평등하면 시기와 부러움이란 절로 없어질 테고.'

장복을 돌아보며 물었다.

"네가 만일 중국에서 태어났다면 어떻겠느냐?"

"중국은 되놈 나라잖아요. 소인은 싫습니다요."

"맙소사!"

때마침 소경 하나가 지나간다. 어깨에는 비단 주머니를 둘러메고 손으로는 월금月琴_비파와 비슷한 현악기을 뜯는다. 나는 크게 깨달았다.

"저이야말로 평등안平等眼을 가진 것이 아니겠느냐."

조금 뒤, 책문이 활짝 열린다. 봉성장군과 책문어사柵門御史가 막 도착해서 점방에 앉아 있다고 한다. 책문이 미어 터지도록 되놈들이 나오더니 방물과 개인 사물의 무게를 다투어 가늠해 본다. 여기서부터는 되놈들의 수레를 빌려 짐을 운반하기 때문이다. 놈들은 사신이 앉아 있는 곳으로 와서는 담뱃대를 물고 힐끗힐끗 쳐다본다. 손가락으로 가리키면서 저희들끼리 수군거린다.

©이김천

네가 만일 중국에서 태어났다면 어떻겠느냐?"
"중국은 되놈 나라잖아요. 소인은 싫습니다요."
"맙소사! 그럼 그렇지."
때마침 소경 하나가 지나간다.
어깨에는 비단 주머니를 둘러메고
손으로는 월금을 뜯는다.
나는 크게 깨달았다.
"저이야말로 평등안을 가진 이가 아니겠느냐."

쌍학 흉배

"저 사람이 왕자王子일까?"

임금의 친척으로 정사가 된 사람을 왕자라고 일컫는다. 그 중에 좀 아는 사람이 있는 모양이다.

"아니야. 머리가 희끗희끗한 저 사람이 부마駙馬 어른이지. 지난 해에도 왔던 분이야."

이어서 부사를 가리킨다.

"쌍학雙鶴 무늬 관복에 수염 난 사람이 을대인乙大人_두번째 어른이야."

서장관을 보고는 이렇게 말한다.

"저이는 산대인三大人_세번째 어른이야. 저분들은 모두 한림翰林 출신 이지."

을은 2요, 산은 3이요, 한림 출신이란 문관文官이라는 말이다.

시냇가에서 떠들썩하며 뭔가 다투는 소리가 난다. 말 소리가 새 지저귀는 듯하여 한마디도 알아들을 수가 없다. 급히 가 보았다. 득 룡이 바야흐로 뭇 되놈들과 예물이 많다는 둥 적다는 둥 다투고 있 다. 예단禮單*을 나눠 줄 때면 전례를 따르는 법이다. 그런데 봉황성 의 간사한 되놈들은 반드시 명목을 붙여 숫자를 덧보탠다. 이에 대한 처리가 잘 되고 못 되는 건 전적으로 상판사의 마두에게 달려 있다.

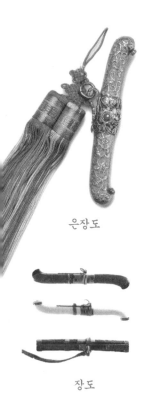

은장도

장도

*예단 품목

책문수직보고柵門守直甫古 2명과 갑군甲軍 8명 도합 10명에게 각각 백지白紙 열 권, 소연죽小煙竹 열 개, 화도火刀 열 개, 봉초封草 열 봉지.
봉성장군 2명, 주객사主客司 1명, 세관稅官 1명, 어사御史 1명, 만주장경滿洲章京 8명, 가출장경加 出章京 2명, 몽고장경蒙古章京 2명, 영송관迎送官 3명, 대자帶子 8명, 박씨博氏 8명, 가출박씨加出博 氏 1명, 세관박씨稅官博氏 1명, 외랑外郎 1명, 아역衙譯 2명, 필첩식筆帖式 2명, 보고甫古 17명, 가출 보고加出甫古 7명, 세관보고稅官甫古 2명, 분두보고分頭甫古 9명, 갑군 50명, 가출갑군加出甲軍 36 명, 세관갑군稅官甲軍 16명 등 도합 102명에게는 장지壯紙 일백오십육 권, 백지 사백육십구 권, 청서피靑黍皮 일백이십 장, 소갑초小匣草 오백팔십 갑, 봉초 팔백 봉, 세연죽細煙竹 일흔네 개, 팔 면은항연죽八面銀項煙竹 일흔 네개, 석장도錫粧刀 서른일곱 자루, 초도鞘刀 이백여든네 자루, 선자 扇子 이백여든여덟 자루, 대구어大口魚 일흔네 마리, 다래月乃 일곱 부, 환도環刀 일곱 자루, 은장 도銀粧刀 일곱 자루, 은연죽銀煙竹 일곱 개, 석장연죽錫長煙竹 마흔두 개, 필筆 사십 지枝, 묵墨 사십 정丁, 화도 이백육십이 개, 청청다래靑靑月乃 두 부, 별연죽別煙竹 사십오 개, 유둔油芚 두 부씩 나 누어 주었다.

만일 그가 풋내기라든지 중국말이 시원찮다든지 하면, 그자들과 다투는 건 불가능하다. 그냥 달라는 대로 줄 수밖에 없다. 그리고 올해에 이렇게 하면 내년에는 벌써 전례가 된다. 그러니 반드시 다투어야만 한다. 사신들은 이러한 사리를 모르고 그저 책문에 들어가기에만 급급해서 늘상 역관을 재촉한다. 그러면 역관은 또 마두를 재촉하게 되어, 그 폐단의 유래가 오래되었다.

상판사의 마두 상삼이 막 예단을 나눠 주려 하자, 되놈 백여 명이 빙 둘러선다. 그 중 하나가 갑자기 커다란 소리로 상삼을 욕하자, 득룡이 수염을 꼿꼿이 세우고 눈을 부라리면서 곧장 앞으로 달려 나간다. 다짜고짜 녀석의 가슴을 움켜잡고 주먹을 휘두르며 팰 것 같은 기세다. 득룡은 되놈들을 둘러보며 큰소리를 친다.

"뻔뻔하고 무례한 놈 같으니라구! 지난해에는 대담하게도 이 어르신네 쥐털 목도리를 훔쳐 갔지. 또 그 작년엔 이 어르신께서 주무시는 틈을 타서 내 허리에 찼던 칼을 뽑아 칼집에 달린 술穗을 끊어 갔었지. 게다가 내가 차고 있던 주머니를 훔치려다가 들켜 오지게 얻어터지고 얼굴이 알려지게 된 놈 아니냐! 그때 애걸복걸 싹싹 빌면서 나더러 목숨을 살려 주신 부모 같은 은인이라 하더니만. 오랜만에 왔다고 이 어르신께서 네 놈의 상판을 몰라보실 줄 알았느냐? 겁대가리 없이 이 따위로 큰소리를 지르고 떠들다니. 요런 쥐새끼 같은 놈은 대가리를 휘어잡아서 봉성장군 앞으로 끌고 가야 돼!"

여러 되놈이 일제히 말리며 풀어 달라고 한다. 그들 중 수염이 멋들어지고 옷차림이 말쑥한 자 하나가 앞으로 나서더니 득룡의 허리를 껴안고 사정한다.

"형님, 화 푸세요."

득룡이 그제야 화를 풀고 빙그레 웃는다.

"내가 정말 동생의 안면만 아니었다면 이 자식 쌍판을 한 방 갈겨서 저 봉황산 밖으로 내던져 버렸을 거야."

하는 짓이 침으로 우습다. 판사 조달동趙達東이 마침 내 곁에 와 시기에 조금 전의 그 광경을 이야기해 주었다.

"혼자 보긴 아깝더구먼." 그러자 조군이 웃으며 말한다.

"그야말로 살위봉법*이네요."

조군이 득룡을 재촉한다.

"사또께서 이제 곧 책문으로 들어가실 거야. 빨리 예단을 나눠 주어라."

득룡이 계속 "예이, 예이" 하며 짐짓 바쁜 척을 한다. 나는 일부러 그곳에 머물러 나눠 주는 물건의 명단을 상세히 살폈다. 품목이 아주 잡다하다.

되놈들은 끽소리 없이 주는 대로 받아 가지고 가 버린다. 조군이 감탄한다.

"득룡의 수완이 정말 대단하네요. 지난번 들어왔을 때 털목도리나 칼 주머니를 잃어버린 일 같은 건 전혀 없었거든요. 공연히 트집을 잡아서 그 중 한 놈을 작살내 버리는 거예요. 그러면 나머지 녀석들은 절로 기가 팍 죽어서 그냥 물러서거든요. 그렇게 안 했더라면 사흘이 가도 끝이 안 났을걸요. 책문 안으로 절대 못 들어갔을 겁니다."

잠시 후 군뢰가 와 엎드리더니 보고를 올린다.

"문상어사門上御史와 봉성장군이 수세청收稅廳에 나와 계십니다."

삼사가 차례차례 책문으로 들어간다. 장계는 전례에 따라 의주의 창군에게 부쳐서 돌려보낸다.

일단 이 문을 들어서면 중국 땅이다. 이제 고국의 소식은 끊어지고 만다. 서글프게 동쪽 하늘을 바라보다가, 한참 뒤 몸을 돌려 천천히 책문 안으로 들어갔다.

길 오른편으로 풀로 지붕을 얹은 세 칸짜리 관청 건물이 있다. 문상어사·봉성장군으로부터 아역衙譯에 이르기까지 자기들 직급에 따라 의자에 걸터앉아 우리 일행의 예를 받을 차비를 하고 있었다. 수역 이하 하인들도 그 앞에 팔짱을 끼고 근엄하게 서 있다.

사신이 그 앞에 이르면 마두가 갑자기 하인에게 호통을 친다. 그러면 가마를 멈추고 말의 멍에를 벗기는 척하다가, 재빨리 달려서 후다닥 지나간다. 예를 갖추는 시늉만 하는 것이다. 부사·서장관도 똑같은 방식으로 지나간다. 이처럼 서로 도와 어물쩍 넘어가는 모습이 하도 우스워서 배꼽을 잡을 지경이다. 비장·역관들은 모두 말에서 내려 걸어 지나가는데, 변계함卞季涵만이 말을 탄 채 획 지나간다. 끝에 앉았던 되놈 하나가 갑자기 조선말로 크게 소리를 치며 욕을 해댄다.

"이런 무례한 놈 같으니! 여러 어르신들이 여기 앉아 계시는데, 외국의 수행원 주제에 감히 당돌한 짓을 하다니! 저런 놈은 사신에게 보고해서 볼기를 쳐야 돼!"

청나라 관리의 모습

쉰 소리에 목소리는 컸지만 혀는 뻣뻣한 데다 목구멍은 막혀 있다. 마치 아기가 옹알거리는 듯, 술꾼이 주정하는 듯한 말소리다. 호행통관護行通官_사행단을 호위하는 통역인 쌍림雙林이라 한다. 수역이 얼른 대답했다.

"이 사람은 우리나라 어의御醫인 태의관太醫官입니다. 초행길이라 사정에 어둡습니다. 게다가 태의관은 국명을 받자와 정사를 보호하는 처지라, 정사께서도 감히 마음대로 할 수 없는 사람이지요. 여러 어르신들께서는 황제께옵서 저희 나라를 사랑해 주시는 마음을 감안하시어 널리 헤아려 주시기 바랍니다. 그러면 대국의 너그러운 도량을 더욱 깊이 새기게 될 줄로 아뢰옵니다."

그들은 모두 머리를 끄덕이고 빙그레 웃으며 "그래, 그래" 하는데, 쌍림만이 눈을 부라리고 소리를 질러 댄다. 화가 아직 덜 풀린 모양이다. 수역이 나를 보고 그만 가자고 눈짓한다. 길에서 변군을 만났다. 그가 말을 건넨다.

"허 참, 큰 욕 봤네."

나는 이렇게 맞장구쳤다.

"볼기가 혼쭐이 날 뻔했지."

서로 쳐다보며 한바탕 웃었다. 그와 나란히 가면서 여기저기 살펴보기 시작했다. 나도 모르게 감탄사가 절로 나온다.

책문 안의 인가는 20~30호밖에 안 되지만 모두 웅장하고 깊으면서도 툭 트였다. 짙은 버드나무 그늘 속에서 술집을 알리는 푸른 깃발 하나가 공중에 솟아 있다. 변군과 함께 들어갔다. 이미 조선 사람들로 가득하다. 맨종아리에 민머리 차림으로 걸상에 걸터앉아 왁자지껄하다가 우리를 보더니 다들 후다닥 밖으로 나가 버린다. 주인이 변군에게 삿대질을 하면서 버럭 화를 낸다.

"에잇, 눈치 없는 벼슬아치 같으니라구. 남의 장사에 깽판을 쳐도 유분수지."

대종戴宗이 주인의 등을 두드린다.

"형님, 역정낼 거 없수. 이 두 어르신들께선 대충 한두 잔만 들고 얼른 나가실 거유. 저 망나니들이 이 어르신들 앞에서 어찌 편하게 앉아 있을 수 있겠소? 잠시 피해 준 것뿐이니, 금세 돌아올 거유. 이미 먹은 건 술값을 치를 것이고, 아직 덜 먹었으면 흉금을 터놓고 즐거이 마실 터이니, 형님은 걱정 말고 우선 넉 냥 술이나 부으시오."

주인은 그제야 얼굴에 웃음을 띤다.

"동생, 작년에도 보지 않았나. 이 망나니들이 모두 처먹기만 하고 야료를 부리는 사이에 뿔뿔이 연기처럼 사라져 버린 걸. 그러니 술값을 어디 가 받을 수 있었겠나."

"형님, 염려 마시오. 이 어른들이 한잔 하고 일어나시면, 이 동생이 개들을 이리로 다 몰고 오겠수다."

"옳거니! 그런데, 두 분이 합쳐서 넉 냥으로 하실까, 각기 넉 냥으로 하실까."

"따로따로 넉 냥씩 따라 주쇼." 옆에 있던 변군이 대종에게 야단을 치며 말했다.

"넉 냥치를 누가 다 마시나?" 그러자 대종이 웃으면서 설명한다.

"넉 냥이란 돈을 말하는 게 아니구요, 술 무게를 말하는 겁니다."

탁자 위에 벌여 놓은 술잔은 한 냥부터 열 냥까지 각각 그 그릇이 다르다. 모두 놋쇠와 주석으로 만들고 은처럼 빛을 냈다. 넉 냥 술을 청하면 넉 냥들이 잔으로 부어 준다. 술을 사는 사람은 양이 많고 적음을 헤아릴 필요가 없다. 참으로 간편하다. 술은 모두 백소주로, 맛은 그리 좋지 못하다. 취하자마자 금방 깬다.

주변의 진열 상태를 둘러보니 모든 것이 단정하게 정리되어 있다. 한 가지도 구차스럽게 대충 해놓은 법이 없고, 물건 하나도 너저분하게 늘어 놓은 것이 없다. 심지어 소 외양간이나 돼지 우리까지 모두 법도 있게 깔끔하다. 땔감 쌓아 놓은 것이나 두엄 더미까지도 그림처럼 곱다. 아! 이렇게 한 뒤에야 비로소 이용利用이라 말할 수 있을 것이다. '이용'이 있은 뒤에야 후생厚生이 될 것이요, 후생이 된 뒤에야 정덕正德을 이룰 수 있을 것이다.* 이롭게 사용할 수 없는데도 삶을 도탑게 할 수 있는 건 세상에 드물다. 그리고 생활이 넉넉지 못하다면 어찌 덕을 바르게 할 수 있겠는가.

정사는 이미 악郑씨 집으로 들어갔다. 집주인 악씨는 키가 일곱 척이다. 호방하면서도 매섭게 보인다. 70세쯤 된 그의 어머니는 머리 가득 꽃을 꽂고 눈매도 아름다워, 젊었을 때 모습을 짐작할 수 있다. 자손들도 많다고 한다.

*이용, 후생, 정덕
『서경』「대우모」(大禹謨)에 나오는 '정덕이용후생유화'(正德利用厚生惟和)에서 유래한 구절. 덕을 바로잡으려면 삶을 이롭게 하고 생활을 두텁게 해야 한다는 뜻. 이용이 주로 기술이나 제도의 문제라면, 후생은 구체적인 의식주에 해당한다. 이 명제는 고대 이후 동아시아 정치의 가장 근본적인 강령이었다. 하지만 연암이 보기에 통치자들은 이용과 후생은 망각한 채 정덕만을 부르짖음으로써 정덕조차도 공허한 명분으로 만들어 버렸다. 연암이 정덕을 맨 뒤에 놓고 이용후생을 강조한 연유가 여기에 있다. 그런가 하면, 20세기에는 오직 부국강병의 일환으로 '이용후생'만을 강조하느라 '정덕'이라는 큰 비전을 놓치고 마는 역설적 상황이 연출되었다.

중국의 우물 모습
위 왼쪽 그림은
두레박이라고도 불리던
길고(桔槹)이고, 오른쪽
그림은 도르래 원리로 물을
긷던 녹로(轆轤)이다. 둘 다
힘들이지 않고 우물물을
길어 올릴 수 있었다.

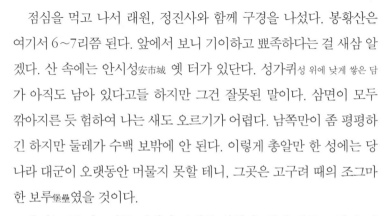

조선의 우물 모습
김홍도가 그린 18세기
조선의 우물가 모습이다.

점심을 먹고 나서 래원, 정진사와 함께 구경을 나섰다. 봉황산은 여기서 6~7리쯤 된다. 앞에서 보니 기이하고 뾰족하다는 걸 새삼 알겠다. 산 속에는 안시성安市城 옛 터가 있단다. 성가퀴성 위에 낮게 쌓은 담가 아직도 남아 있다고들 하지만 그건 잘못된 말이다. 삼면이 모두 깎아지른 듯 험하여 나는 새도 오르기가 어렵다. 남쪽만이 좀 평평하긴 하지만 둘레가 수백 보밖에 안 된다. 이렇게 총알만 한 성에는 당나라 대군이 오랫동안 머물지 못할 테니, 그곳은 고구려 때의 조그마한 보루堡壘였을 것이다.

우리는 큰 버드나무 밑에서 더위를 식혔다. 옆에 벽돌로 쌓아 만든 우물이 있다. 넓은 돌을 잘 다듬어서 덮개를 만들었다. 양쪽 옆으로는 구멍을 뚫어서 두레박만 겨우 드나들게 되어 있다. 사람이 빠지는 것도 막고 먼지가 들어가는 것도 막기 위한 장치다. 또 물의 속성이 본래 음에 속하므로 태양을 가려서 활수活水를 만들자는 것이다. 우물 뚜껑 위엔 도르래를 설치했고, 그 아래쪽으로는 두레박 줄이 두 가닥 드리워져 있다. 버들가지를 엮어서 만든 그릇은 꼭 표주박 모양인데 속은 깊다. 한쪽이 올라가면 다른 한쪽이 내려간다. 그래서 종일토록 물을 길어도 힘들지 않다. 물통은 모두 쇠로 테를 두르고 작은 못을 촘촘히 박았다. 대나무로 만든 것은 오래 지나면 썩어서 끊어진다. 또 통이 마르면 대나무 테가 저절로 헐거워서 벗겨진다. 그래서 쇠테를 두르는 것이 좋다. 물을 길어 가지고는 모두 어깨에 메고 다닌다. 이것을 편담扁擔이라 한다. 팔뚝만큼 굵은 나무를 한 길쯤 되게 다듬어서 그 양쪽 끝에 물통을 건다. 물통은 땅에서 한 자 이상 떨어지게 한다. 이렇게 하면 물이 출렁거려도 넘치지 않는다. 우리나라는 평양에서만 이렇게 하는데 그것도 어깨에 메지 않고 등에 지고 다닌다. 그러다 보니 고샅길시골의 좁은 골목길이나 좁은 골목에서는 여간 거추장스러운 게 아니다. 여기처럼 어깨에 메는 방법이 훨씬 좋다. 옛날 포선鮑宣의 아내*가 물을 길고 물동이를 '잡고' 갔다는 대목을 읽은 적이 있었다. 왜 머리에 이지 않고 손으로 잡았을까 하고 의심했었는데, 이제 보니 이 나라 여인들은 쪽을 진 머리가 높아서 물건을 머리에 일 수 없었던 것이다.

서남쪽은 드넓게 트여 있다. 들판 아득히 저편으로 산이 있고 맑은 물은 질펀하게 흐른다. 우거진 버들숲에 그늘이 짙다. 띠풀 지붕과 성긴 울타리가 숲 사이로 이따금씩 보인다. 풀이 우거진 넓은 둑방 위엔 소와 양이 흩어져 풀을 뜯고 있다. 멀리 다리 위로는 행인들이 짐을 지거나 손에 들고 간다. 우두커니 서서 바라보노라니, 문득 집 떠나온 고단함이 가시는 듯싶다.

래원과 정진사는 새로 지은 불당 구경을 한다면서 나만 남기고 가 버렸다. 말 탄 사람 10여 명이 채찍을 휘두르며 지나간다. 모두 수놓은 안장을 얹은 좋은 말이다. 의기가 양양하다. 그들은 내가 홀로 서 있는 걸 보더니 고삐를 돌려 말에서 내린다. 다투어 내 손을 잡고 정답게 인사를 하는데, 그 중 하나는 미소년이었다. 내가 땅에 글자를 써서 말을 걸었다. 그들은 모두 머리를 숙이고 한참을 들여다 보더니 고개만 끄덕인다.

비석이 두 개가 있는데 모두 푸른 돌로 만들었다. 하나는 문상어사의 선정비고, 다른 하나는 어떤 세관稅

*포선의 아내

포선은 한나라의 충직한 신하이고, 그 아내는 환소군을 말한다. 환소군은 부유한 집안 출신이었지만, 청렴한 것을 좋아하는 남편의 뜻을 받들어 값비싼 물건과 하인들을 다 친정으로 돌려보낸 뒤, 삼베치마를 입고 손수 물을 길어 시어머니를 극진히 봉양했다고 한다.

물지게꾼 모습

官의 신정비다. 모두 만주 사람으로 이름은 네 글자다. 비문을 지은 사람도 만주 사람이어서 글이나 글씨가 모두 볼품없다. 다만 비의 모양새가 매우 아름다우면서도 노력과 경비가 절약된 것만은 본받을 만하다. 비석의 양 옆은 갈아 내지 않고 벽돌로 담을 쌓았다. 비석을 사이에 끼고 담장을 만들어 비석 꼭대기까지 파묻히게 했다. 위에는 기와를 얹으니 집이 된 셈이다. 비석은 움푹한 그 속에서 비바람을 피하게 된다. 일부러 비각을 세워서 비석을 가리는 것보다 낫다. 비석 받침대에 놓인 비희와 비문 양쪽 가장자리에 새긴 패하*는 그 터럭을 셀 수 있을 정도로 정교하다. 궁벽한 시골 백성들이 세운 것임에도 그 정교하면서도 고아한 품격은 더할 나위 없다.

저녁 때가 되자 더위가 한결 더 기승을 부리기에 숙소로 급히 돌아왔다. 북쪽 창문을 활짝 열고 겉옷을 벗고 누웠다. 뒤뜰이 널찍하다. 파와 마늘을 심은 이랑과 밭두렁이 금을 그은 듯 곧고 반듯하다. 넝쿨대에 올린 박 덩굴이 주렁주렁 어지러이 얽혀 뜨락을 덮고 있다. 울타리가에는 접시꽃과 옥잠화가 붉고 흰 빛깔로 한창이다. 처마 끝엔 석류 화분 몇 개, 수국 화분 한 개, 추해당 화분 두 개가 있다. 집주인 악씨의 아내가 손에 대바구니를 들고 나와서 차례로 꽃을 딴다. 아마 저녁 치장을 위한 것이리라.

창대가 술 한 잔과 계란볶음 한 접시를 가지고 온다.

"어딜 가셨었어요? 기다리느라고 목 빠지는 줄 알았습니다요."

일부러 어리광을 부려 자기 정성을 나타내려는 것이다. 얄밉기도 하고 우습기도 하다. 하지만 술은 내가 좋아하는 것이고, 계란볶음 역시 내가 먹고 싶었던 것임에랴.

이날은 30리를 왔다. 압록강에서 여기까지 120리다. 우리나라 사람은 이곳을 '책문'이라 하고, 이 지역 사람은 '가자문'架子門이라 하며, 중국 본토 사람은 '변문'邊門이라고 한다.

•비희贔屭**와 패하**霸夏
전하는 얘기로, 용에게는 아홉 아들이 있다고 한다. '비희'는 그 아들 용의 하나로 일명 '패하'라고도 한다. 대개는 거북이의 생김새를 가지고 있다.

추해당秋海棠
추해당은 '베고니아'의 중국식 이름이다. 9월쯤 선홍색의 크고 아름다운 꽃송이를 피워 낸다.

6월 28일
을해일 乙亥日

아침 일찍 변계함과 함께 먼저 길을 떠났다. 대종이 저 멀리 큰 장원을 가리킨다.

"저건 통관通官 서종맹徐宗孟의 집입니다. 황성북경을 말함에는 저보다 더 좋은 집이 있었다네요. 종맹은 본래 탐욕스런 관리로, 못된 짓을 많이 저질렀답니다. 조선 사람의 고혈을 빨아서 큰 부자가 되었는데, 늘그막에 예부에서 이 사실을 알게 되었답니다. 그래서 황성에 있던 집은 몰수당하고, 이것만 그대로 남았답니다."

또 한 군데를 가리킨다.

"저건 쌍림의 집이구요, 그 맞은편은 문통관文通官의 집이랍니다."

대종은 말솜씨가 유려해서 오랫동안 익혀 둔 글을 암송하는 듯하다. 그는 선천宣川 사람으로, 벌써 예닐곱 번이나 연경을 드나들었다 한다.

봉황성까지는 30리쯤 더 가야 한다. 옷이 흠뻑 젖었다. 길 가는 사람들 수염에는 구슬을 꿰어 놓은 듯 땀방울이 송글송글 맺혀 있다. 마치 벼의 싹秧針에 맺힌 이슬처럼 보인다.

서쪽 하늘 끝으로 자욱하던 안개가 갑자기 트이며 파란 하늘 조각이 빠꼼히 얼굴을 내민다. 작은 창문에 끼워 놓은 유리처럼 영롱하다. 눈 깜짝할 사이에 안개는 모두 상서로운 구름으로 바뀐다. 그 변화무쌍한 광경은 끝이 없다. 동쪽으로 눈길을 돌려 바라보니 한 덩이 붉은 해가 중천에 솟아 있다.

강영태康永太의 집에서 점심을 먹었다. 그는 스물세 살인데 자신을 민가民家, 즉 한족漢族이라고 소개했다(만주족은 '기하旗下'라고 한다). 얼굴이 희고 아름다운데, 서양금을 잘 탔다.

"글을 읽었는가?"

"사서四書는 진작 외웠지만 아직 강의講義는 하지 못했습니다."

중국인들에게는 이른바 '외기'와 '강의' 두 가지가 있다. 처음 공부를 할 때 음과 뜻을 함께 배우는 우리나라와는 전혀 다르다. 중국인들은 처음에는 그저 사서의 문장을 입으로 외기만 한다. 외는 것이 능숙해지면 그 다음에 스승에게 뜻을 배우는데 이를 '강의'라 한다. 설령 죽을 때까지 강의를 듣지 못한다 해도 입으로 왼 문장들을 일상적으로 사용한다. 그리고 보면, 세계 여러 나라 말 중에서도 중국말이 가장 쉽다는 건 나름 일리 있는 말이다.

강영태의 집은 깔끔하면서도 화려하다. 무슨 물건이든지 다 처음 보는 것들이다. 구들 위에는 모두 용과 봉황을 수놓은 털담요를, 걸상이나 탁자에는 비단 담요를 깔았다. 뜰에는 시렁을 설치하고 삿자리로 햇볕을 가렸다. 사방으로는 연노란색 발을 드리웠다. 앞에 석류 화분 대여섯 개가 놓여 있는데, 그 중 어떤 것은 흰 석류꽃이 활짝 피었다. 또 이상한 나무 화분이 하나 있는데, 잎은 동백冬栢 같고 열매는 탱자 비슷하다. 그 이름을 물으니 '무화과無花果'라 한다. 열매는 두 개씩 나란히 꼭지에 잇닿아 달린다. 꽃이 없이 열매가 맺히기 때문에 이런 이름이 붙었다고 한다.

무화과 이파리와 열매
무화과나무는 뽕나무과의 관목인데, 꽃송이가 작고 잎은 커서 잎에 꽃이 가려 잘 보이지 않기 때문에 꽃이 없이 열매를 맺는 것처럼 보인다.

서장관 조정진趙鼎鎭이 찾아왔다. 서로 나이를 대보니 나보다 다섯 살이 많다. 이어서 부사 정원시鄭元始도 찾아와서 만리 길에 동고동락

하는 회포를 풀어놓는다. 김문순金文淳도 미안해 하면서 말한다.

"형께서 이 길을 떠나신 줄은 진작 알고 있었습니다만, 국경을 건너기 전에는 몹시 번거롭고 바빠서 찾아뵐질 못했습니다."

"타국에 와서 이렇게 서로 알게 되니 이역 땅의 친구라고 할 만하네요."

내 말에 부사와 서장관이 모두 크게 웃으며 응대한다.

"모르죠. 어떤 곳이 이역 땅이 될는지."

부사는 나보다 두 살 위다. 우리 조부님과 부사의 조부님은 과거 공부를 함께 한 동창이다. 지금도 동창들의 명단을 기록한 『동연록』同硏錄이 있다. 우리 조부께서 경조당상京兆堂上_경조는 한성부의 별칭. 한성부의 당상관을 말함으로 계실 때 부사의 조부님께서 경조랑京兆郞으로 근무하셨다. 그 어른은 당시 우리 조부님을 찾아오셔서 지난날 함께 공부하던 말씀을 나누신 적이 있었다. 여덟 살인가 아홉 살 때 나는 옆에서 그분들 말씀을 들었으므로, 두 집안 간에 대대로 교유交遊가 있다는 걸 기억하고 있다.

서장관이 흰 석류를 가리키며 묻는다.

"이런 종류를 본 적이 있소?"

"아니요. 본 적이 없습니다."

"내가 어렸을 때 집에 이런 종류의 석류나무가 있었지요. 우리나라 다른 지역에는 없었던 것 같아요. 이 석류는 꽃만 피고 열매는 맺지 않는다더군요."

이런 이야기들을 주고받다가 다들 자리에서 일어났다. 강을 건너던 날 갈대숲 속에서 서로 얼굴은 익혔지만 이야기를 주고받지는 못했다. 게다가 이틀 동안 책문 밖에서 천막을 나란히 하고 노숙까지 한 사이인데도 통 마주치지 못하다가 이제야 얼굴을 맞대고 이렇게 이역 땅이니 뭐니 하면서 우스개를 한 것이다.

점심은 아직도 멀었다 한다. 마냥 기다리기가 그래서 배고픈 걸

석류꽃과 열매
관상용이나 약용으로 가정집 부근에 주로 심는 석류나무는 5~6월경 붉은 꽃을 피운다. 자손이 번창하라는 의미로 사대부가 정원에 많이 심었다.

번화가 모습

참고 구경을 나섰다. 애초에 오른쪽 작은 문으로 들어왔기 때문에 이 집이 얼마나 웅장하고 사치스러운지를 몰랐었다. 이제 앞문으로 나가 보니 바깥뜰이 수백 칸이나 된다. 삼사와 그 일행들이 다 함께 이 집에 들었건만, 다들 대체 어디에 있는지 알 수 없을 정도다. 우리 일행이 거처하고도 남을 뿐만 아니라 드나드는 장사꾼과 나그네들이 끊이질 않는다. 또 20여 대 이상의 수레가 문이 미어터지게 들어온다. 수레를 끄는 말과 노새가 각각 대여섯 마리씩 되지만 떠드는 소리라고는 전혀 없다. 깊이 감추어져 텅 빈 듯 고요하다. 모든 것들이 규모가 잡혀 있어서 서로 거치적거리면서 방해가 되는 일이 없다. 언뜻 보기에도 이러니, 나머지 세세한 것들이야 말할 나위가 없다.

천천히 걸어서 문을 나섰다. 번화하고 부유함이 비록 연경이라 한들 이보다 더할까 싶었다. 중국이 이처럼 번화하다는 건 참으로 뜻밖이다. 좌우로 늘어선 점방들은 휘황찬란하다. 아로새긴 창문, 비단으로 잘 꾸민 문, 그림을 그려 넣은 기둥, 붉게 칠한 난간, 푸른빛 주련柱聯, 황금빛 현판 등. 그 안에 펼쳐 놓은 것은 모두 중국에서 나오는 진기한 물건들이다. 국경 지방 시골 오지에도 이처럼 정밀하고 우아

청대 노점상 모습

한 감식안이 있다니 그저 놀라울 따름이다.

　다른 집에 들어가 보았다. 조금 전 강영태의 집보다도 더 크고 화려하지만 가옥 구조는 거의 비슷하다. 중국인들은 대체로 집을 이렇게 짓는다. 우선 땅을 다듬어 수백 보 정도로 길이나 넓이를 적절히 준비한다. 사면을 반듯하게 깎아서 측량기로 높낮이를 잰다. 나침반으로 방위를 잡은 다음 대臺를 쌓는다. 그 바닥에는 돌을 깔고 그 위에 한 층 또는 두세 층 벽돌을 놓으며, 다시 돌을 다듬어서 대를 장식한다. 그 위에 집을 세우는데 모두 한일 자 형태로 하여 건물이 구부러지거나 잇달아 붙지 않게 한다. 첫번째가 내실內室이고, 그 다음이 중당中堂, 셋째는 전당前堂, 네번째는 외실外室이다.＊ 외실 밖은 큰길에 붙어 있어서 점방으로 사용한다. 당堂마다 좌우의 곁채가 있는데 이것이 바로 행랑과 작은 곁방이다. 집 한 채의 길이는 대략 6영楹·8영·10영·12영으로 되어 있다. 기둥과 기둥 사이는 매우 넓어서 거

＊ 보통은 가옥 구조를 밖에서부터 안으로 들어가며 설명하기 마련인데, 특이하게도 연암은 안쪽에서 바깥쪽으로 나가며 설명하고 있다. 예컨대 연암은 아래의 사합원 구조에서 볼 때 맨 안쪽 정방에서 대문 쪽으로 시선을 옮기며 말하고 있는 것이다.

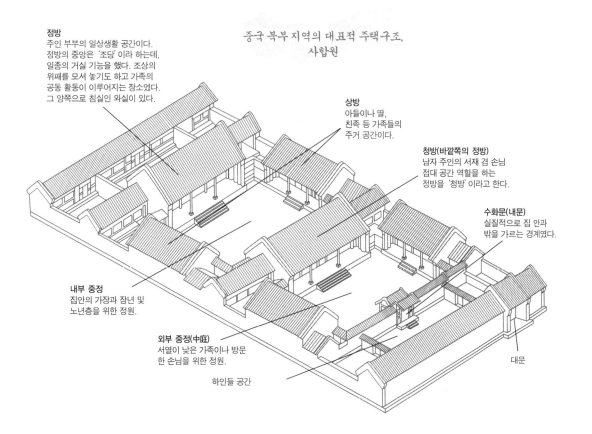

중국 북부 지역의 대표적 주택구조,
사합원

정방
주인 부부의 일상생활 공간이다.
정방의 중앙은 '조당'이라 하는데,
일종의 거실 기능을 했다. 조상의
위패를 모셔 놓기도 하고 가족의
공동 활동이 이루어지는 장소였다.
그 양쪽으로 침실인 와실이 있다.

상방
아들이나 딸,
친족 등 가족들의
주거 공간이다.

청방(바깥쪽의 정방)
남자 주인의 서재 겸 손님
접대 공간 역할을 하는
정방을 '청방'이라고 한다.

수화문(내문)
실질적으로 집 안과
밖을 가르는 경계였다.

내부 중정
집안의 가장과 장년 및
노년층을 위한 정원.

외부 중정(中庭)
서열이 낮은 가족이나 방문
한 손님을 위한 정원.

하인들 공간

대문

그리고 재목의 길이에 맞
추어서 마음대로 넓히거나 좁히는 것이 아니라 반드시 자로 재서 간
살을 정한다. 집은 모두 오량집이거나 칠량집이다. 땅에서 용마루_{지붕}
_{가운데 있는 가장 높은 수평 마루}까지 그 높이를 따지면 처마는 한가운데쯤 위
치하게 된다. 그래서 빗물을 받는 홈통이 마치 암키와를 세워 놓은
듯하다. 집 좌우와 후면은 부연_{婦椽_처마 서까래의 끝에 덧얹는 네모지고 짧은 서까}
_래이 없이 벽돌로 담을 쌓아 올려 서까래가 파묻혀 보이지 않을 정도
다. 동서 양쪽 담벽에는 각각 둥근 창문을 냈다. 남쪽에는 모두 문을
냈으며, 가운데 한 칸을 드나드는 문으로 사용한다. 문은 반드시 앞
뒤가 꼭 마주서게 하여, 집이 서너 겹이라면 문은 여섯 겹이나 여덟
겹이다. 그렇지만 활짝 열어젖히면 내실부터 외실까지 한눈에 꿰뚫
어 보여 마치 화살처럼 똑바르다. 그들이 하는 말에 "겹문을 활짝 여
니, 내 마음도 이와 같구나" 하는 게 있는데 이는 그 곧고 똑바름을
비유하는 말이다.

길에서 역관으로 정3품 당상관인 동지_{同知} 이혜적
_{李惠迪}을 만났다. 이군이 웃으면서 말한다.

"궁벽한 시골 구석에 뭐 볼 만한 게 있던가요?"

"연경도 이보다는 못할 걸."

"그렇지요. 크냐 작냐, 사치스럽냐 검소하냐 하는
구별은 있겠지만, 그 규모는 거의 같습니다."

이곳에서는 벽돌만을 사용해서 집을 짓는다. 벽돌
의 길이는 한 자, 넓이는 다섯 치. 벽돌 두 개를 나란
히 놓으면 두께 두 치짜리 정방형이 된다. 네모난 틀
에서 찍어 낸 벽돌이지만 한쪽 귀라도 떨어지거나,
모가 이지러지거나, 바탕이 뒤틀린 것은 사용하지 않
는다. 만일 벽돌 한 개라도 이런 것을 사용하면 집 전
체가 틀어진다. 그러므로 같은 틀로 찍어냈지만 오히

* 우리나라에서는 전통적
칸을 계산할 때 기둥과 기둥
사이를 1칸(間)으로 계산한다.
여기서 박지원이 기둥(楹)을
기준으로 잡은 이유는 바로 이
때문이다. '초가삼간' 이라고
할 때 초가집을 앞면에서 보면
기둥 네 개가 보인다는
뜻이다. 기둥이 네 개면
기둥과 기둥 사이가 3칸이
나오게 되고, 가운데 칸에
문을 만들게 되므로 집을
구성하는 가장 작은 단위가
되는 셈이다.

겹문

사합원의 구조는 일자형이기
때문에 수화문과 그 뒤로
나란히 있는 정방들의 문을
열면 아래 사진처럼 그
내부가 한눈에 꿰뚫어
보인다.

려 어긋난 놈이 있을까 걱정하여 반드시 굽자曲尺로 재고, 자귀나무를
깎아 다듬는 연장로 깎고, 돌로 갈아 낸다. 이토록 애써 가지런히 만드니
수많은 벽돌들이 그림자처럼 똑같다.

　벽돌을 쌓는 방법은 한 개는 세로, 한 개는 가로로 놓아서 저절로
감坎·이離와 같은 괘卦 모양이 만들어지게 하는 것이다. 그 틈서리에
는 석회를 종잇장처럼 얇게 발라 붙인다. 벽돌이 겨우 붙을 정도라서
그 흔적이 실밥처럼 가늘다. 회를 이길 때는 굵은 모래를 섞지도 않
고 진흙과 섞지도 않는다. 모래가 너무 굵으면 잘 붙지 않고, 흙이 너
무 차지면 쉽게 터진다. 그래서 반드시 곱고 보드라운 검은 흙을 회
와 섞는데, 그렇게 하면 그 빛깔이 거무스름하여 마치 새로 구워 놓
은 것 같다. 벽돌들은 일반적으로 너무 차지거나 버석거리지 않으며
빛깔도 부드럽다. 거기다가 어저귀 따위의 풀을 터럭처럼 가늘게 썰
어서 섞는데, 이는 우리나라에서 초벽하는 흙에 말똥을 섞는 것과 같
은 이치다. 질겨서 터지지 않도록 하려는 것이다. 또 동백기름을 넣
어서 젖처럼 번들거리고 매끄럽게 하여 떨어지거나 갈라지는 걸 막

감坎
이離

벽돌과 기와 만드는 모습
17세기 때 풍경으로,
『천공개물』(天工開物)에
나오는 그림이다. 왼쪽
그림은 아직 말랑한 진흙을
틀에 넣어 벽돌 모양을
잡아주고 말리는 모습이며,
오른쪽 그림은 원통형의
틀에서 기와를 분리해 내고
있는 모습이다.

으려는 것과도 같은 이치다.

　기와를 이는 법은 더더욱 본받을 만하다. 모양은 완전히 동그란 대나무 통을 네 쪽으로 쪼개 놓은 것 같고 크기는 두 손바닥만 하다. 일반 민가에서는 원앙와鴛鴦瓦_짝기와를 쓰지 않는다. 서까래 위에는 산자널지붕 서까래 위에 까는 널판을 엮지 않고 돗자리를 여러 겹 펼쳐 놓기만 한다. 그런 뒤에 바로 기와를 덮을 뿐 진흙을 깔지 않는다. 기와 한 장은 엎어 놓고 한 장은 젖혀 놓아 서로 암수가 되도록 맞춘다. 기와와 기와의 틈에는 석회를 발라서 모든 기왓골의 층을 발라 메운다. 그러면 쥐나 새가 뚫는 일도 없고, 위는 무거운데 아래는 텅 비는 문제점도 해결된다.

　우리나라의 기와 이는 법은 이들과는 완전히 다르다. 지붕에는 진흙을 두툼하게 펴놓기 때문에 위가 무거워진다. 담벽은 벽돌로 쌓지 않기 때문에 네 기둥은 의지할 데가 없어서 아래는 텅 비게 된다. 기왓장은 너무 커서 지나치게 휘어지고, 휘어지기 때문에 빈 공간이 저절로 많아진다. 그러니 진흙으로 메우지 않을 수 없게 되고, 진흙이 무겁게 내리누르니 기둥이 휘어지는 문제점이 발생한다. 진흙이 마

암키와와 수키와

기와 올리는 모습

중국의 기와지붕

벽돌로 된 벽과 건물

조선의 집 짓는 풍경

18세기 후반의 집 짓는 풍경으로, 목재를 다듬고 기와를 올리는 모습 등을 담고 있다.

르면 기와 밑이 저절로 떠서 기와 비늘의 층이 뒤로 물러나면서 틈새가 생긴다. 결국 바람이 들어오고 비가 샌다. 참새가 구멍을 뚫고 쥐가 숨어 살게 되며, 뱀이 똬리를 틀고 고양이가 헤집고 다니는 근심을 어쩌지 못하게 된다.

집을 짓는 데 가장 공이 큰 것은 아마도 벽돌일 것이다. 높은 담을 쌓을 때뿐만 아니라 집 안팎에서 벽돌을 사용하지 않는 곳이 없다. 넓은 뜨락도 눈 가는 곳마다 바둑판처럼 반듯반듯하다.

집은 벽 위에 얹어져 있어서 위는 가볍고 아래는 튼튼하다. 기둥은 담장 안으로 들어가 있어서 비바람을 겪지 않는다. 이 때문에 불이 번질 염려도 없고 도둑이 숨어들 걱정도 없다. 더욱이 새·쥐·뱀·고양이 같은 놈들의 걱정도 아주 사라졌다. 가운데 문 하나만 닫으면 높은 성벽 보루가 절로 되어 집 안의 모든 물건은 궤 속에 감추어 둔 셈이 된다. 이런 점에서 보자면 흙과 나무를 많이 들일 것도 없고 번거롭게 못질과 흙손질을 할 필요도 없다. 벽돌만 구워 놓으면 집은 벌써 완성된 것이다.

때마침 봉황성을 새로 쌓는데 어떤 사람이 여기가 바로 옛 안시성이라고 한다. 고구려 방언에 큰 새를 '안시'라고 한다. 지금도 우리말에 봉황을 '황새'라 하고 사蛇를 '배암'白巖이라 한다. 그러니 수·당 때에 이 지역 말을 좇아 봉황성을 안시성으로, 사성蛇城을 백암성白巖城이라고 했다는 말이 상당히 그럴 듯하다.

또 옛날부터 이런 이야기가 전한다. 안시성주 양만춘楊萬春이 당나라 태종太宗의 눈을 쏘아 맞혔다. 그러자 황제가 성 아래서 병장기를 번뜩이며 시위를 하고는 양만춘에게 비단 백 필을 하사하였다. 그가 자기 임금을 위하여 성을 굳게 지킨 것에 대하여 상을 내린 것이다. 삼연三淵 김창흡金昌翕이 연경에 가는 그 아우 노가재老稼齋 김창업金昌業에게 보낸 시에 이런 구절이 있다.

천추에 크신 담략 양만춘 장군千秋大膽楊萬春
용 수염을 화살로 맞혀 눈동자를 떨구었네.箭射虬髯落眸子

목은 이색李穡의 정관음貞觀吟에서도 이렇게 읊었다.

주머니 속 물건이라 여겼더니만爲是囊中一物爾
어찌 알았으랴, 검은 꽃이 흰 날개에 떨어질 줄을.那知玄花落白羽

여기서 '검은 꽃'은 눈을, '흰 날개'는 화살을 말한다. 이 두 분이 읊은 시는 필시 우리나라에서 예로부터 전해 오는 이야기에서 나온 것이리라. 당 태종이 천하의 군사를 동원해서 이 총알만 한 작은 성을 함락하지 못하고 황망히 군사를 돌이켰다는 건 의심스러운 일인

당 태종 이세민
아버지 이연을 도와 수나라를
멸망시키고 당나라를 창건한
당의 2대 황제. 밖으로는
영토를 확장하고 안으로는
여러 제도개혁을 단행해,
실질적인 창건자 역할을
했다. 요동 지방의 여러 성을
함락시킨 뒤 안시성까지
공격했으나, 3개월에 걸친
공방전 끝에 추위가 찾아오고
군량이 떨어지자 안시성에서
철수했다고 전해진다.

데도 김부식은 옛글에 그의 성녕이 선하지 않는다는 점만을 애석히
여겼을 뿐이다. 김부식은 『삼국사기』를 저술하면서 중국 역사서에서
한 차례 뽑아 베껴서 그것을 사실로 만들었다. 게다가 유공권柳公權의
소설을 인용하여 당 태종이 포위되었던 사실까지 입증했다. 그러나
『당서』唐書와 사마광司馬光의 『자치통감』資治通鑑 어느 곳에도 그와 관
련된 기록이 보이지 않는다. 이는 아마 중국 측이 그 사실을 숨기려
했던 것이 아닌가 싶다. 그 때문에 옛부터 전해 내려오는 말들을 단
한마디도 감히 쓰지 못하는 바람에 그게 신빙성이 있든 없든 기록에
는 모두 빠져 버렸다.

내 생각은 이렇다. 당 태종이 안시성에서 눈을 잃었는지 확인하고
증명할 수는 없다 하더라도, 이 성을 '안시성'이라고 하는 건 잘못이
다. 『당서』에 보면, 안시성은 평양에서 거리가 500리고, 봉황성은 왕
검성王儉城이라고도 부른다. 『지지』地志에서도 봉황성을 평양이라 부
른다. 어째서 이렇게 부르는지는 잘 모르겠다. 또 『지지』에는 "옛날
안시성은 개평현蓋平縣 동북쪽 70리 지점에 있다"고 기록되어 있다.
대체로 개평현에서 동쪽으로 수암하秀巖河까지가 300리, 수암하에서
다시 동쪽으로 200리를 가면 봉황성이다. 만일 이 성을 옛 평양이라
한다면, 『당서』에 기록되어 있는 '500리'란 말과 서로 부합된다.

그런데 우리나라 선비들은 단지 지금의 평양만 안다. 기자箕子가
평양에 도읍했다 하면 이를 믿고, 평양에 정전井田이 있다 하면 이를
믿으며, 평양에 기자묘箕子墓가 있다 하면 이를 믿는다. 그러니 만일
봉황성이 바로 평양이라고 하면 크게 놀랄 것이다. 더구나 요동에도
또 하나의 평양이 있었다고 하면 이는 해괴한 말이라고 꾸짖을 것이
다. 그들은 요동이 본시 조선의 옛 땅이며, 숙신肅慎 · 예濊 · 맥貊 등
동이東彝의 여러 나라가 모두 위만衛滿의 조선에 예속되었던 것을 알
지 못한다. 또 오라烏剌 · 영고탑寧古塔 · 후춘後春 등지가 본시 고구려
의 옛 땅이라는 걸 모른다. 아! 후세 사람들이 땅의 경계를 자세히 밝

히지 않고 제멋대로 한사군漢四郡을 죄다 압록강 안쪽에 몰아넣어 견강부회하면서 구차하게 배치해 놓았다. 그러고 나서, 그 안에서 패수浿水를 찾으니, 어떤 사람은 압록강을 '패수'라 하는가 하면 어떤 사람은 청천강을 '패수'라 하기도 하고, 어떤 이는 대동강을 '패수'라 한다. 이리하여 조선의 옛 땅은 싸우지도 않고 저절로 줄어들었다. 이는 무슨 까닭일까. 평양을 한 곳에 정해 놓고 사적에 따라 패수 위치는 앞으로 당기거나 뒤로 물러나게 하는 까닭이다.

나는 일찍이 한사군의 땅은 요동에만 있는 것이 아니고 마땅히 여진女眞에까지 들어간 것이라고 생각했다. 무엇을 근거로 그걸 알았겠는가.『한서』漢書「지리지」地理志에 현도玄菟나 낙랑樂浪은 있으나, 진번眞蕃과 임둔臨屯은 보이지 않는다. 대개 한漢 소제昭帝 시원始元 5년기원전 82년에 사군을 합하여 두 개의 부府로 만들었고, 원봉元鳳 원년기원전 76년에 다시 2부를 2군郡으로 바꿨다. 현도 세 고을 가운데 고구려현高句麗縣이 있고, 낙랑 스물다섯 고을 가운데에 조선현朝鮮縣이 있으며, 요동 열여덟 고을 가운데에 안시현安市縣이 있다. 다만 진번은 장안長安에서 7,000리, 임둔은 장안에서 6,100리 바깥에 떨어져 있다. 김윤金崙_조선 세조 때의 학자은 "우리나라 국경선 안에서는 이 고을들을 찾을 수 없다. 틀림없이 지금의 영고탑 등지에 있었을 것"이라고 한 바 있는데, 이 말이 옳은 것 같다. 이를 근거로 말하자면 진번·임둔은 한나라 말기에 바로 부여扶餘·읍루挹婁·옥저沃沮에 들어갔을 것이다. 부여는 다섯이고 옥저는 넷이던 것이 어떤 지역은 물길勿吉로 바뀌고, 어떤 지역은 말갈靺鞨로 변하였으며, 어떤 부족은 발해渤海로 바뀌었고, 어떤 지역은 여진으로 바뀌었을 것이다. 발해의 무왕 대무예大武藝가 일본의 성무왕聖武王에게 보낸 글에 "고구려의 옛 터를 회복하고, 부여의 옛 풍속을 지킨다"고 쓴 부분이 있다. 이로써 추정해 보자면 한사군의 절반은 요동에, 절반은 여진에 걸쳐 있어서 서로 겹쳐 있었을 것이다. 그리고 이것이 본디 우리 영토 안에 있었다는 걸 더

영고탑 고성 유적비
영고탑은 지금의 흑룡강성(黑龍江省)에 속한 영안(寧安)시에 있다. 영안시는 한나라 때 이후 알려진 고도(古都)였으나, 본격적으로 개척되기 시작한 건 청나라 강희제 때부터다.

욱 명확히 증명할 수 있다.

그런데 한나라 때 이후로, 중국에서 말하는 패수가 어딘지 일정하지 못하고, 또 우리나라 선비들은 꼭 지금의 평양을 기준으로 삼아서 어지러이 패수의 원래 자리를 찾는다. 옛날 중국 사람들은 일반적으로 요동 동쪽의 강을 죄다 '패수'라 하였기 때문에 그 거리를 계산한 릿수里數가 서로 맞지 않는다. 사실과 어긋나게 된 건 다 이런 이유 때문이다. 그러므로 고조선과 고구려의 옛 영토를 알려면, 먼저 여진을 우리 국경 안에 넣어서 처리해야 하고, 다음으로는 패수를 요동에서 찾아야 한다. 이렇게 패수의 위치가 정해져야만 우리 영토의 범위가 밝혀지고, 그게 밝혀져야 고금의 사실이 딱 맞게 될 것이다.

그렇다면 봉황성은 과연 평양일까? 이곳이 만일 기씨箕氏·위씨衛氏·고씨高氏 등이 도읍한 곳이라면, 이 역시 하나의 평양이라 할 수 있다. 『당서』「배구전」裴矩傳에 의하면, "고려는 본시 고죽국孤竹國이다. 주周의 황제가 기자를 이곳 제후로 봉하였다가, 한漢에 이르러서 사군으로 나누어졌다"고 한다. 고죽국이란 지금의 영평부永平府에 있다. 또 광녕현廣寧縣에는 옛날 기자묘가 있어서 우관冔冠 은나라의 갓 이름을 쓴 인물상을 모셨는데 명나라 가정嘉靖 연간 전쟁통에 불탔다고 한다. 어떤 이들은 광녕현을 '평양'이라 부른다. 『금사』金史와 『문헌통고』文獻通考에는 모두 "광녕, 함평咸平이 모두 기자의 봉지封地"라고 기록되어 있다. 그렇다면 영평永平과 광녕의 사이가 하나의 평양임을 추정할 수 있다. 『요사』遼史에서도 "발해의 현덕부顯德府는 본시 조선 땅으로 기자가 제후로 봉해졌던 평양성平壤城이었다. 요遼가 발해를 격파하고 '동경'東京이라 고쳤다. 이곳이 바로 지금의 요양현遼陽縣이다"라고 하였다. 요양현도 또 하나의 평양이라고 추정할 수 있다.

내 생각은 이렇다. 기자가 처음에는 영평·광녕 어름에 있다가 나중에 연燕의 장군 진개秦開에게 쫓겨서 2,000리 땅을 잃고 점점 동쪽으로 옮겨갔을 것이다. 이는 마치 중국의 진晉, 송宋이 남으로 옮겨간

것과 같은 이치다. 아마도 기자는 머무는 곳마다 평양이라 하였을 것이다. 지금 우리 대동강을 중심으로 하는 평양도 그 중의 하나일 것이리라.

'패수'도 마찬가지다. 고구려의 국토는 시기에 따라 넓어지기도 하고 좁아 들기도 했을 것이다. '패수'란 이름도 그에 따라 옮겨가는 것이다. 마치 중국 남북조시대에 주와 군의 이름이 서로 바뀐 것과 같은 이치다. 그런데 지금의 평양을 평양이라고 하는 사람들은 대동강을 '패수'라고 하며, 평양과 함경도 사이에 있는 산을 '개마대산' 蓋馬大山이라고 한다. 요양을 평양이라고 생각하는 사람들은 헌우낙수 軒芋濼水를 패수라고 부르며, 개평현에 있는 산을 개마대산이라고 부른다. 물론 어느 쪽이 옳은지는 알 수 없다. 그렇지만 현재의 대동강을 패수라 하는 자는 자기 나라의 국토를 스스로 줄여서 말하는 것임은 분명하다.

당唐 의봉儀鳳 2년, 고구려의 보장왕을 요동주遼東州 도독都督으로 삼으면서 조선왕朝鮮王에 봉하였다. 그를 요동으로 돌려보내면서 곧 안동도호부安東都護府를 신성新城에 옮겨서 이를 다스리도록 하였다. 이로 미루어 보면 요동 지역에 있던 고구려의 강토를 당나라가 정복하기는 했지만 이를 자기 영토로 복속시키지 못하고 고구려에 다시 돌려준 셈이 된다. 그렇다면 평양은 원래 요동에 있었거나, 아니면 이곳에다 임시로 그 이름을 붙여 두는 바람에 패수의 위치가 이와 함께 수시로 들쭉날쭉한 것뿐이다. 그리고 한의 낙랑군 관청이 평양에 있었다고 하는 것은 지금의 평양이 아니라 요동의 평양을 말한다. 그 후 고려시대에 와서는 요동과 발해 모든 지역이 거란으로 편입되었다. 겨우 자비령과 철령을 잇는 경계를 간신히 지키면서 선춘령과 압록강도 모두 버리고 다시는 돌보지 않았다. 그러니 다른 곳이야 한 발자국인들 돌아보았겠는가. 고려는 비록 안으로 삼국을 통일했지만, 그의 강토와 무력이 강대한 고구려에 전혀 미치지 못하였다. 후

평요성의 적대와 성루

평요고성(平遙古城)은
14세기에 건축된 성으로,
명나라의 성 건축양식과
문화를 잘 보여 주는
유산이다. 1997년에는
유네스코 세계문화유산으로
지정되기도 했다. 왼편의
사진은 성 양측에 돌출되어
화포 등을 놓아 두었던
적대이며, 오른편은 성루의
모습이다. 벽돌로 건축된
평요성의 모습이 잘 나타나
있다.

무거운 돌을 들어올리는
거중기의 형태

세의 옹졸한 선비들이 평양의 옛 이름을 그리워하여 부질없이 중국
의 역사 기록만을 믿고 흥미진진하게 수·당의 구적舊蹟을 이야기하
면서 패수니 평양이니 한다. 그러나 이는 벌써 사실과는 너무도 어긋
난 상태니, 이런 상황에서 이 성이 안시성인지 봉황성인지 어떻게 분
간할 수 있겠는가.

성의 둘레는 3리밖에 안 되지만 벽돌로 수십 겹을 쌓았다. 규모는
웅장하고 화려하며, 네 귀퉁이는 반듯하여 사각형 됫박을 놓아둔 듯
하다. 지금은 겨우 반 정도밖에 쌓지 않아서 그 높이를 예측할 수는
없지만 성문 위 누각을 세울 곳에 놓은 구름다리가 마치 허공에 떠
있는 것 같다. 굉장히 큰 공사인 듯하지만 사용하는 기계가 편리하
다. 벽돌을 운반하고 흙을 나르는 일은 모두 기계와 수레바퀴를 움직
여서 처리한다. 어떤 때는 위에서 잡아당기고 어떤 것은 제 스스로
밀기도 하고 움직이기도 해서 기계의 운용법이 일정하지 않다. 그렇
지만 어떤 일이든 간단하면서도 효과는 배가 되는 기술이다. 어느 하
나 본받지 않을 것이 없었지만 갈 길이 바빠서 두루 살펴볼 수가 없
었을 뿐만 아니라, 설령 하루 종일 자세히 본다 한들 창졸간에 배울
수도 없는 일이다. 안타깝기 그지없다.

식사를 마치고 변계함, 정진사 등과 함께 먼저 출발했다. 강영태가 문 밖까지 나와서 읍을 하며 전송한다. 헤어지는 것이 못내 아쉽다는 표정이다. 또한 우리가 돌아올 때는 겨울쯤 될 테니 그 길에 달력을 하나 사다 달라고 부탁한다. 나는 청심환 한 개를 선물로 주었다.

한 점포 앞을 지나가는데 한쪽에 금빛 글씨로 '당'當자를 쓴 패牌_ 그림이나 글씨를 새긴 종이나 나무 조각가 걸려 있다. 그 옆줄에는 군사 기물만은 저당 잡아 주지 않는다는 뜻으로 '유군기부당'惟軍器不當이란 다섯 글자를 써 놓았다. 전당포였다. 예쁘장하게 생긴 소년 두셋이 점포 안에서 달려 나와 길을 막는다. 잠깐만 땀을 식히고 가란다. 말에서 내려 따라 들어갔다. 모든 시설이 아까 강영태의 집보다 더 훌륭하다. 뜰 가운데 커다란 동이가 있는데, 거기에 연꽃 서너 포기를 심어 두었고, 오색 금붕어를 기르고 있었다. 한 소년이 손바닥만 한 작은 비단 그물을 가져왔다. 작은 동이 쪽으로 가더니 빨간 벌레 몇 마리를 떠다가 동이 속에 띄운다. 게알같이 작은 벌레들이 모두 꼬물꼬물 움직인다. 청년이 다시 부채로 동이 한쪽을 툭툭 쳐서 소리를 내어 물고기를 불렀다. 그러자 물고기가 모두 물 위로 나와서 물을 머금고 거품을 뿜는다.

한낮 불볕이 내리쬐는 탓에 숨이 막혀 더 오래 머물 수가 없어서 결국 길을 떠났다. 정진사와 앞서거니 뒤서거니 하다가, 정진사에게 중국이 성을 쌓는 방식이 어떻더냐고 물었다. 정진사가 대답한다.

"벽돌이 돌만은 못하겠지요."

"자네가 몰라서 하는 말일세. 우리나라는 성을 쌓을 때 벽돌을 쓰지 않고 돌을 쓰는데, 이건 좋은 계책이 아니야. 일반적으로 벽돌이란 틀로 찍어 내기만 하면 똑같은 모양을 얼마든지 만들 수 있으니까 깎고 다듬는 공력을 과외로 허비하지 않을 거야. 가마 하나만 불을 때면 만 개의 벽돌을 한자리에서 얻을 수 있으니, 일부러 사람을 모아서 나르는 노고도 없을 걸세. 모든 벽돌이 고르고 반듯하여 힘은

적게 들고도 결과는 배나 많이 얻게 되지. 나르기 가볍고 쌓기 쉬운
것으로 벽돌만 한 게 없다네.

반면에 돌은 어떤가. 산에서 쪼개 낼 때부터 여러 명의 석수石手가
들어야 하지 않는가. 수레로 운반할 때에도 여러 명의 인부를 써야
하고, 운반해 놓은 뒤에도 여러 명의 손이 가야 깎고 다듬을 수 있지.
다듬어 내는 데에는 또 며칠을 허비해야 하지 않나. 쌓을 때도 돌 하
나를 자리잡아 놓는 일에 여러 명의 인부가 소용되네. 벼랑을 깎아
내고 돌을 박으니, 이야말로 흙의 살에 돌옷을 입혀 놓은 꼴일세. 겉
으로 보기에는 폼나고 정돈된 것 같지만 속은 정말 제멋대로지. 돌이
들쭉날쭉하여 고르지 못하니 작은 돌로 큰 돌의 궁둥이와 발등을 받
친다네. 언덕과 성 사이에는 자갈에 진흙을 섞어서 채우기 때문에 장
마 한 번 지나가면 속이 텅 비고 배가 불러지고 말지. 그런 상황에서
돌이 한 개라도 빠지면 그 나머지는 한꺼번에 와르르 무너질 거야.
뻔한 일 아닌가.

또 석회가 벽돌에는 잘 붙지만 돌에는 붙지 않는 성질이 있단 말
이야. 내가 예전에 박제가와 성에 대해서 이야기한 적이 있었거든.

그때 어떤 사람이 '벽돌이 단단하다 한들 돌만 하겠어요?' 하자 박제가가 버럭 소리를 지르면서, '벽돌이 돌보다 낫다는 게 어찌 벽돌 하나에 돌 하나를 비교하는 것이겠소?' 하는 거야. 정말 맞는 말 아닌가? 대개 석회는 돌에 잘 붙지 않는단 말이지. 석회를 많이 쓰면 쓸수록 더 터져 버린다네. 돌에서 떨어져 일어나기 때문에 돌은 항상 저 혼자 남게 되어 겨우 흙에 붙어 있을 뿐이야. 허나 벽돌을 석회로 이어 놓아 보면 부레풀말린 민어의 부레를 끓여 만든 풀로, 주로 목기를 붙이는 데 사용함로 나무를 딱 붙인 듯, 붕사鵬砂_붕산나트륨의 결정체로 연하고 가벼우며 물에 잘 녹음. 방부제나 금속을 붙이는 데 사용함로 쇠를 붙인 듯, 수많은 벽돌들이 하나로 응결되어 아교로 붙여 놓은 듯 성을 만드는 거야. 벽돌 한 장의 단단함이야 돌만은 못하겠지만, 돌 한 개의 단단함이 벽돌 만 개의 단단함에는 못 당하지. 그렇다면 벽돌과 돌 중 어느 편이 더 이롭고 편리한지 쉽게 구별할 수 있지 않은가?"

정진사는 한껏 몸이 꼬부라져서 말 등에서 떨어질 지경이었다. 이미 잠든 지 오래된 모양이다. 내가 부채로 그의 옆구리를 꾹 찌르며 큰 소리로 야단을 쳤다.

"어른이 말씀하시는데 어째서 잠만 자고 들질 않는 건가!"

정진사가 웃으며 말한다.

"벌써 다 들었지요. 벽돌은 돌만 못하고, 돌은 잠만 못하다는 거 아닙니까?"

"예끼! 이 사람아!"

나는 화가 나서 때리는 시늉을 하고는 함께 한바탕 크게 웃었다.

시냇가 버드나무 그늘에서 더위를 식혔다. 오도하五渡河까지 가는 동안 5리마다 돈대가 하나씩 있다. 두대자頭臺子, 이대자二臺子, 삼대자三臺子라고 부르는 것들이 모두 봉홧불을 올리는 봉대다. 높이가 대여섯 길 정도 되도록 벽돌을 성처럼 쌓았는데, 모양이 마치 붓통처럼 동그랗다. 봉대 위에 설치된 성가퀴는 다 허물어졌는데도 수리를 하지 않는다. 무엇 때문일까. 길가에 간혹 돌무더기로 눌러 둔 널이 보인다. 오랫동안 방치해 둔 탓인지 나무 모서리가 썩었다. 대개 뼈가 다 마르면 불로 태운다고 한다. 길옆으로는 무덤이 많다. 윗부분은 뾰족하고 뗏장뿌리째 떠낸 잔디 조각을 입히지 않았다. 백양나무를 많이 심는데, 줄이 아주 반듯하다.

걸어다니는 사람이 거의 없다. 그리고 걸어다니는 사람은 반드시 어깨에 침구인 포개鋪盖를 짊어졌다. 포개가 없으면 여관에서 머물 수가 없다. 도둑으로 의심받기 때문이다. 안경을 쓰고 길을 가는 사람은 시력을 높이려는 것이다. 말을 탄 사람은 모두 검은 비단신을 신었고, 걸어다니는 사람은 모두 푸른 베로 만든 신을 신었다. 신발 밑창에는 모두 베를 수십 겹이나 포개어 대었다. 미투리나 짚신은 보이지 않는다.

송점松店에서 묵었다. 이곳은 설리참雪裏站이라고도 하고, 또 설유점雪劉店이라고도 부른다. 이날 70리를 왔다. 누군가가 말했다.

"여기는 옛날의 진동보鎭東堡다."

배로 삼가하三家河를 건넜다. 배는 말구유같이 생겼는데 통나무를 파서 만들었고, 노와 상앗대도 없다. 양쪽 강언덕에 Y자 모양의 나무를 세우고 큰 밧줄을 가로질러 놓았다. 그 줄을 따라가면 배가 저절로 왕래하게 되어 있다. 말은 모두 물에 둥둥 떠서 건넜다.

다시 배로 유가하劉家河를 건넜고, 황하장黃河庄에서 점심을 먹었다. 한낮이 되자 더위가 한층 극심해졌다. 말을 탄 채로 금가하金家河를 건넜다. 여기가 팔도하八渡河다. 임가대林家臺·범가대范家臺·대방신大方身·소방신小方身 등은 5리나 10리마다 마을이 이어져 있고, 뽕나무와 삼밭이 무성하다. 때마침 올기장이 누런빛을 띠며 익어가고 있고 수수 이삭이 한창 패고 있다. 잎은 모조리 베어져 있었다. 말과 노새의 먹이로 쓸 뿐 아니라, 수수대궁이 땅기운을 온전히 받게 하려는 뜻에서다.

마을마다 관제묘關帝廟가 있다. 몇 집만 모여 살아도 큰 불가마를 마련하고 벽돌을 굽는다. 벽돌을 틀에 찍어 내서 말리는데, 전에 구워 놓은 것과 새로 구워 낸 것들이 곳곳에 산더미처럼 쌓여 있다.

전당포에서 잠깐 쉬는데, 주인이 우리를 중당中堂으로 안내하고 너운 차 한 산을 권한다. 집 안에는 진귀한 물건들이 진열되어 있다. 들보 높이의 시렁에는 전당 잡은 물건을 정리해 두었다. 모두들 옷이다. 보자기에 싸서 메모를 붙여 두었는데, 물건 주인의 성명·별호·인상착의·주소 등이 적혀 있다. 그리고는 "모년 모월 모일에 무슨 물건을 이러이러한 이름의 전당포에 직접 건네주었다"고 썼다. 이자는 10분의 2를 넘는 법이 없고, 기한에서 한 달이 넘으면 물건을 팔아 버릴 수 있다. 금빛 글자로 쓴 주련이 붙어 있는데, 이런 말이 쓰여 있다.

홍범구주에는 먼저 부를 말하였고 洪範九疇先言富
『대학』 십장에도 반은 재물을 논하였네. 大學十章半論財*

옥수숫대로 정교하게 누각을 만들어 그 안에 풀벌레 한 마리를 넣어 두고 우는 소리를 듣는다. 또 처마 끝에 매달린 조롱에는 이상하게 생긴 새 한 마리를 기르고 있다.

이날 50리를 가서 통원보通遠堡에서 묵었다. 여기가 바로 진이보鎭夷堡다.

**홍범구주와『대학』십장
홍범구주란 기자가 무왕에게 설파한 '천하를 다스리는 큰 법'을 말한다.
'홍범구주에는 먼저 부를 말하였고'는『서경』「홍범」에 '무릇 벼슬아치들은 부유하게 된 다음에야 선을 베푼다'고 한 구절을 염두에 둔 말이다. 한편,『대학』십장에도 반은 재물을 논하였네'는『대학』의 마지막 장인 10장에 재물에 대한 이야기가 많이 나오는 걸 두고 한 말이다. '덕이 근본이고, 재물은 말단이다'(德者本也 財者末也)나 '재물을 모으면 백성들이 흩어지고, 재물을 흩으면 백성들이 모여든다'(財聚則民散 財散則民聚) 등이 대표적인 예에 속한다.

7월 1일
정축일 丁丑日

정진사 · 주주부 · 변군 · 래원, 그리고 상방 건량판사乾糧判事인 조학동趙學東 등과 투전판을 벌였다. 시간도 때우고 술값도 벌자는 심산이다. 그들은 내 투전 솜씨가 서툴다면서 판에 끼지 말고 그저 가만히 앉아서 술만 마시란다. 속담에 이른바 '굿이나 보고 떡이나 먹으라'는 격. 슬며시 화가 나긴 하나 어쩔 도리가 없다. 그렇지만 옆에 앉아 투전판 구경도 하고 술도 남보다 먼저 먹게 되었으니 그리 나쁜 일만은 아니다.

벽 저쪽에서 가끔 여인의 말소리가 들려온다. 가냘픈 목청에 교태 섞인 하소연이 마치 제비나 꾀꼬리가 우짖는 소리 같다.

'아마 주인집 아가씨겠지. 필시 절세가인일 게야.'

이런 생각을 하면서 장난삼아 방 쪽으로 들어가 보았다. 그런데 쉰 살은 넘어 보이는 부인이 평상에 기대어 문 쪽을 향해 앉아 있었다. 생김새가 볼썽 사나운 데다 추하기 짝이 없다. 나를 보더니 인사를 건넨다.

"어르신, 안녕하세요?"

"주인께서도 복 많이 받으십시오."

대답을 하면서도 짐짓 머뭇거리며 차림새를 살폈다. 쪽을 찐 머리

투전
손가락 너비만 한 두꺼운 종이에 새나 짐승, 벌레 등을 그려서 끗수를 나타내는 노름이 투전이다. 위 그림은 투전하는 광경을 그린 것이고, 아래는 여러 문양이 그려진 투전이다.

만주족 여성의 모습
그림의 여성은 옹정제의 후궁이다.

엔 온통 꽃을 꽂고, 금팔찌 옥귀걸이에 붉은 분을 살짝 발랐다. 검은 색의 긴 옷을 걸치고 은단추를 촘촘히 달아서 여몄다. 발엔 풀·꽃·벌·나비를 수놓은 신발을 신고 있다. 전족을 하지 않은 데다가 궁혜弓鞋를 신지 않은 걸로 봐서 아마 만주족 여자인 듯하다.

전족(위)과 궁혜(아래)

주렴 뒤에서 한 처녀가 나온다. 스무 살 가량 되어 보이는 얼굴이다. 머리를 양갈래로 갈라서 위로 틀어올린 것으로 보아 처녀임이 분명하다. 생김새는 역시 씩씩하고 사납지만 살결은 희고 깨끗하다. 쇠 양푼에다 수수밥 한 사발을 수북하게 퍼 담더니, 양푼에 물을 부은 다음, 구석에 있는 접이의자에 걸터앉아 젓가락으로 밥을 먹는다. 또 잎사귀 달린 파뿌리를 장에 찍어서 밥이랑 같이 먹는다. 목에는 달걀만 한 혹이 달려 있다. 밥을 먹고 차를 마시면서도 조금도 부끄러워하는 빛이 없다. 해마다 조선 사람을 봐와서 익숙해진 탓이리라.

뜰은 넓이가 수백 칸이나 된다. 장맛비에 진창이다. 바둑돌이나 참새알만 한 조약돌 중에서 그 모양과 빛이 비슷한 것들을 골라 문간에 봉황새 모양으로 깔아 두어 진창을 막았다. 한 가지도 허투루 버리는 물건이 없다는 걸 이로 미루어 알 수 있다.

깃털이 모두 뽑혀서 고깃덩이만 남은 닭이 절뚝거리며 다니고 있다. 여름이면 닭에 시꺼먼 이가 덕지덕지 일어난다. 꼬리와 날개에 붙으면 콧병이 생기고, 입으로는 누런 물을 토하고 목에는 가래가 끓는다. 이런 증세를 계역雞疫이라 한다. 이걸 막기 위해 미리 그 꼬리와 깃을 몽땅 뽑아 기운을 통하게 해주는 것이다. 그 모습이 하도 추악해서 차마 똑바로 보기가 민망할 지경이다.

🐎 시냇물이 너무 불어 좀더 머무르기로 했다. 정사가 래원과 주주부에게 시내로 가서 물을 보고 오라 한다. 나도 따라 나섰다. 몇 리 못 가서 끝이 보이지 않을 정도로 큰 물이 앞을 가로막는다. 헤엄 잘 치는 사람을 시켜서 물 속에 들어가 깊이를 재어 보게 했더니 열 걸음도 못 가 어깨가 잠긴다. 돌아와서 불어난 강물의 상황을 보고했다. 정사는 근심스런 표정으로 역관과 각방 비장들을 불러 모아 물 건널 계책을 의논한다. 부사와 서장관도 참석하였다. 부사가 말했다.

"문짝과 수레들을 많이 빌려와 뗏목을 매어서 건너면 어떨까요?"

주주부가 말한다.

"그거 정말 좋은 계책인데요."

수역관이 나선다.

"문짝이나 수레를 그렇게 많이 얻기는 어려울 겁니다. 마침 근처에 집을 지으려고 10여 칸 분량의 재목을 쌓아 둔 게 있으니, 그걸 빌릴 수는 있겠습니다. 다만 이걸 얽어맬 칡덩굴을 구하기가 어려울 것 같은데요."

갖가지 의견이 분분하다. 내가 말했다.

"뗏목을 맬 필요가 있겠습니까. 내게 배 한두 척이 있거든요. 노도 있고 상앗대도 있는데, 딱 한 가지가 없어요."

주주부가 묻는다.

"그게 뭡니까?"

"배를 잘 저어갈 사공이 없소!"

모두들 웃음보를 터뜨린다.

주인은 워낙 경박하고 멍청하여 낫 놓고 기역 자도 모르는 사람인데도, 책상 위에는 『양승암집』楊升菴集이라든지 『사성원』四聲猿 같은 책들이 놓여 있었다. 한 자는 족히 넘어 보이는 쪽빛 도자기 병에 조남성趙南星_명나라 만력 연간의 유명한 관리의 철여의*가 비스듬히 꽂혀 있고, 운간雲間 지역의 장인 호문명胡文明이 만든 담황빛 작은 향로라든지 의자, 탁자, 병풍, 바람막이障子 등 모든 물건들이 우아한 분위기가 있어서 촌티가 나지 않는다.

•철여의鐵如意
여의는 법회나 설법 때 법사가 손에 드는 물건이다. 대나무나 뿔, 쇠 등으로 마음 심(心) 자를 나타내는 고사리 모양 머리가 있고, 한 자쯤 되는 자루가 달려 있다(위 사진 참조). '철여의'란 쇠로 만든 여의인데, 일종의 완상물(玩賞物)이었다.

"댁네 살림살이는 어떠시오? 좀 넉넉한가요?"

내가 묻자 그는 얼른 대답한다.

"1년 내내 뼈빠지게 일해도 굶주림과 추위를 면치 못합지요. 조선 사신의 행차가 아니라면 먹고 살 일이 막막하답니다."

"자식은 몇이나 되오?"

"도둑놈 하나만 있는데, 아직 사위를 못 봤습니다."

"도둑놈 하나라는 게 무슨 말이오?"

"딸이 다섯이면 도둑도 들지 않는다잖아요. 그러니 딸년이 집안의 좀도둑이 아니겠습니까?"

오후에 문을 나서서 산책을 했다. 수수밭 가운데서 별안간 조총 소리가 난다. 주인이 급히 나와 본다. 밭 속에서 어떤 사내 하나가 뛰어나온다. 한 손에는 총을, 다른 한 손에는 돼지 뒷다리를 잡아 끌고 나오더니 주인을 사납게 째려보면서 버럭 화를 낸다.

"이찌자고 함부로 돼지를 풀어놓은 거야!"

주인은 쩔쩔매며 공손히 사죄를 한다. 그러자 밭주인이 피가 뚝뚝 떨어지는 돼지를 끌고 가 버린다. 주인은 속수무책으로 우두커니 서서 계속 한탄만 해댄다. 내가 물었다.

"저 사람이 잡아간 돼지는 뉘 집 거요?"

"우리집에서 기르던 겁니다."

"남의 밭에 잘못 들어가기는 했지만 수숫대 하나 부러뜨린 게 없지 않소? 그런데도 함부로 남의 집 돼지를 잡아 죽이다니, 이게 될 말이오? 그 자에게 당연히 돼지값을 물려야 되는 거 아니오?"

"값을 물리다니요. 돼지 우리를 잘 지키지 못한 건 다 제 잘못인걸요."

강희제는 농사를 매우 소중히 여겼다. 그 당시 법에 마소가 남의 곡식을 밟으면 갑절로 물어 주어야 하고, 함부로 마소를 놓는 자는 곤장 60대를 때렸다. 그래서 양이나 돼지가 밭에 들어가면 밭 임자가 그 짐승을 잡아가도 가축 주인은 찍소리도 하지 못했다. 그러나 수레

가 다니는 길만은 막을 수 없어 길이 진창이 되면 밭이랑 사이로 수레를 끌고 들어가기 때문에 밭 임자는 밭을 지키기 위해서 항상 길을 잘 닦아 둔다고 한다.

중국식 벽돌가마

마을가에 벽돌가마 두 개가 있다. 그 중 하나는 불 때는 일이 끝난 것 같았다. 아궁이에 진흙을 이겨서 바르고 물을 수십 통 길어다가 계속 가마 위에 들이붓는다. 가마 위는 약간 움푹 패어 있어서 물을 부어도 넘치지 않는다. 가마가 한창 달아서 물을 부으면 즉시 말라 버린다. 아마도 가마가 달아서 터지지 않게 물을 붓는 것 같다. 또 다른 가마는 이미 불기가 죽어 차갑다. 이제 막 벽돌을 가마에서 끌어내는 중이었는데 얼핏 봐도 벽돌가마를 운용하는 방식이 우리나라의 기와가마와는 판이하다. 먼저, 우리 가마의 잘못된 점을 말해야 이를 잘 이해할 수 있을 것이다.

우리나라의 기와가마는 옆으로 길게 눕혀 놓은 모양이라서 가마라고 할 수도 없다. 애시당초 가마를 만드는 벽돌이 없기 때문에 나무를 세워 흙으로 바르고 나서 큰 소나무 장작으로 이를 말리는데, 그 비용이 벌써 수월찮다. 아궁이가 길기만 하고 높지 않기 때문에 불꽃이 위로 올라가지 못한다. 불꽃이 위로 올라가지 못하므로 불 기운은 힘이 없다. 불 기운이 힘이 없으니 반드시 소나무 장작을 때서 불꽃을 세게 한다. 소나무 장작을 때서 불꽃을 세게 하기 때문에 불길이 고르지 못하다. 불길이 고르지 못하기 때문에 불꽃과 가까운 곳에 놓인 기와는 언제나 이지러지기 쉽고 먼 데 놓인 것은 잘 구워지지 않는다. 도자기를 굽든 옹기를 굽든 간에 모든 가마의 모양새가 다 이 모양이다. 소나무를 때는 방법도 같으니, 송진의 불길이 다른 나무보다 훨씬 세다. 소나무는 한 번 베면 새 움이 돋아나지 않는 나무이므로, 한 번 옹기장이를 만나면 사방의 산이 모두 민둥산이 된다. 백 년 동안 기른 것을 하루아침에 다 없애 버리고는 이내 다시 새

가마의 모습

연암이 묘사한 대로 종
모양의 가마 위쪽에 물을
붓고 있는 모습.
『천공개물』에 실린 그림이다.

처럼 흩어져서 소나무를 찾아서 가 버린다. 기와 굽는 방법 한 가지가 잘못된 탓에 나라의 좋은 재목이 날로 줄어들고, 질그릇 가게 역시 날로 곤궁해지는 것이다.

이곳의 벽돌가마를 보니 벽돌로 쌓고 석회로 봉해서 애초에 불로 말리고 굳히는 비용이 들지 않는다. 또 높이와 크기를 마음대로 할 수 있다. 그 모양은 큰 종鐘을 엎어 놓은 것 같은데, 가마 위는 연못처럼 움푹 파이게 하여 물을 몇 섬이라도 부을 수 있다. 옆구리에 연기 구멍 네댓 개를 뚫어 불길이 잘 타오르게 만들고, 그 안에 벽돌을 놓았는데 서로 기대도록 해서 불길을 만들어 놓았다. 대체로 그 요점은 벽돌을 쌓는 데 있었다. 나더러 만들어 보라고 해도 너무 쉬운 것이었지만 입으로 묘사하는 건 너무 힘들었다.

정사가 내게 물었다.

"가마 쌓은 게 '품'品 자와 비슷하던가?"

"비슷하긴 하지만 달랐습니다."

그러자 변주부가 묻는다.

"책갑冊匣을 포개 놓은 것 같던가요?"

"비슷하긴 하지만 다르던걸."

벽돌을 옆으로 눕히지 않고 모로 세워서 방고래불길과 연기가 통하여 나가는 길처럼 십여 줄을 만들고, 다시 그 위에다 벽돌을 비스듬히 놓아서 차차 가마 천장에 닿도록 쌓아 올린다. 그러다 보면 구멍이 고라니 눈처럼 저절로 뻥 뚫린다. 불기운이 그리로 치솟아 오르면 그 구멍들이 서로 불목이 된다. 수없이 많은 불목이 불꽃을 빨아들이므로 불기운은 언제나 세기 때문에, 별볼일 없는 수수깡이나 기장대를 때도 골고루 잘 구워진다. 그러니 터지거나 뒤틀어지는 걱정은 절로 없어진다. 지금 우리나라의 옹기장이는 그런 방식을 우선적으로 연구하지 않고, 넓은 솔밭이 없으면 가마를 놓을 수 없다고만 한다. 요업

불길이 잘 타오르도록 뚫어
놓은 가마의 구멍.

窯業_도자기, 벽돌, 기와 등을 만드는 일은 금할 수 없는 일이고 소나무도 한限이 있는 물건인 게 현실이라면, 먼저 가마 만드는 방식을 고치는 게 제일 좋다. 그렇게 되면 두 가지 모두에게 이롭다. 옛날 오성부원군鰲城府院君 이항복李恒福과 노가재 김창업이 모두 벽돌의 이점에 대해 논의하였지만, 가마를 만들고 운영하는 방법에 대해서는 상세히 말하지 않았으니, 매우 한스러운 일이다.

어떤 사람은 "수수깡 300움큼이면 한 가마를 구울 수 있는데, 가마 하나에서 벽돌 8천 개가 나온다"고 한다. 수수깡의 길이는 한 길 반쯤 되고 굵기는 엄지 손가락 정도씩 되니, 한 줌이라야 겨우 너덧 개에 지나지 않는다. 그렇다면 수수깡을 땔 경우 겨우 천 개 남짓 들여서 벽돌을 거의 만 장이나 얻을 수 있는 셈이다.

하루가 1년이나 되는 듯 지루하다. 저녁 무렵이 되자 더위가 더욱 기승을 부리는데다 잠까지 쏟아진다. 옆방에서는 투전판이 벌어져 한창 떠들썩하다. 나도 달려가서 그 판에 끼었다. 연거푸 다섯 번을 이겨 백여 닢을 따서 그 돈으로 술을 실컷 마셨다. 어제 투전판에 끼지 못하고 구경만 하던 수모를 씻을 수 있었다. 내가 말했다.

"이 정도면 항복이지?"

조주부와 변주부가 대꾸한다.

"그야 요행수로 이긴 거죠."

모두들 한바탕 크게 웃었다. 변군과 래원은 열이 받아서 한 판 더 하자고 조른다. 그러나 나는 일어서면서 말했다.

"뜻을 얻은 곳에는 두 번 가지 않는 법, 만족함을 알면 위태롭지 않다네!"

🐎 간밤에 다시 내리기 시작한 큰비가 오늘 새벽까지 이어져서 또 하루 머무르게 되었다.

아침에 일어나 창문을 열었다. 장맛비가 깨끗이 개고 햇살과 바람이 스며든다. 날씨가 쾌청한 걸 보니 낮에는 무더울 듯싶다. 땅에 가득 떨어졌던 석류꽃은 흙과 뒤섞여 붉은빛의 진흙이 되었다. 수국은 이슬에 함초롬하고 옥잠화는 눈덩이 같은 꽃송이를 쳐들었다.

문 앞에서 퉁소, 피리, 징 등의 소리가 났다. 급히 나가 보니 결혼 행렬이 지나간다. 채색된 사초롱紗燈籠 여섯 쌍, 푸른 일산日傘 한 쌍, 붉은 일산 한 쌍, 퉁소 한 쌍, 날라리 한 쌍, 피리 한 쌍, 징 한 쌍이 둘러싼 가운데 푸른 가마 한 채를 가마꾼 넷이 메고 간다. 사면에 유리를 끼워서 창을 냈고, 네 귀퉁이에는 색실로 짠 휘장을 드리웠다. 가마 허리로는 통나무를 받쳐서 푸른 밧줄로 가로 묶고, 그 통나무 앞뒤로 다시 짧은 막대를 정가운데로 가로질렀다. 그 양쪽 끝을 네 사람이 어깨에 들쳐 메었다. 여덟 개의 발이 한 줄로 발을 맞추며 가니 흔들리거나 출렁거리지 않고 허공에 떠서 가는 셈이다. 정말 절묘한 방식이다.

가마 뒤에 수레 두 채가 따라간다. 모두 검은 베로 방처럼 휘장을

청대 결혼식 모습

쳤는데, 나귀 한 마리로 끌고 간다. 한 수레에는 늙은 노파 두 명을 태웠다. 하나같이 못생겼건만 다들 얼굴을 요란하게 꾸몄다. 정수리 부분은 머리카락이 다 벗겨져서 바가지를 엎어 놓은 듯 불그레하게 빛난다. 머리 뒤에는 조그맣게 쪽을 찌고 꽃을 가득 꽂았다. 양쪽 귀에는 귀고리를 달았고, 검은 웃옷에 누런 치마를 입었다. 또 한 수레에는 젊은 여인 세 사람을 태웠다. 붉은빛 또는 푸른빛 바지를 입었을 뿐 치마를 두르지는 않았다. 그 중 한 소녀는 제법 예쁘다. 노파들은 신부 단장을 거드는 이와 유모이고, 소녀들은 몸종일 것이다.

말 탄 군사 30여 명이 빽빽하게 둘러싼 속에 뚱뚱한 사내 하나가 앉아 있다. 턱 밑으로 검은 수염이 제멋대로 나 있다. 구조망포九爪蟒袍를 걸쳐 입고, 황금 안장을 얹은 흰 말에 은등자를 지그시 디디며 얼굴 가득 웃음을 머금었다. 뒤에 따라오는 세 대의 수레에는

의학義學 풍경

의학은 가난한 집안의 자제를 무료로 교육하는 학교였다. 건물 안 중앙에 꿇어 앉아 있는 학생은 벌을 받고 있는 중이다.

옷상자가 가득하다. 주인에게 물었다.

"이 동네에도 수재秀才_과거응시생나 훈장이 계시는지요?"

"이런 시골 구석에 무슨 학구선생學究先生이 있겠습니까마는, 지난해 가을 우연히 수재 한 분이 세관을 따라 서울북경에서 오셨더랬지요. 그 도중에 이질에 걸려 일행과 떨어져 여기 머무르게 되었습니다. 이곳 사람들이 온 힘을 기울여 치료를 해드렸더니 봄이 되자 쾌차하시게 되었습죠. 그 선생님은 문장도 뛰어날뿐더러, 만주글도 쓰실 줄 아시지요. 계속 이곳에 머물면서 글방을 내고 이곳 아이들을 성심껏 가르쳐 주고 계십니다. 병 치료를 해준 은혜를 갚으시겠다는 거지요. 지금도 저 관제묘에 계십니다."

"수고스럽겠지만 저를 안내 좀 해주실 수 있을까요?"

그는 바로 손을 들어 관제묘를 가리킨다.

"저기 지붕이 높다랗게 솟은 큰 사당집이 바로 그곳입니다."

"그 선생의 성함은 어찌 되시는지요?"

"이 마을에서는 다들 부선생富先生이라 부른답니다."

"부선생의 연세는 얼마나 되었소?"

"나으리께서 친히 가셔서 물어보십시오."

말을 마친 주인은 방 안으로 들어가서 붉은 종이 수십 장을 들고 나와 펼쳐 보이며 말한다.

"이게 부선생님께서 친히 써 주신 글씨입니다."

붉은 종이에 왼쪽으로 가늘게 글씨를 썼는데, 내용은 다음과 같다.

"아무 어른 존전尊前에 아룁니다. 모년 모월 모일에 어른께서 왕림하여 주시기를 청합니다."

주인은 한 장을 더 내놓는다.

"이건 제 아우가 지난 봄에 사위를 볼 때 써 주신 청첩장입니다."

보아하니, 겨우 글자 모양을 이룬 정도다. 다만, 수십 장에 이르는 분량인데도 글자 모양이 크지도 작지도 않다. 구슬을 실에 꿰어 놓은 듯, 목판으로 글자를 인쇄해 놓은 듯 똑같은 모양이다. 혹시 그 수재가 부정공富鄭公_송나라 인종 때의 정치가였던 부필富弼을 가리킴의 후손이 아닐까 싶었다.

시대를 불러 함께 관제묘를 찾아갔다. 묘당 안은 고요하여 인적이 없다. 주변을 돌아다니면서 구경을 하는데, 오른쪽 곁방에서 아이의 글 읽는 소리가 들린다. 조금 있으니 한 아이가 문을 열고 목을 빼어 한번 살피더니, 이내 뛰어나와 돌아보지도 않고 가 버린다. 나는 그 아이를 따라가 물었다.

"훈장님은 어디 계시냐?"

"무슨 말씀이세요?"

"부선생님 말씀이야."

아이는 듣는 척도 않고 입 속으로 중얼중얼하더니 소매를 펄럭이며 가 버린다.

"아마 이 안에 계시겠지?"

시대에게 말을 건네면서 곧장 오른편 곁방으로 가서 문을 열어 보았다. 빈 의자 네댓 개만 놓여 있을 뿐 사람 자취가 전혀 없다. 문을 닫고 막 몸을 돌리려는데 아까 그 아이가 어떤 노인을 데리고 온다. 아마도 부선생인 듯싶다. 때마침 이웃에 마실을 갔는데, 아이가 황망히 달려가서 손님이 왔다 하여 돌아온 모양이다. 모양새를 보니 문사文士로서의 고아함이라고는 전혀 없다. 그의 앞으로 가서 깍듯이 읍을 하자 순간 노인은 갑자기 내 허리를 껴안고 힘껏 들었다 놓더니, 다시 내 손을 잡고 흔들면서 얼굴 가득 웃음을 짓는다. 처음엔 황당하다가 이내 불쾌해졌다.

"당신이 부공이시오?"

"어르신께서 제 성을 어찌 아십니까?"

"선생의 명성을 들은 지 오래되었습니다. 명성이 어찌나 높은지 귀에 우레 소리가 들리는 것 같았지요."

"어르신 성함은 무엇인지요?"

내가 먼저 성명을 써서 보이자 그도 역시 써 보인다. 이름은 부도삼격富圖三格이요, 호는 송재松齋, 자는 덕재德齋라 한다.

"삼격이란 무엇인지요?"

"제 이름입니다."

"고향은 어디고, 관향貫鄕은 어디신지요?"

"저는 만주 양람기鑲藍旗 사람입니다."

이번에는 노인이 내게 물었다.

"어르신께서는 이번 행차에 의당 면가面駕하시겠지요?"

"무슨 말씀이신지?"

"황제께옵서 의당 어르신을 불러 보시겠지요?"

"황제께서 만일 접견해 주신다면 노인 얘기를 잘 여쭈어서 작은 벼슬이라도 얻도록 해보겠소."

"그렇게만 해주신다면 그 은덕이야 어찌 다 갚겠습니까?"

"물에 막혀서 이곳에 머무른 지가 벌써 여러 날입니다. 하루가 어찌나 긴지 소일하기가 정말 힘드네요. 볼 만한 책이 있으면 며칠만 빌려 주실 수 없겠소?"

"없어요. 전에 연경 있을 때, 제 아버님 절공折公께서 명성당鳴盛堂이라고 하는 판각소를 내신 적이 있습니다. 그때의 책 목록이 마침 행장 속에 들어 있는데, 그냥 소일삼아 보시겠다면 빌려 드리지요. 그러나 한 가지 부탁드릴 말씀이 있습니다. 어르신께서 잠시 돌아가셔서 진짜 환약과 조선 부채 중 좋은 걸 골라서 답례로 주신다면 고마운 뜻을 길이 간직하겠습니다. 그때 책 목록을 빌려 드려도 늦지 않겠군요."

그의 생김새와 말투를 보자니 뜻이 비루하고 용렬하여 더불어 말을 섞을 위인이 못되었다. 오래 앉아 있을 수도 없어 곧바로 하직하고 일어섰다. 부노인이 문 밖까지 나와 읍을 하며 전송한다.

"조선의 명주를 살 수 있을까요?"

나는 대답도 하지 않고 돌아왔다. 정사가 걱정스레 말을 던진다.

"볼 만한 게 있던가? 더위 먹지 않게 조심하게."

"아까 늙은 훈장 하나를 만났는데, 만주놈인 데다 하도 천박해서 더불어 이야기할 거리도 못됩니다. 책 목록을 빌려 준다며 청심환이랑 부채를 요구하지 뭡니까?"

"껄껄. 그렇게도 원하는데 그깟 청심환 한 개, 부채 한 자루를 아껴서 뭐하겠는가. 내 보기엔, 책 목록을 빌려다 보는 것도 괜찮을 듯싶은데."

그도 그럴듯하여, 결국 시대를 시켜서 청심환 한 개와 어두선魚頭扇_접는 부채 가운데 목 아래 부분이 물고기 머리 모양을 한 부채 한 자루를 보냈다. 시대가 몇 장 되지도 않은 손바닥만 한 책 한 권을 들고 금세 돌아온다. 그나마 대부분 빈 종이였고, 적혀 있는 것도 모두 청나라 사람들의 소품小品 70여 종 정도다. 몇 장 되지도 않는 걸 가지고 이토록 지나친 대가를 요구하다니 참, 뻔뻔스런 일이다. 그러나 이왕 빌려 온 것이니 정진사와 함께 나누어 베꼈다. 나중에 연경 책방에서 책을 구할 때 참고할 요량이다. 그러고는 시대에게 돌려주라고 보내면서, 이렇게 전하라고 했다.

"이런 책들은 우리나라에 다 있는 것이라 우리 영감님께서는 대충 보시고 말던걸요."

명성당 서목鳴盛堂書目

척독신어(尺牘新語) 6책 왕기 (汪淇_청대 학자) 첨의 (瞻漪_왕기의 자) 전 (箋).

분서(焚書) 6책, 장서(藏書) 18책, 속장서(續藏書) 9책 이지(李贄_명의 사상가이자 문인. 이름을 재지載贄라고도 함) 탁오(卓吾_이지의 자) 저 (著).

궁규소명록(宮閨小名錄), 장주잡설(長洲雜說), 서당잡조(西堂雜俎) 우동(尤侗_명의 문학가) 전성(展成_우동의 자) 저.

균랑우필(筠廊偶筆) 송락(宋犖_청의 문인) 목중(牧仲_송락의 자) 저.

동서자(同書字), 촉민소기(蜀閩小記), 인수옥서영(因樹屋書影) 주량공(周亮工_명말 청조 문학가) 원량(元亮_주량공의 자) 저.

사례찰요(四禮撮要) 감경(甘京_청의 학자. 자는 건재健齋) 저.

설림(說林), 서하시화(西河詩話) 모기령(毛奇齡_청대의 학자) 저.

운백광림(韻白匡林), 운학통지(韻學通指), 손서(巽書) 모선서(毛先舒_청대의 시인) 치황(稚黃_모선서의 자) 저.

서산기유(西山紀游) 주금연(周金然_청대의 시인. 자는 광거廣居) 저.

일지록(日知錄), 북평고금기(北平古今記) 고염무(顧炎武_청대의 학자) 저.

부지성명록(不知姓名錄) 이청(李淸_청의 학자) 영벽(映碧_이청의 호) 저.

장설(蔣說) 장호신(蔣虎臣) 저.

영매암억어(影梅菴憶語) 모양(冒襄_명말 학자) 벽강(辟彊_모양의 자) 저.

고금서자변와(古今書字辨訛), 동산담원(東山談苑), 추설총담(秋雪叢談) 여회(余懷_명말 학자) 담심(淡心_여회의 자) 저.

동야전기(冬夜箋記) 왕숭간(王崇簡_청대 학자) 저.

황화기문(皇華記聞), 지북우담(池北偶談), 향조필기(香祖筆記) 왕사정(王士禎_청대의 문인) 이상(貽上_왕사정의 자) 저.

모각양추(毛角陽秋), 군서두설(群書頭屑), 규합어림(閨閤語林), 주조일사(朱鳥逸史) 왕사록(王士祿_왕사정의 형으로 문인) 저.

시대가 돌아오더니 이렇게 전한다.

"제 말을 듣더니 자못 계면쩍은 빛을 보이면서 저에게 수건 한 개를 주던걸요."

두 자쯤 되는 수건이다. 실올이 말려들게 짜였는데 새 것이었다.

입옹통보(笠翁通譜), 무성희(無聲戱), 소설귀수전고사(小說鬼輸錢故事) 이어(李漁_청대의 극작가) 입옹(笠翁_이어의 자) 저.

천외담(天外談) 석방(石龐_청대 문인) 저.

주대기연(奏對機緣) 홍각(弘覺) 저.

십구종(十九種) 시호신(柴虎臣) 저.

귤보(橘譜) 저호남(諸虎男) 저.

일하구문(日下舊聞) 20책, 분묵춘추(粉墨春秋) 주이준(朱彝尊_청대의 학자) 석창(錫鬯_주이준의 자) 저.

우초신지(虞初新志) 장조(張潮_청대 학자) 산래(山來_장조의 자) 저.

기원기소기(奇園奇所奇) 8책 조길사(趙吉士_청대 학자) 저.

설령(說鈴) 왕완(汪浣) 저.

설부(說郛) 오진방(吳震方_청대 학자) 청단(靑壇_오진방의 자) 저.

단궤총서(檀几叢書) 왕탁(王晫_청대 학자) 저.

삼어당일기(三魚堂日記) 육롱기(陸隴其_청대 성리학자) 저.

역선록(亦禪錄), 유몽영(幽夢影) 장조(張潮) 저.

양경구구록(兩京求舊錄) 주무서(朱茂曙) 저.

연주객화(燕舟客話) 주재준(周在浚_주양공의 아들) 저.

숭정유록(崇禎遺錄) 왕세덕(王世德_명말 절사節士) 저.

입해기(入海記) 사사련(査嗣璉_청대 학자, 다른 이름은 신행愼行) 저.

유구잡록(琉球雜錄) 왕즙(汪楫_청대 학자) 저.

박물전휘(博物典彙) 황도주(黃道周_명말 절사) 저.

관해기행(觀海紀行) 시윤장(施閏章_청대 문인) 저.

석진일기(析津日記) 주운(周篔_청대 학자) 저.

밤새도록비

🐎 어젯밤부터 오늘 새벽까지 비가 엄청나게 퍼부었다. 어쩔 수 없이 그냥 또 머물렀다. 『양승암집』도 보다가 바둑도 두다가 하면서 시간을 보냈다. 부사와 서장관이 상방에 모였다. 사람들을 불러 모아 물 건널 방도를 물었다. 한참 있다가 모두 돌아갔다. 별 뾰족한 수가 없는 모양이다.

7월
5일
신사일 辛巳日

　　강물이 불어나는 바람에 또 하루 머물렀다.

　주인이 방고래를 열고 기다란 가래로 재를 긁는다. 나는 그 틈에 얼른 구들의 구조를 대충 살폈다. 먼저 한 자 가량 높이로 구들바닥을 쌓아서 평평하게 만든다. 그런 다음, 벽돌을 깨뜨려 바둑돌 놓듯이 굄돌을 놓고 그 위에는 벽돌만 깐다.

　벽돌 두께는 원래 같기 때문에 그걸 깨서 굄돌로 받쳐도 기우뚱거리지 않고, 벽돌의 몸이 본디 가지런하므로 나란히 깔아 놓으면 틈이 생기지 않는다. 방고래 높이는 겨우 손이 드나들 정도이고, 굄돌은 번갈아가면서 서로 불목이 된다. 불이 불목에 이르면 안쪽에서 불꽃을 빨아들이듯 순식간에 넘어가기 때문에, 불꽃이 재를 휘몰아서 방고래 안으로 미어지듯 한꺼번에 들어간다. 여러 불목이 서로 잡아당기는 형국이 되어, 도로 나올 새가 없이 쏜살같이 굴뚝으로 빠져 나간다. 굴뚝의 깊이는 한 길이 넘는다. 이게 바로 조선말에서의 '개자리'犬座라고 하는 것이다. 재는 항상 불꽃에 밀려서 방고래 속에 가득 떨어진다. 그래서 3년에 한 번씩 고래목을 열고 재를 쳐내야 한다. 부뚜막은 땅을 한 길 가량 움푹 파서 만들고, 위를 향해서 아궁이를 낸 다음 땔나무를 거꾸로 집어 넣는다.

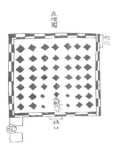

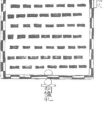

깨뜨린 벽돌을 갈아 만드는
온돌의 형태

중국의 굴뚝 모습

부뚜막 옆에는 큰 항아리처럼 땅을 판다. 그 위에 돌덮개를 덮어서 바닥과 평평하게 한다. 그 안에 조성된 구멍에서 바람이 일어나 불길을 불목으로 몰아넣으므로 연기가 조금도 새어 나오지 않는다. 또 굴뚝을 내는 방법을 보면, 큰 항아리처럼 땅을 파고 벽돌을 탑처럼 쌓아 올려 지붕 높이에 맞춘다. 연기가 그 항아리 속으로 들어가 서로 잡아당기고 빨아들인다. 정말 절묘한 방식이다. 보통 굴뚝에 틈이 생기면 한 줄기 바람에도 아궁이의 불이 꺼지는 법이다. 우리 조선의 온돌은 항상 불이 밖으로 삐져나와서 방이 고루 따뜻하지가 않다. 그 잘못은 모두 굴뚝에 있는 것이다. 조선의 굴뚝은 싸리로 엮은 농籠에 종이를 바르거나 혹은 나무 판자로 통을 만들어 쓴다. 처음 세운 굴뚝의 흙축대에 틈이 생기거나, 발랐던 종이가 떨어지거나, 또는 나무통이 벌어지면, 연기가 새는 것은 막을 길이 없다. 또 바람이라도 한 번 크게 불면 연통은 소용이 없게 된다.

'우리나라에서는 가난한 집안에 글 읽기를 좋아하는 수많은 형제들이 오뉴월에도 코끝에 항상 고드름이 달릴 지경이지. 이 방식을 배워 가서 한겨울 그 고생을 덜면 어떨까?'

이런 생각을 하는데, 변계함이 한마디 한다.

"이곳 구들 만든 건 이상한데요. 우리나라 온돌만 못한 것 같아요."

"뭐가 못하다는 겐가?"

"우리는 기름 먹인 종이 넉 장을 반듯하게 깔잖아요. 빛은 화제火齊운모의 일종 같고 반질반질하기는 수골水骨 같지요. 어떻게 중국 온돌하고 비교하겠어요?"

내가 설명했다.

"이곳 구들이 우리나라의 구들보다 못하다는 건 맞는 말이야. 하지만 중국의 구들 놓는 방법을 그대로 본떠서 우리나라 온돌에 쓰고, 그 위에 기름 먹인 장판지를 깐다고 하면 그걸 누가 막겠나? 우리나라 온돌에는 여섯 가지 문제점이 있는데 아무도 이걸 말하는 사람이

우리나라의 구들장 만드는 모습

없단 말이야. 내 한번 얘기해 볼 테니 떠들지 말고 조용히 들어 보게나.

진흙을 이겨서 귓돌을 쌓고 그 위에 돌을 얹어서 구들을 만들지. 그 돌의 크기나 두께가 애초에 가지런하지 않으니 조약돌로 네 귀퉁이를 괴어서 뒤뚱거리지 않게 할 수밖에 없지. 그렇지만 불에 달궈지면 돌이 깨지고, 발랐던 흙이 마르면 늘상

우리나라 구들집의 모습

부스러지네. 그게 첫번째 문제점이야. 구들돌 표면이 울퉁불퉁해서 움푹한 데는 흙으로 메워서 평평하게 하니, 불을 때도 골고루 따뜻하지 못한 게 두번째 문제점이야. 불고래가 높은 데다 널찍해서 불길이 서로 맞물리지 못하는 게 세번째 문제점이지. 또, 벽이 부실하고 얇아서 툭하면 틈이 생기지 않나? 그 틈으로 바람이 새고 불이 밖으로 내쳐서 연기가 방 안에 가득하게 되는 게 네번째 문제점이야. 불목이 목구멍처럼 되어 있지 않기 때문에 불길이 안으로 빨려 들어가지 않고 땔감 끝에서만 불이 타오르는 게 다섯번째 문제점이네. 또 방을 말리려면 땔감 백단은 때야 하는 데다 그 때문에 열흘 안에는 입주를 못하니, 그것이 여섯번째 문제점일세.

그에 반해, 중국 온돌의 구조를 보게나. 자네와 함께 벽돌 수십 개만 깔아 놓으면, 웃고 떠드는 사이에 벌써 몇 칸 온돌이 만들어져서 그 위에 누워 잘 수도 있을 걸세. 어떤가?"

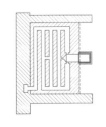
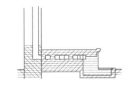

중국 구들(캉)의 모습과 구조

밤에 여러 사람과 술을 몇 잔 나누었다. 밤이 깊자, 취해서 돌아와 잠자리에 들었다. 내 방은 정사의 맞은편인데, 가운데를 베 휘장으로 가려서 방을 나누었다. 정사는 벌써 깊이 잠들었다. 몽롱한 상태에서 담배를 막 피워 물었을 때다. 머리맡에서 별안간 발자국 소리가 난다. 깜짝 놀라서 소리를 질렀다.

"누구냐?"

"도이노음이요攜伊鹵音爾ㅿ."

대답 소리가 이상하다. 다시 소리를 질렀다.

"누구냐?"

더 큰 소리로 대답한다.

"소인은 도이노음이요."

이 소란에 시대와 상방 하인들이 모두 놀라 잠이 깼다. 뺨을 갈기는 소리가 들리더니, 등을 떠밀어서 문 밖으로 끌고 가는 모양이다. 알고 보니 그는 밤마다 우리 일행의 숙소를 순찰하면서 사신 이하 모든 사람의 수를 헤아리는 갑군이었다. 깊은 밤 잠든 뒤의 일이라 지금까지는 전혀 눈치채지 못하고 있었던 것이다.

갑군이 제 스스로 '도이노음'이라 하다니, 정말 배꼽 잡을 일이다. 우리나라 말로 오랑캐를 '되놈'이라 한다. 갑군이 '도이'라고 한 것은 '도이鳥夷의 와전이고, '노음'鹵音은 낮고 천한 이를 가리키는 말, 즉 조선말 '놈'의 와전이요, '이요'伊鿄란 웃어른에게 여쭙는 말이다. 그래서 그는 조선 사람이 알아듣도록 '되놈이요' 하고 말했던 것이다. 갑군은 여러 해 동안 사신 일행을 모시는 사이에 우리나라 사람들에게 말을 배웠는데, '되놈'이란 말이 귀에 익었던 모양이다. 한바탕 소란 때문에 그만 잠이 달아나고 말았다. 설상가상으로, 수많은 벼룩에 시달렸다. 정사 역시 잠이 달아났는지 촛불을 켜고 새벽을 맞았다.

7월
6일
임오일 壬午日

불어났던 시냇물이 조금 줄어서, 길을 떠나기로 했다. 나는 정사의 가마에 함께 타고 건넜다. 하인 삼십여 명이 알몸으로 가마를 메고 건너다가 강 한가운데 물살이 센 곳에 이르자 별안간 왼쪽으로 기우뚱하여 거의 떨어질 뻔했다. 정말 위태롭기 짝이 없는 상황이었다. 정사와 서로 부둥켜안고서 겨우 물에 빠지는 걸 면했다. 건너편 강 언덕으로 올라가서 강을 건너는 사람들을 바라보았다. 다른 사람의 목을 타고 건너기도 하고, 좌우에서 서로 부축하여 건너기도 하며, 더러는 뗏목을 만들어서 타면 하인 네 명이 그걸 어깨에 메고 건너기도 한다. 말을 타고 물 위에 둥둥 떠서 건너는 이는 모두 머리를 쳐들고 하늘만 바라보거나, 두 눈을 꼭 감고 있거나, 혹은 억지로 웃음을 짓기도 한다. 말구종들은 모두 안장을 풀어 어깨에 메고 건넌다. 젖을까 염려해서다. 이미 건너온 사람들도 뭔가를 둘러메고 다시 건너간다. 이상해서 물어보니 누군가가 이렇게 대답한다. "빈손으로 강물에 들어가면 몸이 가벼워져 떠내려가기 쉽거든요. 반드시 무거운 물건으로 어깨를 눌러야 됩니다."

몇 번씩 강을 왕복한 사람들은 추워서 다들 오들오들 떤다. 산속 물이라 기운이 너무 차기 때문이다.

나룻배를 타고 강을 건너는 모습. 김홍도의 그림이다.

심양 고궁 전경
심양은 북경으로 수도를 옮기기 전 약 20년간 청나라의 수도였던 곳이다. 천도 뒤에도 청나라는 이곳을 수도에 준하여 취급했다. 병자호란 때 소현세자가 볼모로 끌려간 곳도 바로 여기이며, 지금도 중국 동북부 지역의 중심지로 꼽힌다.

조하구草河口에서 점심을 먹었다. 이곳이 바로 답동畓洞이다(답畓자는 원래 없는 글자인데 우리나라 아전들이 장부에 물 수水와 밭 전田 두 글자를 합해서 논이란 뜻을 붙이고 답이라 불렀다). 항상 질척거리는 곳이기 때문에 조선 사람들이 그렇게 이름을 붙였다고 한다. 분수령分水嶺, 고가령高家嶺, 유가령劉家嶺을 넘어 연산관連山關에서 묵었다. 이날 60리를 갔다.

밤에 조금 취하여 깜빡 잠이 들었는데, 앗! 내가 홀연 심양성 안에 있는 게 아닌가. 궁궐과 성지城池, 민가와 저잣거리 등이 무척이나 번화하고 화려하다. 이렇게 장관일 줄이야! 집에 돌아가서 자랑해야지, 생각하면서 훌훌 허공을 날아가니, 산이며 물이 모두 내 발꿈치 밑에 있다.

솔개처럼 날쌔게 날아서 눈 깜박할 사이에 야곡冶谷 옛 집에 이르러 안방 남쪽 창 밑에 앉았다. 형님께서 내게 물으셨다.

"심양이 어떻더냐?"

"듣던 것보다 훨씬 낫더이다."

공손히 대답을 하면서, 그 아름다움을 쉴새 없이 떠들어 댔다. 남쪽 창밖을 내다보니 옆집의 무성한 회나무 가지 위로 큰 별 하나가 반짝이며 빛을 발하고 있다. 형님께 여쭈었다.

"저 별을 아십니까?"

"글쎄. 잘 모르겠구나."

"저게 노인성老人星입니다."

그리고 일어나서 형님께 절을 올렸다.

"제가 잠시 집에 돌아온 것은 심양 이야기를 해드리고 싶어서였습니다. 그러니 이제 다시 여행길을 따라가야겠어요."

안문을 나와서 마루를 지나 바깥사랑 문을 열어 젖혔다. 머리를 돌려 북쪽을 바라보았다. 문득 길마재鞍峴 여러 봉우리가 또렷이 눈에 들어온다. 그제야 퍼뜩 생각이 났다. 이렇게 멍청할 수가! 나 혼자 어떻게 책문을 들어간담? 여기서 책문이 천여 리나 되는데, 누가 나를 기다리고 있을꼬. 큰소리로 고함을 치며 있는 힘을 다해 문을 열고 밖으로 나가려는데, 문 지도리가 하도 빡빡해서 도무지 열리지를 않는다. 큰 소리로 장복이를 불렀건만 소리가 목구멍에 걸려서 나오질 않는다. 힘껏 문을 밀어 젖히다가 잠에서 깨어났다. 마침 정사가 나를 불렀다.

"연암!"

비몽사몽간에 이렇게 물었다.

"어, 어…… 여기가 어디오?"

"아까부터 웬 잠꼬대요?"

일어나 앉아서 이를 부딪치고 머리를 퉁기면서 정신을 가다듬어 본다.* 제법 상쾌해지는 느낌이다. 슬프기도 하고 기쁘기도 하여 오랫동안 마음이 뒤숭숭하다. 결국은 다시 잠들지 못하고 자리에 누워 몸을 뒤척거린다. 이런저런 생각에 날이 새는 줄도 몰랐다.

연산관連山關은 아골관鵶鶻關이라고도 부른다.

---

*도가적 양생법

이를 부딪치고 머리를 퉁기는 것은 도가적 양생법의 일종이다. 조선시대 선비들은 주로 여기에 기초하여 자신의 몸을 관리하였다. 『동의보감』 「신형」(身形)편에 자세한 내용이 실려 있다. 몇 가지만 소개하자면 다음과 같다.

1. 매일 아침 일찍 일어나 치아를 맞부딪치고 침으로 입안을 헹군 뒤 한입 가득 삼킨다.
2. 손바닥을 열이 나게 비빈 후 두 눈을 열네 번 문지른다.
3. 이마를 열네 번 문지른다.
4. 중지로 콧마루 양쪽을 이삼십 번 세게 문지른다.
5. 손으로 귓바퀴를 여러 번 문지른다.

7월
7일

계미일 癸未日

2리를 더 가서 말을 타고 강을 건넜다. 강이 그리 넓지는 않지만 어제 건넜던 곳보다 물살이 훨씬 세다. 무릎을 움츠리고 두 발을 모아서 안장 위에 옹송그리고 앉았다.

창대는 말 대가리를 꽉 껴안고 장복은 내 엉덩이를 힘껏 부축한다. 서로 목숨을 의지해서 잠시 동안의 안전을 빌어 본다. 말을 모는 소리조차 '오호'嗚呼하고 탄식하는 소리처럼 구슬프게 들린다.

말이 강 한가운데에 이르자, 갑자기 말 몸뚱이가 왼쪽으로 쏠린다. 대개 말의 배가 물에 잠기면 네 발굽이 저절로 뜨기 때문에 말은 비스듬히 누워서 건너게 된다. 나도 모르는 사이에 내 몸이 오른쪽으로 기울어져 하마터면 물에 빠질 뻔하였다. 마침 앞에 말꼬리가 물 위에 둥둥 떠서 흩어져 있다. 급한 김에 그걸 붙들고 몸을 가누어 고쳐 앉아서 겨우 빠지는 걸 면했다. 휴~ 나도 내 자신이 이토록 날랠 줄은 생각지도 못했다. 창대도 말 다리에 차일 뻔하여 위태로웠는데, 말이 갑자기 머리를 들고 몸을 바로 가눈다. 물이 얕아져서 발이 땅에 닿았던 것이다.

마운령을 넘어 천수참에서 점심을 먹었다. 오후엔 몹시 더웠다.

청석령을 넘노라니, 고갯마루에 관제묘가 있다. 매우 영험하다 하

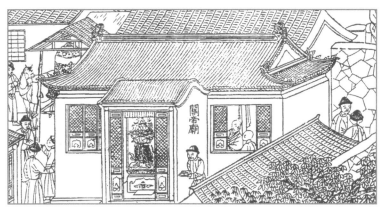

여 역부와 마두들이 다투어 탁자 앞으로 가서 머리를 조아린다. 어떤 이는 참외를 사서 바치기도 하고, 역관들 중에는 향을 피우고 제비를 뽑아서 평생 운세를 점쳐 보는 이도 있다. 도사 하나가 바리때를 두드리며 돈을 구걸하고 있다. 머리는 깎지 않고 상투를 튼 걸로 봐서는 우리나라의 환속한 중과 같다. 머리에는 등나무로 만든 삿갓을 쓰고 몸에는 야견사野繭紗로 만든 도포 한 벌을 입은 것으로 보아 우리나라 선비들의 차림새와 같지만, 검은 빛깔의 동구래깃이 조금 다르다. 또 한 도사는 참외와 달걀을 판다. 참외는 아주 달고 물이 많았는데, 달걀은 맛이 건건하다.

밤에는 낭자산狼子山에서 묵었다. 이날은 큰 고개를 두 개나 넘었다. 80리를 갔다. 마운령은 회령령이라고도 부른다. 그 높이나 험준함이 우리나라 관북 지방에 있는 마천령 못지않다고 한다.

관제묘의 모습

중국에서는 원래 전쟁의 신인 군신(軍神)을 제사하는 관습이 있었다. 송나라 때 들어서면 민간에서 관우를 군신으로 제사하며 우상화하는 움직임이 나타나는데, 이는 여진족이 세운 금나라에 압박당한 당시 송의 현실과 관련이 깊은 듯하다. 이렇게 관우를 제사 지내는 풍습은 원대와 명대를 거쳐 '불교도 도교도 유교도 아닌' 독특한 신앙으로 자리잡게 되고, 청대에도 성행한다. 그리고 지역 곳곳에서 군신이자 재물신으로 관우를 모시는 관제묘가 들어섰는데, 이 관제묘는 중국뿐 아니라 현재 한국과 일본 등지에도 있다.

7월
8일
갑신일 甲申日

맑음

정사와 가마를 함께 타고 삼류하를 건넜다. 냉정冷井에서 아침을 먹었다. 10리 남짓 가서 산모롱이를 접어들었을 때였다. 태복이가 갑자기 몸을 조아리며 말 앞으로 달려 나오더니, 땅에 엎드려 큰 소리로 아뢴다.

"백탑白塔이 현신함을 아뢰옵니다."

요양의 백탑

태복은 정진사의 마두다. 산모롱이에 가려 백탑은 아직 보이지 않는다. 재빨리 말을 채찍질했다. 수십 걸음도 못 가서 모롱이를 막 벗어나자 눈앞이 어른어른하면서 갑자기 한 무더기의 검은 공들이 오르락내리락 한다. 나는 오늘에야 알았다. 인생이란 본시 어디에도 의탁할 곳 없이 다만 하늘을 이고 땅을 밟은 채 떠도는 존재일 뿐이라는 사실을. 말을 세우고 사방을 돌아보다가, 나도 모르는 사이에 손을 들어 이마에 얹고 이렇게 외쳤다.

"훌륭한 울음터로다! 크게 한번 통곡할 만한 곳이로구나!"

정진사가 묻는다.

"하늘과 땅 사이의 툭 트인 경계를 보고 별안간 통곡을 생각하시다니, 무슨 말씀이신지?"

"그렇지, 그렇구 말구! 아니지, 아니고 말고. 천고의 영웅은 울기를 잘했고, 천하의 미인은 눈물이 많았다네. 하지만 그들은 몇 줄기 소리 없는 눈물을 옷깃에 떨굴 정도였기에, 그들의 울음 소리가 천지에 가득 차서 쇠나 돌에서 나오는 듯 했다는 말은 들어본 적이 없다네. 사람들은 다만 칠정七情 가운데서 오직 슬플 때만 우는 줄로 알뿐, 칠정 모두가 울음을 자아낸다는 것은 모르지. 기쁨喜이 사무쳐도 울게 되고, 노여움怒이 사무쳐도 울게 되고, 즐거움樂이 사무쳐도 울게 되고, 사랑함愛이 사무쳐도 울게 되고, 욕심欲이 사무쳐도 울게 되는 것이야. 근심으로 답답한 걸 풀어 버리는 데에는 소리보다 더 효과가 빠른 게 없지. 울음이란 천지간에 있어서 우레와도 같은 것일세.

지극한 정情이 발현되어 나오는 것이 저절로 이치에 딱 맞는다면 울음이나 웃음이나 무에 다르겠는가. 사람의 감정이 이러한 극치를 겪지 못하다 보니 교묘하게 칠정을 늘어놓고는 슬픔에다 울음을 짝지은 것일 뿐이야. 이 때문에 상을 당했을 때 처음엔 억지로 '아이고' 따위의 소리를 울부짖지. 그러면서 참된 칠정에서 우러나오는 지극한 소리는 억눌러 버리니 그것이 저 천지 사이에 서리고 엉기어 꽉 뭉쳐 있게 되는 것일세. 일찍이 가생賈生은 울 곳을 얻지 못하고, 결국 참다 못해 별안간 선실宣室을 향하여 한마디 길게 울부짖었다네. 그러니 이를 듣는 사람들이 어찌 놀라고 괴이하게 여기지 않았겠는가."

정진사가 다시 물었다.

"이제 이 울음터가 저토록 넓으니, 저도 의당 선생과 함께 한번 통곡을 해야 되겠습니다그려. 그런데 통곡하는 까닭을 칠정 중에서 고른다면 어디에 해당할까요?"

"그건 갓난아기에게 물어봐야 될 것이네. 그 애가 처음 태어났을 때 느낀 것이 무슨 정인지. 그 애는 먼저 해와 달을 보고, 다음으로는 눈앞에 가득한 부모와 친척들을 보니 그 얼마나 기쁘겠는가. 이 같은 기쁨이 늙을 때까지 변함이 없다면, 본래 슬퍼하고 노여워할 이치가

*가의賈誼
젊은 수재라서 생(生)이라 한 것. 가의는 한나라 문제에게 등용되었으나 뜻을 이루지 못하고 쫓겨났다. 장사왕과 양왕의 대부로 있으면서 당시 정치적 폐단에 대한 상소문을 올린 것으로 유명하다.

전혀 없이 즐겁게 웃기만 해야 마땅한 것 아니겠나. 그런데 도리어 분노하고 한스러워하는 감정이 가슴속에 가득하여 끝없이 울부짖기만 한단 말이야. 그래서 사람들은 이렇게 말하곤 하지. 삶이란 성인이든 우매한 백성이든 누구나 죽게 마련이고, 또 살아가는 동안에도 온갖 근심 걱정을 두루 겪어야 하기 때문에 세상에 태어난 것을 후회하여 먼저 스스로 울음을 터뜨려서 자기 자신을 조문하는 것이라고.

하지만 갓난아기의 본래 정이란 결코 그런 것이 아니야. 어머니 뱃속에 있을 때에는 캄캄하고 막혀서 갑갑하게 지내다가, 하루 아침에 갑자기 탁 트이고 훤한 곳으로 나와서 손도 펴 보고 발도 펴 보니 마음이 참으로 시원했겠지. 어찌 참된 소리를 내어 자기 마음을 크게 한번 펼치지 않을 수 있겠는가. 그러니 우리는 저 갓난아기의 꾸밈없는 소리를 본받아서, 비로봉 꼭대기에 올라가 동해를 바라보면서 한바탕 울어볼 만하고, 장연長淵_황해도의 고을 이름의 금모래밭을 거닐면서 한바탕 울어볼 만하이.

이제 요동벌판을 앞두고 있네. 여기부터 산해관까지 1,200리는 사방에 한 점 산도 없이 하늘 끝과 땅 끝이 맞닿아서 아교풀로 붙인 듯 실로 꿰맨 듯하고, 예나 지금이나 비와 구름만이 아득할 뿐이야. 이 또한 한바탕 울어볼 만한 곳이 아니겠는가!"●

●호곡장好哭場
이 대목은 따로 독립되어 있진 않지만, 일반적으로 '호곡장론'이라고 이름한다. 그만큼 빼어난 문장과 사유가 돋보이는 명문에 속한다. 1,200리에 걸쳐 어득히 펼쳐져 있는 요동벌판. 열흘을 가도 산이라곤 보이질 않는 광활한 평원을 가로지르면서, 연암은 마치 태초의 시공간에 들어선 듯한 경이로움을 느낀다. 크게 한번 울어볼 만하다는 건 바로 그런 존재론적 울림의 표현이다. 동시에 그것은 문명론적 충격이기도 했다. 요동의 드넓은 스케일과 마주하는 순간, 연암은 자신이 얼마나 좁고 답답한 변방에 갇혀 있었던가를 실감하지 않을 수 없었다. 갓난아기의 울음에 대한 변도 같은 맥락에 있다. 연암이 보기에, 갓난아기가 우는 건 슬퍼서도 아니고, 두려워서도 아니다. 바로, 열 달 동안 엄마 뱃속에 있다가 넓은 세상으로 나와 사지를 마음껏 펴게 되자 그 감동과 환희를 표현하기 위해서이다. 존재와 삶에 대한 무한긍정으로서의 울음인 것. 이 대목은 당시에도 문장가들 사이에 널리 회자되었고, 훗날 1809년 추사 김정희는 여기에 대한 시를 한 수 남긴 바 있다.

한낮은 몹시 뜨거웠다. 말을 달려 고려총高麗叢과 아미장阿彌庄을 지나서 두 갈래로 흩어졌다. 나는 조달동, 변군, 래원, 정진사, 하인 이학령李鶴齡 등과 함께 구요양으로 들어갔다. 구요양은 봉황성보다 열배나 더 번화하고 화려하다. 여기에 대해서는 따로 「요동기」를 썼다.

서문을 나서니 백탑이 보인다. 만든 수법이 화려하고 웅장하여 요동벌판에 어울린다. 「백탑기」를 따로 썼다.

요양성遼陽省으로 돌아왔다. 수레와 말 소리가 엄청나게 울리고, 가는 곳마다 구경꾼이 떼를 지어 다닌다. 술집의 붉은 난간이 큰길가에 높이 솟아 있고, 한쪽에는 금빛 글자로 쓴 깃발이 펄럭인다. 깃발에는 이런 시구가 적혀 있다.

이름을 듣고서 마땅히 말을 세울 것이고 聞名應駐馬
향기를 찾아서 잠깐 수레를 멈추리라. 尋香且停車

깃발을 보니 술을 마시고 싶었다. 빙 둘러선 구경꾼들로 가득해서 서로 어깨가 맞닿는다. 문득 예전에 들었던 얘기가 생각났다. "이런 곳에는 좀도둑이 많다. 처음 이곳을 여행하는 사람은 구경에 정신이 팔려서 자기 주변을 잘 살피지 못한다. 그래서 잃어버리는 물건이 꼭 있게 마련이다. 지난해 어떤 사신 일행이 무뢰배들을 가마꾼 삼아 많이 데리고 왔었다. 수십 명 되는 이들 모두가 초행이었고, 옷차림이라든지 말 장식품들이 상당히 호화로웠다. 요양에 들어와 구경하다가, 어떤 사람은 안장을 잃고 어떤 사람은 등자를 잃어버려 여간 낭패가 아니었다."

이 이야기를 듣자, 장복이가 갑자기 머리에는 안장을, 허리에는 한 쌍 등자를 차고 앞장을 서면서도 전혀 부끄러운 기색이 없다. 내가 웃으며 꾸짖었다.

©이김천

갓난아기의 본래 정이란 결코 그런 것이 아니야. 어머니 뱃속에 있을 때에는 캄캄하고 막혀서 갑갑하게 지내다가, 하루 아침에 갑자기 탁 트이고 훤한 곳으로 나와서 손도 펴 보고 발도 펴 보니 마음이 참으로 시원했겠지. 어찌 참된 소리를 내어 자기 마음을 크게 한번 펼치지 않을 수 있겠는가. 그러니 우리는 저 갓난아기의 꾸밈없는 소리를 본받아서, 비로봉 꼭대기에 올라가 동해를 바라보면서 한바탕 울어볼 만하고, 장연의 금모래밭을 거닐면서 한바탕 울어볼 만하이. 이제 요동벌판을 앞두고 있네. 여기부터 산해관까지 1,200리는 사방에 한 점 산도 없이 하늘 끝과 땅 끝이 맞닿아서 아교풀로 붙인 듯 실로 꿰맨 듯하고, 예나 지금이나 비와 구름만이 아득할 뿐이야. 이 또한 한바탕 울어볼 만한 곳이 아니겠는가!

백암산성에서 바라본
태자하

"야, 이놈아! 네 눈은 왜 안 가리냐?"

보는 사람들이 모두 크게 웃었다.

다시 태자하에 이르렀다. 강물이 한창 불어나서 출렁인다. 배가 없어서 건널 수도 없다.

강기슭을 위아래로 서성거릴 때였다. 갈대숲 속에서 콩깍지만 한 고깃배 한 척이 일렁이면서 나왔고, 또 작은 배 하나가 강기슭 모래톱에 아련히 보인다. 장복과 태복 등에게 일제히 소리를 질러 배를 부르게 했다. 어부들이 낚싯대를 드리우고 두 척의 뱃머리에 각각 마주 앉아 있다. 버드나무 짙은 그늘에 비끼는 저녁 햇살이 금빛으로 물들어 아름답다. 잠자리는 수면에 점을 찍고, 제비는 물결을 차고 난다. 어부들은 아무리 불러도 끝내 돌아다보지도 않는다. 물가 모래 벌판에 한참을 서 있노라니 더운 기운이 찌는 듯하다. 입술이 타고 이마엔 온통 땀이다. 배가 고파오면서 기운이 빠진다. 내 평생 구경을 좋아했는데, 오늘에야 정말 톡톡히 그 값을 치르는구나 싶었다.

정진사와 여럿이 낄낄거리면서 다투어 농담을 던진다.

"해는 지고 길은 막혔는데 다들 허기지고 맥이 빠지니, 통곡 말고는 달리 계책이 없네요. 선생은 어째서 꾹 참고 울지 않으십니까?"

내가 응대했다.

"어려운 처지에 있는 사람을 이렇게 외면하다니. 저놈의 어부, 인심을 알 만하구나. 육노망* 선생처럼 점잖은 분이라 해도 한방에 패대기쳤을 거야."

태복이 더욱 초조해하면서 이렇게 말한다.

"들판에 해가 지는 것을 보니, 다른 산기슭은 벌써 어두워졌겠는데요."

태복은 나이는 어리지만 연경을 일곱 번이나 드나든 탓에 무슨 일이건 익숙하다.

잠시 후 사공이 낚시질을 끝마쳤는지, 배 밑에 있던 물고기 바구니를 거둔다. 짧은 상앗대를 저어서 버드나무 그늘가로 나오자, 어디선가 작은 배 대여섯 척이 다투어 나온다. 그들은 저 고기잡이 배가 우리에게 저어 오는 걸 보고 다투어 와서는 비싼 뱃삯을 받으려는 심사다. 한참이나 남의 급한 사정을 외면하다가 막판에 와서야 손을 내밀다니 그 마음 씀씀이가 얄밉기 짝이 없다.

배 한 척당 세 사람씩밖에 못 타는데, 삯은 1인당 1초(鈔)씩이나 받는다. 배는 모두 통나무를 후벼 파서 만들었다. "들배엔 두세 사람 넉넉히 탈 수 있네"라는 시구가 이걸 두고 하는 말이다. 우리 일행은 모두 열일곱 명에 말이 열여섯 필로, 모두 함께 강을 건넜다. 뱃머리에서 재갈을 잡고 물흐름을 따라서 7~8리를 내려가니, 전날 통원보의 여러 강을 건널 때보다 더 위험하다.

신요양의 영수사(映水寺)에서 묵었다. 이날은 70리를 왔다. 밤에는 몹시 더웠다. 잠결에 홑이불을 걷어치우고 자는 바람에 감기 기운이 조금 있다.

*육노망(陸魯望)
당나라 때의 문장가 육귀몽(陸龜蒙). 벼슬길에 나아가지 않고 평생 차(茶)를 심으며 보냈다.

7월 9일
을유일 乙酉日

🐎 무척이나 더운 날이다. 새벽의 서늘한 기운을 타고 먼저 길을 떠났다. 장가대張家臺, 삼도파三道巴를 거쳐 난니보爛泥堡에서 점심을 먹었다. 요동에 들어선 이후부터는 마을이 끊이지 않고 길 너비가 수백 보나 되는데, 길을 따라 양쪽으로는 모두 수양버들을 심었다. 여염집이 즐비하게 늘어선 곳에는, 마주 선 문과 문 사이로 장마 때 고인 물이 빠지지 않아 저절로 큰 못이 되어 있다. 집에서 기르는 거위와 오리가 떼지어 그 위에 떠서 논다. 양쪽 시골집들은 모두 물가의 누대처럼 붉고 푸른 난간이 좌우에서 비치어 어렴풋이 강호江湖 생각이 난다.

군뢰가 세 번 나팔을 불고 난 뒤 반드시 몇 리 앞서 가면, 전배군관前排軍官_사신 일행의 앞쪽을 총괄하는 군관도 군뢰를 따라 먼저 떠난다. 나는 거동이 자유로워서, 매양 변군과 함께 서늘한 새벽을 틈타서 길을 나섰다. 그러나 10리도 못 가서 전배가 따라와 만나게 되고, 그러면 그들과 고삐를 나란히 하고 우스갯소리를 하면서 가곤 했다. 매일 이렇게 했다.

마을이 가까워질 때마다 군뢰를 시켜서 나팔을 불고, 넷이 합창으로 권마성勸馬聲_말이나 가마가 지날 때 위세를 더하기 위해 하졸들이 부르는 소리을 부른다. 그러면 집집마다 문이 미어지도록 여인들이 뛰어 나와서 구경을 한다. 늙은이건 젊은이건 간에 차림새는 한결같다. 머리에는 꽃을 꽂고 귀고리를 드리웠으며 화장을 엷게 했다. 입에는 모두 담뱃대를 물었고, 손에는 신발 바닥에 깔기 위해 누빈 베와 바늘, 실 등을 들고 있다. 어깨를 잇대고 빽빽이 서서 우리를 보고 손가락질하며 웃는다. 한족 여자는 처음 보았는데, 모두 전족을 하고 궁혜를 신었다. 자색은 만주 여자만 못하다. 만주 여자들은 꽃 같은 얼굴에 달덩이 같은 모습을 가진 예쁜 사람이 많다.

만보교萬寶橋, 연대하烟臺河, 산요포山腰鋪를 거쳐서 십리하十里河에서 묵었다. 이날 50리를 갔다.

비장과 역관들은 말을 타고 가면서, 자기가 본 만주족이나 한족 여자들을 첩으로 찍으며 장난을 친다. 만일 남이 먼저 찍은 여자라면 감히 가로채지 못하는데, 그 나름대로 법도가 몹시 엄격하다. 이를 '구첩'口妾이라 한다. 가끔 서로 샘을 내기도 하고 화도 내고 욕도 하고 놀리기도 한다. 이것도 먼 길에 시간을 때우는 한 방법이다. 내일은 곧장 심양으로 들어갈 것이다.

구요동성은 한나라 시대의 양평(襄平)·요양(遼陽) 두 현(縣)에 있었다. 진나라 때에는 요동이라 칭했고, 그 뒤에는 위만 조선(衛滿朝鮮)에 편입되었다. 한나라 말기에는 공손도(公孫度)가 차지했고, 수·당 때에는 고구려에 속했다. 거란은 이곳을 남경(南京)이라 하였으며, 금(金)은 동경(東京)이라 하였고, 원(元)은 지방 행정구역인 행성을 두었으며, 명(明)은 정료위(定遼衛)를 두었는데, 지금은 요양주(遼陽州)로 승격되었다. 여기서 20리 떨어진 곳으로 성을 옮기고 신요양(新遼陽)이라 하였다.

원래의 성이 있던 곳은 구요동(舊遼東)이라고 부른다. 구요동의 성 둘레는 20리다. 이 성을 두고 어떤 사람은 이렇게 말하기도 한다.

"이 성은 명나라 장수 웅정필(熊廷弼)이 쌓은 것이다. 적군이 쳐들어 온다는 말을 듣고 웅정필이 낮고 좁던 옛 성을 헐었다. 청나라 사람들이 이를 이상하게 여겨 감히 가까이 오지 못했다. 그러나 성을 고쳐 쌓는다는 정보를 입수하고는 군사를 이끌고 성 밑에 이르렀다. 하지만 놀랍게도 하룻밤 사이에 새로 쌓은 성이 우뚝하게 서 있었다. 나중에 웅정필이 이곳을 떠나고 나서 요양이 함락되는데, 청나라 사람들은 그 성이 하도 견고하여 함락시키기 어려웠던 나머지 화가 나 성을 헐어 버렸다. 당시 싸움에 이긴 군사들을 열흘이나 동원했지만 미처 다 허물지 못했다고 한다."

명(明) 천계(天啓) 원년(1621) 3월, 청나라가 심양을 빼앗은 후 다시 군사를 이끌고 요양으로 향했다. 명의 장군 경략(經略) 원응태(袁應泰)가 세 길로 군사를 내어서 무순(撫順)을 되찾고자 막 떠나려고 할 때였다. 출발하기 직전에 그는 청나라가 이미 심양을 점령하고 요양으로 향한다는 보고를 듣고, 결국 태자하 물을 끌어다 해자를 채우고 군사를 성 위로 올라가 빙 둘러서서 지키게 하였다.

청나라 군대는 심양을 함락시킨 지 닷새 만에 요양성 밑에 이르렀다. 누루하치[奴兒哈赤]는 이른바 청 태조(太祖)다. 그가 직접 좌익(左翼)의 군대를 이끌고 먼저 도착했다. 명나라의 총병(摠兵) 이회신(李懷信) 등은 군사 5만 명을 이끌고 성에서 5리 되는 곳으로 나와서 진을 쳤다. 이때 누루하치가 좌익의 사기군(四旗軍_만주군 편성 단위)으로 왼쪽을 공격했다. 청 태종(太宗)은 우리나라에서 한(汗)이라고 부르는데, 이름은 홍타시[洪台時]다. 그는 정예군을 이끌고 싸우기를 요청했으나 누루하치가 허락하지 않았다. 하지만 홍타시는 결국 두 개의 홍기(紅旗)를 세우고 성 옆에 군사를 매복시켜 형세를 엿보게 하였다. 누루하치가 정황기(正黃旗)와 양황기(鑲黃旗)를 보내서 홍타시를 도와 명나라 군대의 왼쪽을 치게 하였다. 사기의 군사가 계속해서 이르니 명나라 군대는 매우 어지러워졌다. 승기를 얻은 홍타시는 60리를 추격하여 안산(鞍山)에 이르렀다. 한창 싸움이 무르익는 사이에 명나라 군대가 요양의 서문으로 나와서 청나라 군대가 성 옆에 세워 두었던 두 홍기를 뽑는 순간 매복하고 있던 병사들이 일어나서 명의 공격에 대항했다. 명군은 다시 성으로 도망치느라 저희들끼리 서로 짓밟았다. 이 와중에 총병 하세현(賀世賢)과 부장(副將) 척금(戚金) 등이 모두 전사하였다.

이튿날 아침, 누루하치는 패륵(貝勒_만주군의 벼슬 이름)의 왼쪽 사기군을 이끌고 성 서쪽의 수문을 파 해자의 물을 뺐다. 또 오른편 사기군에게는 성 동문에 물이 들어가는 입구를 막게 하고, 자신은 직접 우익(右翼)을 이끌고 가서 수레를 벌여 놓고 흙과 돌을 날라 물길을 막았다.

명나라 측은 보병과 기병 3만 명을 거느리고 동문을 나와서 진영을 구성하고 청나라에 맞섰다. 청나라 군대가 막 다리를 빼앗으려 할 때였다. 마침 수구(水口)가 막혀서 물이 거의 말랐을 때 사기의 선봉이 해자를 건너 고함을 치면서 동문을 덮쳤다. 명나라 측도 힘을 다해 싸웠지만, 청나라의 홍갑(紅甲) 2백 명과 백기(白旗) 1천 명이 진격하는 바람에, 전사한 명나라 군대의 시체가 해자에 가득하였다. 청나라 군대가 무정문(武靖門) 다리를 빼앗은 다음 양쪽으로 나누어 지키는 명나라 군사를 쳤고, 명나라 측은 성 위에서 끊임없이 화포(火砲)를 터뜨렸다. 청병도 용감하게 돌격하면서 사다리를 세우고 성을 기어올랐다. 서성(西城)의 한 부분을 빼앗아 백성들을 베기 시작하자 성 안은 아수라장이 되었다. 이날 밤 성 안에 있는 명나라 병사들이 횃불을 밝히고 맞서서 싸울 때, 우유요(牛維曜) 등은 성을 넘어 허둥지둥 달아났다.

이튿날 아침 명군은 다시 방패를 세우고 힘껏 싸웠으나, 청나라 사기군도 성을 타고 기어올랐다. 경략 원응태는 성 북쪽 진원루(鎭遠樓)에 올라서 싸움을 독려하다가 성이 함락되는 것을 보고 누대에 불을 질러 타 죽었다. 분수도(分守道) 하정괴(何廷魁)는 처자 식들과 함께 우물에 빠져 죽고, 감군도(監軍道) 최유수(崔儒秀)는 목을 매어 죽었다. 총병 주만량(朱萬良), 부장 양중선(梁仲善), 참장 왕치(王豸), 방승훈(房承勳), 유격(遊擊) 이상의(李尙義), 장승무(張繩武), 도사(都司) 서국전(徐國全), 왕종성(王宗盛), 수비(守備) 이정간(李廷幹) 등은 모두 전사하였다. 어사 장전(張銓)은 청병에게 사로잡혔음에도 불구하고 굴복하지 않았는데, 누루하치는 그가 나라를 위해 죽으려는 의지를 알아채고 사형에 처하도록 하였다. 홍타시는 장전을 아껴서 살리려고 여러 번 타일렀으나 끝내 그의 마음을 돌릴 수 없어 부득이 목졸라 죽이고 장례를 치러 주었다.

청나라 황제 고종(高宗)은 지난 기해년에 지은 전운시(全韻詩)에서 이 성이 함락된 사정을 상세히 기록하면서 이렇게 말했다.

"우리 선황제께옵선 오히려 항복하지 않은 명나라 신하에게 은혜를 베풀었건만, 그때 연경에 있던 명나라의 임금과 신하들은 전혀 아랑곳하지 않았다. 공과 죄를 밝히지 않았으니, 망하지 않으려야 않을 수 없었다."

『명사』(明史)의 기록에는 다음과 같이 되어 있다.

"웅정필이 광녕(廣寧)을 구원하지 않자 삼사(三司) 왕기(王紀) · 추원표(鄒元標) · 주응추(周應秋)가 웅정필을 이렇게 탄핵했다. '웅정필의 재주와 식견, 기백이 온 세상을 비웃을 만합니다. 지난해에 요양을 지켜서 요양이 보존되었고, 그가 요양을 떠나자 요양이 망했습니다. 다만 그 교만하고 괴팍한 성격은 너무 단단하여 깨뜨릴 수가 없습니다. 오늘 소(疏) 하나를 올리고 이튿날은 방(榜) 하나를 거는 식이었습니다. 이는 양호(楊鎬)에 비해 도망친 죄 하나가 더 많고, 원응태처럼 죽지도 않았습니다. 만일 왕화정(王化貞)을 죽이고 웅정필을 살려둔다면 죄는 같은데 처벌이 달라지게 됩니다'."

지금도 토벽(土壁)이 옛날과 같이 둘러 있고 벽돌 흔적도 여전히 남아 있다. 그 당시 삼사가 탄핵한 글로 미루어 웅정필의 사람됨을 짐작할 수 있겠다. 아아, 슬프다. 마지막 운명에 처한 명나라는 인재를 등용하고 버리는 것이 거꾸로 되고 공과 죄를 밝히지 못했다. 웅정필과 원숭환의 죽음을 보면 명나라 스스로 만리장성을 허물어뜨렸다 하겠다. 어찌 후세의 비웃음을 면할 수 있겠는가.

해자는 태자하를 끌어와서 만들었다. 해자 안에는 고기잡이 배 서너 척이 떠 있고, 성 아래에는 낚시꾼이 수십 명이나 된다. 모두들 좋은 옷차림에 한가로운 귀공자 같은 모습이다. 하지만 이들은 모두 성 안의 장사치들이다. 나는 해자를 한 바퀴 돌면서 수문 여닫는 방식을 엿보고 싶었다. 그때 낚시꾼들이 왁자하게 웃으면서 낚싯대를 거두고 나에게 와서 말을 건다. 내가 땅에 글자를 써 보였지만, 모두들 한참 들여다보더니 웃으며 가 버린다.

요동의 백탑 遼東白塔記

관제묘를 나오면 채 5리를 못 가서 탑이 하나 있다. 이 탑은 흰빛에 8각 13층이며, 높이는 70길이라 한다. 세상에 전하는 말로는, 당(唐)의 울지경덕(蔚遲敬德)이 군사를 거느리고 고구려를 정벌하러 왔을 때 쌓은 것이라 한다. 어떤 사람은 선인(仙人) 정령위(丁令威)가 학을 타고 요동으로 돌아와서 보니 성곽과 백성들이 이미 바뀌었으므로 슬피 울며 노래를 불렀는데, 이 탑이 바로 그가 머물렀던 화표주(華表柱)라고도 하나 이는 잘못된 말이다. 화표주는 요양성 밖에 있는데, 성에서 10리도 안 되는 가까운 곳에 있는데다가 그리 높고 크지도 않다. 백탑이라고 부르는 건 우리나라 하인배들이 입에서 나오는 대로 아무렇게나 지은 이름일 것이다.

요동은 왼쪽으로 넓은 바다를 끼고 있다. 앞쪽은 막힐 곳 없는 넓은 들판을 마주하고 있어서 아득히 천 리나 트여 있다. 백탑은 그 벌판의 3분의 1쯤 되는 곳에 위치한다. 탑 꼭대기에는 구리북 세 개를 얹어 두었다. 층마다 처마 네 귀퉁이에는 풍경을 달았는데 그 크기가 물 긷는 통만 하다. 바람이 일어 풍경이 흔들리면 그 소리가 요동벌을 울린다.

탑 아래서 두 사람을 만났다. 그들은 모두 만주 사람이다. 약을 사러 영고탑에 가는 길이란다. 땅에 글자를 써서 대화를 했다. 한 사람이 고본(沽本) 『상서』(尚書)가 있느냐고 묻는다. 그리고는 또 안회(顔回)가 지은 책과 자하(子夏)가 지은 『악경』(樂經)이 있느냐고 묻는다. 나로선 다 처음 듣는 일이라 그냥 없다고만 대답하였다. 두 사람은 모두 청년들이다. 이곳은 초행길인데 이 탑을 구경하러 왔다고 한다. 길이 바빠서 이름을 물어보지는 못했다. 수재(秀才)인 듯싶다.

구요동성 문 밖을 나서면 돌다리 하나가 있다. 다리 가장자리의 돌 난간은 강희(康熙) 57년에 쌓은 것으로 그 솜씨가 매우 정교하다. 다리 맞은편 백여 보쯤 되는 곳에 패루(牌樓)가 있다. 구름에 싸인 용과 수선(水仙)을 은근히 도드라지게 새겨 놓았다. 패루에 올라보니 동쪽 큰 누각에는 '적금루'(摘錦樓)라고 현판을 달았다. 그 왼쪽에 있는 종루(鍾樓)는 '용음루'(龍吟樓)고, 오른쪽 고루(鼓樓)는 '호소루'(虎嘯樓)라 하였다.

묘당(廟堂)은 웅장하고 화려하며, 겹겹이 지어진 전각들이 금빛과 푸른빛으로 휘황찬란하다. 정전(正殿)에는 관우의 소상을 모셨고, 동무(東廡)에는 장비를, 서무(西廡)에는 조운을 모셨다. 또 장비에게도 굴복하지 않았던 촉(蜀)의 장군 엄안(嚴顔)을 모시기도 했다. 뜰 가운데 서 있는 큰 비(碑)에는 모두 이 묘당의 창건과 중수한 사적을 적은 것이다. 그 중 새로 세운 비석 하나는 산서(山西)의 어떤 상인이 묘당을 중수한 일을 기록한 것이다.

묘당 안에는 무뢰배와 건달 수천 명이 연희판을 벌인 듯 떠들썩하다. 창과 봉을 연습하기도 하고, 권법과 발길질을 하기도 하고, 소경이 애꾸말을 타는 놀이를 하기도 한다. 참으로 각양각색이다. 한 놈이 『수호전』을 읽는데, 많은 사람들이 빙 둘러 앉아서 듣고 있다. 머리를 흔들고 코를 벌름거리는 꼴이 거만하기 이를 데 없다. 한데, 펼쳐 놓은 곳을 보니 와관사를 불질러 버리는 '화소와관사'(火燒瓦官寺) 대목인데, 낭송하는 내용은 다름 아닌 『서상기』(西廂記)였다. 글자를 모르는 까막눈이지만 입담만은 청산유수다. 마치 우리나라 골목길이나 장바닥에서 『임장군전』(林將軍傳)을 낭송하는 것과 비슷하다. 읽는 자가 잠깐 중지하면 두 사람이 비파(琵琶)를 타고 한 사람은 징을 울린다.

백탑 남쪽에 오래된 절이 있다. 광우사(廣祐寺)다. 아까 만난 만주족 수재들은 이렇게 말했다.

"광우사는 한나라 때에 지은 절입니다. 당 태종이 요나라를 칠 때 수산(首山)에 머물렀는데, 악공 울지경덕으로 하여금 이 절을 중수하게 하였답니다."

이런 말이 전하기도 한다.

옛날 어떤 시골 사람이 광녕으로 가다가 길에서 한 동자를 만났다. 그 동자는 "나를 업고 광우사까지 갑시다. 그 절 오른편으로 열 걸음 가면 고목나무 밑에 돈 10만 금이 묻혀 있을 것이오. 그 돈을 품삯으로 주겠소" 하였다. 그 사람이 동자를 업고 아침 나절이 되기도 전에 수백 리 길을 달려서 이곳에 왔다. 내려 놓고 보니 동자는 사람이 아니고 금부처님이었다. 그 절의 중이 이상히 여겨 절 오른편 열 걸음쯤 되는 곳 고목나무 밑을 파 보았는데, 과연 10만 냥이 나왔다. 이에 시골 사람이 그 돈으로 절을 중수했다.

비문을 읽어 보니, 강희 27년에 태황태후(太皇太后_태종 홍타시의 비)가 내탕고(内帑庫)의 돈으로 이 절을 세웠으며, 강희제도 일찍이 이 절에 행차하여 스님들에게 금실로 짠 가사(袈裟)를 하사한 적이 있다고 한다. 지금은 절이 황폐하여 스님조차 보이질 않는다.

관제묘 풍경 소묘 關帝廟記

광우사 이야기 廣祐寺記

저녁 달빛이 더욱 밝다. 변계함에게 함께 가상루에 가자고 했더니,
눈치도 없이 수역에게 가도 좋으냐고 묻는다. 이에 수역의 눈이 휘둥그레지면서,
"성경은 연경이나 다름없는데 함부로 밤에 나다니겠다는 말씀이십니까?"
하는 바람에 변군의 기가 한풀 꺾였다.
수역은 어젯밤에 내가 예속재에서 성경의 젊은이들을 만난 일을 전혀
모르는 모양이다. 만일 수역이 알게 되면 나까지 붙잡힐까 두려워
일부러 알리지 않고 슬그머니 혼자 빠져 나갔다.
장복이더러는 혹시라도 나를 찾거든 뒷간에 갔다고 하라고 일러두었다.

2편
성경잡지

7월 10일부터 7월 14일까지,
모두 5일 동안의 기록이다.
십리하부터 소흑산에 이르기까지
모두 3백 27리 길이다.

7월 10일
병술일 丙戌日

🐎 이날은 모두 60리를 와 심양에서 묵었다.

날이 몹시 무더웠다. 멀리 요양성遼陽省 밖을 돌아보니 수풀이 자못 울창하다. 들 가운데 새벽 까마귀 떼가 흩어져 날고 한줄기 아침 연기가 하늘가로 길게 사라진다. 붉은 해가 솟아오르고 아롱진 안개가 곱게 피어오른다. 사방을 둘러보니 드넓은 벌판에 거칠 것이 없다. 아아, 이곳이 옛 영웅들이 수없이 싸우던 바로 그 전장터로구나.

'범이 달리고 용이 날 제, 높고 낮음은 내 마음에 달렸다'는 옛말도 있지만, 천하의 편안함과 위급함은 늘 이 요양의 넓은 들에 달렸으니, 이곳이 편안하면 천하의 풍진風塵이 잦아들고, 이곳이 한번 시끄러워지면 천하의 싸움북이 요란하다. 어인 까닭인가. 여기는 평평한 벌과 넓은 들판이 천 리 밖까지 탁 트인 곳이라 제대로 지키기란

이날 연암의 여정로

아침 일찍 십리하十里河를 떠나 판교보板橋堡까지 5리, 장성점長盛店까지 5리, 사하보沙河堡까지 10리, 폭교와자暴交蛙子까지 5리, 전장보氈匠堡까지 5리, 화소교火燒橋까지 3리, 백탑보白塔堡까지 7리, 모두 합해 40리를 가다. 백탑보에서 점심을 먹다. 다시 일소대一所臺까지 5리, 홍화포紅火鋪까지 5리, 혼하渾河까지 1리, 배로 혼하를 건너 심양瀋陽까지 9리, 도합 20리를 더 가 심양에서 묵었다.

참으로 힘겨운 일이다. 그렇다고 버리자니 오랑캐의 침략에 속수무
책이다. 해서 결국 중국은 천하의 병력을 기울여서라도 이를 지켜야
만 한다. 천하가 백여 년 동안이나 무사태평함이 어찌 그들의 덕화와
정치가 전 시대보다 뛰어난 때문이겠는가. 이 심양은 본시 청나라가
일어난 터전이다. 동쪽으로는 영고탑과 맞물리고, 북쪽으로는 열하
를 끌어당기고, 남쪽으로는 조선을 어루만지는 한편, 서쪽으로는 향
하는 곳마다 천하가 감히 동요하지 못하게 하니, 그 근본을 튼실하게
다짐이 이전 시대에 비할 바가 아니다. 요양에 들어오면서부터 뽕나
무와 삼밭이 우거지고, 개와 닭소리가 끊이지 않는다. 비록 백여 년
동안 태평하긴 했으나 청나라 황실로서는 한 가닥 근심거리가 없진
않을 것이다.

　몽고 수레 수천 대가 벽돌을 싣고 심양으로 들어온다. 수레마다
소 세 마리가 끌고 있다. 소는 대개 흰색이고 개중에는 더러 푸른 것

**청의 몽고정복과
몽고의 공물 헌상**
한때 원나라를 세워 천하를
호령하던 몽고족은 원의 멸망
이후 장성 밖 북쪽 지역으로
쫓겨나고, 몽고고원 등지에
각 부족별로 흩어져 살아갔다.
그러나 이들의 강대한
군사력은 변함 없이
위협적이었기에, 역대
왕조들은 몽고족에게
강경책과 회유책을 번갈아
쓰며 흩어져 있는 몽고
부족들이 통일되는 일이
없도록 주의를 기울였다.
왼쪽의 그림은 청나라를 세운
만주족과의 동맹에 반대하는
몽고 부족들을 청나라 군대가
공격하는 모습이고, 아래는
몽고의 한 부족이 청나라를
건국한 누르하치에게 조공을
바치는 모습이다.

유목민 몽고족의 모습
칭기스칸의 부족이 초원에서
유목하는 모습이다. 중앙의
남자가 번쩍 들고 있는
아기가 칭기스칸이다.

도 있다. 무더위에 무거운 짐을 끌고 오느라 소가 코에서 피를 내뿜는다. 몽고인들은 코가 우뚝한 데다 눈이 깊숙하다. 험상궂고 날래고 사나운 품이 인간의 형상이 아니다. 게다가 옷과 벙거지는 남루하기 짝이 없고 얼굴에는 땟국물이 줄줄 흐르는데도 버선만큼은 신고 있다. 그래서 우리 하인배들이 맨다리로 다니는 꼴을 보곤 이상스럽게 여기는 모양이다.

해마다 몽고인들을 보아 온 우리 말몰이꾼들은 그들의 성격을 익히 아는 터라 서로 희롱하면서 길을 간다. 채찍으로 그들의 벙거지를 쳐서 길가에 내동댕이치기도 하고, 혹은 공처럼 툭툭 차기도 한다. 그래도 몽고인들은 성내지 않고 웃는 얼굴로 두 손을 내밀어 부드러운 말씨로 돌려 달라고 사정한다. 또 우리 하인들이 뒤에서 벙거지를 벗겨 안고 밭 가운데로 도망가면서 쫓기는 체하다가 갑자기 몸을 돌려 그들의 허리를 안고 다리를 건다. 그러면 몽고인들은 영락없이 넘어지고 만다. 그런 다음 잽싸게 몽고인의 가슴을 타고 앉아 입에 흙을 넣어 버린다. 그 모습을 본 되놈들은 수레를 멈추고 서서 한바탕 웃는다. 밑에 깔렸던 놈도 웃으며 일어나 입을 닦고 벙거지를 털어서 고쳐 쓰고는 다시 덤벼들지 않는다.

길 가다가 수레 하나를 만났다. 수레에는 모두 일곱 명을 태우고 있었는데, 다들 붉은 옷을 입었다. 쇠사슬로 어깨와 등을 얽어매어서 목덜미에다 채운 뒤, 다시 한 끝은 손을 매고 다른 한 끝은 다리를 묶은 채였다. 입이나 눈매가 무섭게 생긴 이들은 금주위錦州衛의 도둑으로, 사형에서 한등 감하여 멀리 흑룡강에 있는 수자리 지역으로 귀양을 떠나는 것이라 한다. 한데도, 수레 위에서 웃고 떠들며 조금도 괴로워하는 빛이 없다.

말 수백 필이 길을 휩쓸고 지나간다. 맨 뒤에 아주 좋은 말을 탄 사람이 수숫대 한 가지를 쥐고는 말 떼를 따른다. 말들은 굴레도, 고삐도 없이 가끔씩 뒤를 돌아보면서 달려간다.

탑포塔舖에 이르렀다. 탑은 동리 한가운데 있다. 8면 13층에 높이는 20여 길이나 된다. 층마다 네 개의 둥근 문이 밖으로 통해 있다. 말을 타고 가운데로 들어가 올려다 보니 홀연 현기증이 일어 고삐를 돌려 나와 버렸다. 일행은 벌써 객점에 들었다.

뒤쫓아 뒤채로 갔더니, 주인의 긴 수염 아래서 느닷없이 강아지 소리가 들렸다. 깜짝 놀라서 멈칫하니, 주인이 미소를 띠면서 앉으라고 한다. 주인은 긴 수염이 희끗희끗한 노인으로 구들 위 나지막한 걸상에 걸터앉아 있다. 그 아래엔 한 노파가 마주 앉아 있다. 노파는 머리 위에 붉은색 접시꽃 한 송이를 꽂았고, 옷은 푸른 바탕에 복숭아꽃 무늬를 수놓은 치마를 입었다. 노파의 품에서도 강아지 소리가 한층 사납게 들린다. 그제야 주인이 품 안에서 조심스레 삽살개 한 마리를 끄집어낸다. 크기는 토끼만 한데, 털은 눈처럼 하얗고 길이가 한 치나 되며, 등은 담청색이다. 눈은 노랗고 입 언저리는 불그스름하다. 노파도 옷자락을 헤치고 강아지 한 마리를 꺼내어 보인다. 털빛은 주인의 것과 똑같다. 노파가 웃으면서 말한다.

"괴이히 여기지 마세요. 영감이랑 둘이서 하는 일 없이 집안에 틀어박혀 있으려니 정말이지 긴긴 해를 보내기가 지루해 요것들이라도 안고 놀다가 도리어 우리가 남들의 웃음거리가 되기 일쑤지요."

"댁엔 자손이 없으신가요?"

"아들 셋이랑 손주 하나를 두었는데, 맏아들은 올해 서른하나로

청나라 아이와 할아버지

지금 성경장군盛京將軍을 모시는 장경章京으로 있습지요. 그리고 둘째 놈은 열아홉 살, 막내는 열여섯 살인데 둘 다 서당에 가서 글을 읽는 답니다. 아홉 살 된 손주놈은 저 너머 버드나무에서 매미를 잡는다고 나가면 해가 지도록 얼굴 한 번 보기 힘듭지요."

잠시 뒤, 한 꼬마가 손에 웬 나팔을 쥐고 숨을 헐떡이며 뒤뜰로 뛰어 든다. 다짜고짜 노인의 목을 끌어안고는 나팔을 사 달라고 조른다. 노인은 얼굴 가득히 사랑스러운 빛을 띠면서, "이런 걸 어디다 쓰려구" 하며 타이른다.

꼬마는 아름다운 눈매를 지녔고, 살구빛 무늬를 수놓은 비단 저고리를 입었다. 갖은 재롱과 어리광을 다 떨면서 이리저리 뛰어다닌다. 노인이 손님들께 인사 드리라고 시킨다. 그때, 군뢰가 눈을 부라리며 후당으로 쫓아 들어오더니 나팔을 빼앗고는 큰소리 친다. 노인이 급히 일어나 사과한다.

"아이구, 이거 미안합니다. 그놈이 놀잇감인 줄 알았나 봅니다. 다

행히 망가진 덴 없습니다."

"찾았으면 그만이지. 이렇듯 소란을 떨어 사람을 민망하게 한단 말이냐!"

나는 군뢰를 나무란 후, 노인에게 물었다.

"근데, 이 개는 어디 출신입니까?"

"운남雲南서 나는 거랍니다. 촉蜀의 사천四川 지방에도 이런 강아지가 있긴 하지요. 이 개는 옥토아玉兎兒, 저 개는 설사자雪獅子라 부릅지요. 둘 다 운남산입니다."

주인이 옥토아를 불러 "인사하렴" 하니, 그놈이 오똑 서서 앞발을 나란히 추켜들고 절하는 시늉을 한 뒤, 다시 머리가 땅에 닿도록 조아린다.

이때 장복이가 와서 식사를 하라고 한다. 내가 몸을 일으키니, 노인이 "영감, 이 미물을 귀여워하시니 삼가 이걸 드리고자 합니다. 방물을 바치고 돌아오는 길에 가져가셔도 좋습니다" 한다. 나는 "고맙긴 합니다만, 어찌 함부로 받으리까" 하고는 급히 돌아서 나왔다.

일행이 벌써부터 출발 신호로 나팔을 불고 떠나려 했으나, 내가 어디로 갔는지 몰라 장복을 시켜 두루 찾아다니게 한 모양이다. 밥은 이미 지은 지 오래되어 굳어버린 데다, 마음이 바빠서 목에 넘어가질 않는다. 장복이와 창대더러 나눠 먹으라 하고는 혼자서 음식점에 들어가 국수 한 그릇, 소주 한 잔, 삶은 달걀 세 개, 참외 한 개를 사 먹었다. 값으로 마흔두 닢을 치르고 나니 사신의 행차가 문 앞을 막 지나간다. 곧 변군과 함께 고삐를 나란히 하여 길을 떠났다. 배가 잔뜩 부른 덕분에 20리 길을 거뜬히 갈 수 있었다. 해는 벌써 사시巳時_오전 9~11시에 가까워 볕이 몹시 뜨겁다.

요양부터 길가에 버드나무를 많이 심어서 그 우거진 그늘 덕분에 더위를 잊을 만하다. 가끔 버드나무 밑에 물이 괴어 웅덩이를 이루곤 했다. 이를 피하여 에돌아 나오면, 햇볕이 찌는 듯하고 흙 기운은 후

•골패 骨牌

골패는 납작한 사각의 작은 나뭇조각 32개에 각각 흰 뼈를 붙이고, 여러 가지 수효의 구멍을 판 노름도구이다. 2명이나 4명이 할 수 있는데, 값이 비싸고 놀이법이 복잡해 투전만큼 널리 보급되지 않았다.

끈 달아올라서 졸지에 숨이 막힌 듯 갑갑해진다. 멀리 버드나무 그늘 밑을 바라보니 수레와 말들이 구름같이 모여 있다. 말을 재촉하여 그곳에 이르러 잠깐 쉬기로 했다. 장사꾼 수백 명이 짐을 내려놓은 채 땀을 식히고 있다. 더러는 버드나무 그루에 걸터앉아 웃통을 벗어 젖힌 채로 부채질을 하기도 하고, 더러는 차를 마시고 술잔을 기울이는가 하면, 더러는 머리를 감거나 깎기도 하고, 더러는 골패•를 하거나 팔씨름을 겨룬다. 짐 속에는 모두 채색된 자기磁器가 들어 있다. 또 껍질을 벗긴 수숫대로 조그맣게 만든 누각 모양의 초롱에는 벌레나 매미가 들었고 그런 것이 여남은 개나 되었다. 항아리에는 붉은색 벌레와 파란 해초가 담겼는데, 물 위에 둥둥 뜬 벌레들이 새우 알처럼 작았다. 이 벌레들은 고기밥으로 쓰인다. 석탄을 가득 실은 수레 30여 채가 늘어서 있다. 술과 차, 떡과 과실 등 음식을 파는 자들이 버드나무 그늘 밑에 좌판을 죽 늘어놓고 앉아 있다. 나는 여섯 푼으로 양매차楊梅茶 반 사발을 사서 목을 축였다. 맛이 달고 신 것이 제호탕醍醐湯_대추살, 오매육, 초과, 백단향 등을 곱게 가루내어 꿀에 버무려 끓였다가 냉수에 타서 먹는 시원한 음료과 비슷하다.

두 여인을 태운 태평차 한 채를 나귀 한 마리가 끌고 간다. 나귀가 물통을 보자 수레를 끈 채 그냥 통으로 달려든다. 어지간히 목이 말랐던 모양이다. 여인 둘 중 하나는 늙고, 하나는 젊었다. 앞을 가렸던 발을 걷어올리고 바람을 쐬고 있다. 둘 다 꾀꼬리 무늬를 수놓은 파란 웃옷에 주황색 치마를 입고, 옥잠화와 패랭이꽃, 석류화로 머리를 야하게 꾸몄다. 아마도 한족 여인인 듯하다.

변군이 술을 마시자기에 한 잔씩 기울인 뒤 곧 떠났다. 몇 리 못 가서 드문드문 보이던 불탑佛塔이 훤히 시야에 들어온다. 심양이 점점 가까워지는가 보다.

"어부가 손을 들어 강성이 바로 저기매요 하니 漁人爲指江城近 / 뱃머리에 솟은 탑이 볼수록 더 높아지네 一塔船頭看漸長" 하는 옛시가 문득

불탑의 모습과 단면도

탑은 본래 불교 고유의 건축양식이다. 부처의
유골과 사리를 매장한 기념물이자 상징이기
때문이다. 왼쪽의 사진은 산서성 불궁사의
목조석가탑이고 , 아래는 그 내부를 그린
그림이다. 이 탑의 높이는 약 67m이며,
유네스코 지정 세계문화유산이다.

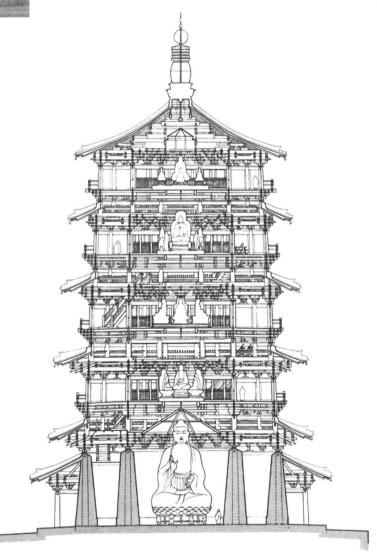

생각난다. 대개 그림을 모르면서 시를 아는 이가 없는 법이다. 그림에는 농담濃淡의 구별이 있으며, 또 원근遠近의 차이가 있다. 이제 이 탑의 모양을 바라보니 더욱 분명하게 알겠다. 옛사람이 시를 지을 때 반드시 그림 그리는 법을 터득했으리라는 것을. 대개 성의 멀고 가까움을 탑의 길고 짧음으로 미루어 짐작할 수 있는 까닭이다.

혼하는 아리강阿利江이다. 혹은 소요수小遼水라고도 부른다. 장백산에서 흐르기 시작하여 사하沙河와 합하고, 성경성盛京城 동남쪽을 굽이쳐 흘러 태자하와 합한다. 또 서쪽으로 비껴서 요하遼河와 합친 뒤, 삼차하三叉河가 되어 바다로 흐른다.

혼하渾河의 풍경
혼하는 원래 요하의 지류였으나 지금은 독립 수계가 되었다.

혼하를 건너 몇 리를 못 가 토성이 있다. 높이는 얼마 되지 않는다. 성 밖에는 소가 수백 마리 있는데, 그 빛깔이 마치 옻칠을 한 듯 까맣다. 또 일백 경이나 되는 큰 못이 있는데, 붉은 연꽃이 한창이다. 그 속에는 수도 없이 많은 거위와 오리 떼가 떠다닌다. 못가에는 한 천 마리쯤 되는 흰 양들이 마침 물을 먹다가 사람을 보고는 모두 머리를 쳐들고 서 있다. 바깥쪽 문으로 들어가니 성 안 풍물의 번화함과 점포의 화려함이 요양의 열 배는 되는 것 같다.

관묘에 들어가 잠깐 쉬었다. 삼사는 모두 관복을 갖추어 입었다. 한 노인이 수화주秀花紬로 지은 홑적삼을 입고 민둥산마냥 벗어진 이마에 뒷머리를 땋아 길게 드리웠다. 내게 깊이 읍하면서 "수고하십니다" 하기에, 나도 손을 들어 답례하였다.

그런데 노인이 내 가죽신을 유심히 바라보는 품이 마치 만든 법을 상세히 알고자 하는 것 같아서 얼른 한 짝을 벗어 보여 주었다. 그때 사당 안에서 갑자기 도사道士 한 명이 뛰쳐나온다. 야견사野繭絲 도포를 걸치고, 등갓을 쓰고, 검은 공단신을 신은 모습이었다.

도사가 갓을 벗고 상투를 어루만지면서, "이 물건이 영감의 것과 똑같지 않습니까?" 묻는다. 노인이 자기 신을 벗고 내 신을 신어 보면서, "이 신은 무슨 가죽으로 만들었습니까?" 한다.

"나귀 가죽으로 만들었지요."

"밑창은 무얼로 만든 겁니까?"

"쇠가죽에 들기름을 먹여서 만든 것입니다. 그래서 흙탕을 디디고 다녀도 젖지 않는답니다."

이 말을 들은 노인과 도사가 한소리로 참 좋다고 한다.

"그렇지만 그 신은 진땅에서야 편하겠지만, 마른 땅에선 발이 부르트지 않을까 싶은데요."

"그건 그렇소이다."

노인이 나를 사당 안에 있는 어떤 곳으로 인도했다. 도사가 손수 두 주발의 차를 따라서 권한다. 노인이 '복령'福寧이라고 자신의 이름을 써 보인다. 그는 만주 사람으로, 현재 성경 병부낭중兵部郞中의 벼슬에 있으며 나이는 예순셋이었다. 피서차 성 밖으로 와서 큰 못에 한창인 연꽃을 한 바퀴 둘러본 뒤에 돌아가는 중이라고 한다. 복령이 물었다.

"선생의 벼슬은 몇 품이고, 연세는 몇이십니까?"

"나의 성명은 아무개요, 중국에는 그저 선비의 몸으로 관광차 왔고, 나이는 정사생丁巳生입니다."

"월일과 생시生時는요?"

"2월 5일 축시丑時_새벽1~3시요."

"그러시군요. 저 윗자리에 계신 분은 지난해에도 오시지 않았습니까? 그때 제가 서울서 막 내려오던 중에 옥전玉田의 한 객사에서 며칠간 묵은 일이 있었습니다. 아마 한림翰林 출신이시죠?"

"한림이 아니라 부마도위駙馬都尉_임금의 사위랍니다. 나하고는 삼종형제 간이지요."

복령이 다시 부사와 서장관에 대해 묻기에 각각 성명과 관품을 알려 주었다. 사행들이 옷을 갈아입고 떠나려 하여, 곧 하직하고 일어섰다. 복령이 앞으로 나와서 나의 손을 잡으며 말했다.

수혜자와 화자
위 사진은 무관이 신던 일종의 장화인 수혜자로, 바닥에 물이 스며들지 않도록 기름을 오랫동안 먹인 가죽이나 종이를 깔아 만든다.
화자(靴子, 아래 사진)는 조선 말기 문무관이 관복을 입을 때 신었던 신발인데 모양은 반장화와 비슷하다. 초기의 수혜자가 말기에 명칭이 변한 것으로 추정된다.

"조심해 가십시오. 늦더위가 워낙 심하니 부디 설익은 열매와 찬 음료수는 들지 마십시오. 우리집은 서문 안 마장거리 남쪽에 있는데, 문 위에는 병부낭중이란 패가 있고, 또 금빛으로 계유문과癸酉文科라 써 붙였으니 찾기는 어렵지 않을 겁니다. 선생께서는 언제쯤 돌아오시게 되는지요?"

"성경에는 9월 중에나 돌아오게 될 것 같소이다."

"만일 그 무렵에 긴급한 공무가 생기지 않는다면 제가 반가이 맞이하겠습니다. 이제 선생의 사주도 알았고 하니, 조용히 운수를 헤아려 두었다가 귀한 행차가 돌아오시길 기다리도록 하지요."

그 어조가 자못 정중하며 작별別을 못내 서운해 하는 눈치다. 코끝이 뾰족하고 사팔뜨기인 데다 행동이 경박하여서 도무지 은근한 맛이라곤 없는 도사에 비해, 복령은 사람됨이 참으로 듬직하고 후더분하였다.

삼사가 차례로 말을 타고 간다. 문관과 무관들이 각기 나뉘어 무리를 지어 성으로 들어갔다. 성 둘레가 10리인데 벽돌로 여덟 문루門樓 바깥 성문 위에 지은 다락집를 쌓았다. 문루는 모두 3층이며 옹성甕城 큰 성 밖에 쌓은 작은 성을 쌓아서 보호했다. 좌우에는 동·서 두 대문이 있는데 네거리가 서로 통하도록 돈대를 쌓고, 그 위에 3층으로 문루를 세웠다. 문루 밑의 십자로는 저절로 트인 길로, 어찌나 번화한지 수레바퀴가 서로 부딪히고 사람들 어깨가 서로 닿을 정도다. 그 모습이 흡사 바다와도 같다. 점방들은 길 하나를 사이에 두고 즐비하게 늘어서 있다. 그림이 그려진 누각에는 아로새긴 들창을 달았고, 붉은 간판에는 푸른 방榜을 써 붙였다. 그 속에 가지각색의 보화가 가득하다. 점방을 보는 이들은 모두 말쑥한 얼굴에 옷과 갓을 차린 맵시가 깔끔하기 이를 데 없다.

심양은 본시 우리나라 땅이다. 혹은, "한나라가 4군을 두었을 때엔 이곳이 낙랑의 군청이었고, 원위元魏·수隋·당唐 때는 고구려에

심양고궁 전경

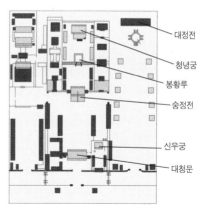

— 대정전
— 청녕궁
— 봉황루
— 숭정전
— 신우궁
— 대청문

심양고궁 평면도

대정전

대정전의 내부 모습

심양고궁

심양은 원래 명나라의 요동지구에 속해 있었다. 누르하치는 이 지역의 광대한 토지를 얻은 후 조양(朝陽)으로 천도했다가 1625년 심양으로 천도했다. 이후 심양은 1644년 순치제가 북경으로 옮기기까지 수도로 기능했으며 '성경'이라 불렸다. 심양고궁은 누르하치와 홍타이지 시대의 궁전으로 1625년 건설하기 시작해 1636년 완성했다. 자금성을 제외하면 중국에 현존하는 최대의 궁전이다.

속했다"고 이르기도 한다. 지금은 성경이라 일컫는다. 봉천 부윤이 백성을 다스리고 봉천 장군 부도통이 팔기八旗를 통할한다. 또한 승덕지현承德知縣이 있는데, 각부를 설치하고 좌이아문佐貳衙門을 두었다. 문 맞은편에 담장이 있고, 문 앞마다 옻칠한 나무를 서로 어긋나게 세워서 난간을 만들었다. 장군부 앞에는 큰 패루 한 채가 서 있다. 길에서 색색의 유리 기와가 보였다.

래원, 계함과 함께 행궁行宮 앞을 지나가다 관인 하나를 만났다. 짧은 채찍을 손에 쥐고 매우 바쁜 걸음으로 지나간다. 관화官話에 능통한 래원의 마두 광록光祿이 관인을 쫓아가서 한쪽 무릎을 꿇고 머리를 조아렸다.

광록이 공손한 태도로 여쭙는다.

"저는 조선의 방자房子_허드렛일을 하는 남자하인이온데, 우리 어르신께서 황제의 궁궐을 구경하기를 마치 하늘을 바라보듯 하신답니다. 어르신께서 이를 승낙해 주실는지요?"

관인이 웃으면서 "그게 뭐 어렵겠소? 날 따라오시오" 한다. 나는 곧 쫓아가서 인사를 하고자 했으나 걸음이 나는 듯 빨라 도저히 따라갈 수가 없다. 막다른 길에 다다르니 붉은 나무로 울타리가 둘러져 있다. 관인이 그 안으로 들어가면서 채찍으로 한 군데를 가리키더니, "여기서 보면 잘 보일 거요" 하고는 몸을 돌려 어디론가 가 버린다.

래원은 "어차피 들어가지 못할 바엔 우두커니 서 있을 게 뭐람, 싱겁게스리. 또 이렇게 한 번 봤으면 됐지 뭐" 하더니, 이내 계함과 함께 술집으로 가 버린다. 하지만 나는 광록과 울타리 안으로 들어가기로 했다. 대청문大淸門이라 일컫는 정문을 마침내 들어섰다.

광록이 "아까 만났던 관인은 필시 수직장경守直章京일 듯싶습니다요. 지난번에 하은군河恩君_이광李珖. 정조 즉위 1년인 1777년 동지 겸 사은 정사로 연경에 다녀왔다을 모시고 왔을 때도 두루 행궁을 구경할 적에 아무도 막는 이가 없었습니다. 그러니 마음 놓고 구경하시지요. 설령 들킨다 하더라도 기껏해야 쫓겨나기밖에 더하겠습니까?" 한다.

"옳거니."

걸어서 곧 큰 전각 앞에 이르렀다. 현판에 숭정전崇政殿이라 써 있고, 또 정대광명전正大光明殿이라는 현판도 붙어 있다. 왼편은 비룡각飛龍閣, 오른편은 상봉각翔鳳閣이라 하였고, 그 뒤에는 봉황루鳳凰樓라 하는 3층 다락이 있다. 좌우에 익문翼門이 있고 문 안에는 갑군 수십 명이 있어서 길을 막는다.

하는 수 없이 문 밖에서 멀리 바라보니, 높은 누각, 복도가 있는 전각, 첩첩이 둘린 회랑들이 모두 오색찬란한 유리 기와로 지붕을 이었다. 겹처마로 된 8각전은 대정전大政殿이라 하였다. 대청문 동쪽에

는 신우궁神祐宮이라는 건물이 있어서 삼청三淸_세 신선의 소상을 모셨는데, 강희 황제康熙皇帝의 어필御筆로 '소격' 昭格, 옹정 황제雍正皇帝의 어필로 '옥허진제' 玉虛眞帝라 써 붙였다.

다시 나와서 래원을 찾아 한 술집에 들렀다. 술집의 깃발에는 금빛 글자로 이런 글이 쓰여 있었다. "하늘엔 술별酒星 하나 반짝이고, 땅에는 술고을酒泉, 여기가 바로 최고라오."

술집은 붉은 난간에, 파란 문, 하얀 벽에 그림 기둥으로 되어 있다. 시렁 위에는 층층이 놋쇠 술통을 나란히 놓고 붉은 종이에 술 이름을 써 붙인 것이 헤아릴 수 없이 많다.

주부 조학동趙學東이 마침 그집에서 사람들과 술을 마시다가 웃으면서 나를 맞아들인다. 방 안에는 50~60개의 멋진 걸상과 20~30개의 탁자가 놓여 있다. 화분도 수십 그루가 있었는데 마침, 저녁 물을 주고 있는 참이었다. 추해당秋海棠과 수국화는 한창 물이 올랐고, 다른 꽃들은 모두 처음 보는 것들이다. 조군이 불수로佛手露_술 이름 석 잔을 내게 권한다. 계함 등은 어디로 갔느냐고 물었으나 모른다고 한다. 먼저 자리에서 일어났다.

길에서 주부 조명회를 만났다. 그는 몹시 반가워하면서 어디 가서 실컷 마시자고 권한다. 나는 몸을 돌려 방금 나온 술집을 가리켰다. 다시 저기서 마시자는 뜻에서다. 그러자 조명회가 "꼭 저 집일 필요는 없습니다. 어딜 가도 저 정도는 되거든요"한다. 하여, 함께 가다가 한 술집에 들었다. 조금 전 그 집보다 웅장하고 화려하기가 훨씬 낫다. 달걀부침 한 쟁반과 사국공史國公 한 병을 시켜서 실컷 먹고 나왔다. 돌아오는 길에 예속재藝粟齋라는 이름의 한 골동품 점포에 들렀다. 수재 다섯 사람이 동업하여 점포를 낸 것인데, 모두 젊고 아리따운 청년들이었다. 우리는 밤에 다시 와서 이야기를 나누기로 약속하였다. 이에 대한 상세한 내용은 「속재필담」粟齋筆談으로 따로 엮었다.

또 한 점포에 들렀는데 이는 먼 곳에서 온 선비들이 이제 막 개업한 비단점이다. 이름은 가상루歌商樓라 한다. 주인장은 모두 여섯인데 의관이 깔끔하고 행동하는 바와 그 생김새가 하나같이 단아하다. 이들과도 역시 밤이 되면 다시 만나기로 약속하였다.

형부刑部_지금의 재판소앞을 지나는데 관아의 문이 활짝 열려 있다. 문 앞에는 나무를 어긋나게 둘러쳐서 사람들이 함부로 드나들지 못하게 하였다. 나야 외국인이고 하니 거리낄 것이 없을뿐더러, 여러 문들 가운데 오직 이 문만 열려 있는 터라 이 참에 관부官府의 제도를 속속들이 봐 둘 작정으로 문 안으로 들어서는데 아무도 막는 이가 없다.

한 관인이 마루 위 걸상에 걸터앉아 있고 그 뒤에는 한 사람이 손

에 붓과 종이를 들고는 공손한 자세로 서 있다. 뜰 아래엔 죄인 하나
가 꿇어앉아 있다. 좌우에는 한 쌍의 사령이 큰 곤장을 짚고 서 있다.
하지만 거행하라는 분부나 호통도 없이, 그저 관인이 죄인을 마주보
고 순순히 말로 따진다. 한참만에야 큰 소리로 "매우 쳐라"고 호통하
니, 사령이 손에 들었던 곤장을 던지고 죄인 앞으로 달려가서 손으로
따귀를 네다섯 번 때리고는 다시 원래 자리로 돌아가서 막대를 들고
섰다. 다스리는 법이 아무리 간단하기로 '따귀형'은 난생 처음 봤다.
　저녁을 먹은 후에 달빛을 따라 가상루에 들러 그곳의 여러 사람들
과 함께 예속재로 갔다. 밤이 이슥하도록 이야기를 나누다 헤어졌다.

맑고 찌는 듯 무더움

심양에서 묵었다. 아침 일찍부터 성 안에 우레 같은 대포 소리가 울린다. 상점들이 아침에 문을 열 때면 으레 종이 딱총을 터뜨린다고 한다.

아침에 급히 일어나 가상루로 갔더니 여러 사람이 또 모여 있다. 이들과 조용히 이야기를 나누다 사관으로 돌아와서 아침밥을 먹고 다시 여러 사람들과 함께 거리 구경에 나섰다.

길에서 서로 팔짱을 끼고 가는 두 사람을 만났다. 생김새가 모두 수려하기에 혹시 글을 하는 이들인가 싶어 앞으로 다가가 읍을 했다. 그러자 둘은 팔짱을 풀고 공손하게 답례를 하더니 이내 약방으로 들어간다. 뒤쫓아 들어갔더니, 빈랑檳榔_한약의 일종. 소화제로 씹기도 한다 두 개를 사서 네 쪽으로 쪼개 나에게 한 쪽을 먹어 보라 권하고 자기네도 씹어 먹는다. 이름과 사는 곳을 글로 써서 물었더니, 그저 멍하니 들여다보는 모습이 아마도 글을 모르는 듯싶다. 그들은 다만, 길게 읍을 하고 가 버린다.

해마다 연경에서 심양의 여러 아문과 팔기의 봉급을 지급하면 심양에서 다시 흥경, 선창, 영고탑 등지로 나누어 보내는데, 그 돈이 125만 냥이라고 한다.

저녁 달빛이 더욱 밝다. 변계함에게 함께 가상루에 가자고 했더니, 눈치도 없이 수역에게 가도 좋으냐고 묻는다. 이에 수역의 눈이 휘둥그레지면서, "성경은 연경이나 다름없는데 함부로 밤에 나다니겠다는 말씀이십니까?" 하는 바람에 변군의 기가 한풀 꺾였다. 수역은 어젯밤에 우리가 한 일에 대해서는 전혀 모르는 모양이다. 만일 수역이 알게 되면 나까지 붙잡힐까 두려워 일부러 알리지 않고 슬그머니 혼자 빠져 나갔다. 장복이더러는 혹시라도 나를 찾거든 뒷간에 갔다고 하라고 일러두었다.

팔기八旗제도
누르하치 때 창설된 팔기제도는 여진의 각 부족을 만주족과 함께 조직하여 각 부족을 통일하고, 중국의 패자들과의 싸움에서 전투력을 발휘하기 위해 만든 행정·군사상의 기본단위이다.
만주족 입궐 전에는 이 팔기제도를 이미 만주족에 투항한 몽고족과 한족에게도 확대하였으며, 입궐 이후에는 청나라의 군사제도가 되었다. 만주족의 자금성 입궐 이전까지 팔기는 사회와 군사제도의 근간을 이루던 조직으로, 각 기는 일정한 토지를 경작했으며, 수공업에 종사할 노예도 지닐 수 있었다.

예속재에서 만난 친구들

(속재필담粟齋筆談)

장소 성경의 예속재

시간 달이 대낮처럼 밝은 1780년 7월 10일~11일 밤과 새벽

등장인물

전사가田仕可 자는 대경代耕 또는 보정輔廷, 호는 포관抱關. 무종無終 출신. 집은 산해관에 있는데 태원太原 사람 양등楊登효과 함께 이곳에 점포를 냈다. 나이는 29세, 키는 일곱 자. 넓은 이마와 갸름한 코에 풍채가 날렵하다. 골동품의 내력을 잘 알고 몹시 다정다감하다.

이귀몽李龜蒙 자는 동야東野, 호는 인자麟齋. 촉蜀의 면죽綿竹 출신. 나이는 39세, 키는 일곱 자. 모난 입과 넓적한 턱에 얼굴은 분을 바른 듯 희다. 글 읽는 소리가 낭랑하여 금석을 울리는 듯하다.

목춘穆春 자는 수환繡寰, 호는 소정韶亭. 촉 출신. 나이는 23세. 눈매가 그린 듯 고우나 글을 모르는 게 흠.

온백고溫伯高 자는 목헌鶩軒. 촉의 성도成都 출신. 나이는 31세인데 역시 까막눈.

오복吳復 자는 천근天根, 호는 일재一齋. 항주杭州 출신. 나이는 40세이고, 학문은 짧지만 성품이 얌전함.

비치費穉 자는 하탑下榻, 호는 포월루抱月樓 혹은 지주芝洲, 혹은 가재稼齋. 대량大梁 출신. 나이는 35세. 아들 여덟을 두었다. 그림을 잘 그리고 조각에도 능하며, 경서에 대해서도 곧잘 이야기한다. 집이 가난한데도 남들을 잘 도와주니, 여러 아들을 위하여 복을 짓기 위해서란다. 목수환·온목헌을 위해 회계를 보아 주려 이제 막 촉에서 돌아왔다.

배관裴寬 자는 갈부褐夫, 노룡현盧龍縣 출신. 나이는 47세, 키는 일곱 자 남짓. 아름다운 수염에 술을 잘하고 글씨가 날아갈 듯하며, 너그러운 품이 장자의 풍도를 지녔다. 스스로 『과정집』遏亭集 두 권을 새기고, 『청매시화』青梅詩話 두 권을 지었다. 또 『임상헌집』臨湘軒集 한 권을 두고 내게 서문을 부탁하기에 써 주었다. 아내 두씨杜氏는 열아홉 나이에 요절했다 한다.

그 외 몇몇은 모두 평범하고 보잘것없어 적을 것이 없을뿐더러, 목소정이나 온목헌처럼 수려한 풍채도 없는 한낱 장사치에 지나지 않았다. 하여, 이틀 밤이나 함께 놀았는데도 이름을 전부 잊었다.

아래 대화는 모두 필담이다.

연암 (목춘을 보며) "외모가 수려하고 참으로 젊으십니다. 어떤 사연이 있기에 이렇게 멀리 고향을 떠나서 지내십니까? 이귀몽과 온공溫公_온백고를 말함과 같은 촉 지방 출신인데, 혹시 한 집안인가요?"

이귀몽 "목춘에겐 아무것도 묻지 마십시오. 얼굴은 관옥같이 잘 생겼지만 머릿속엔 아무것도 든 게 없답니다.

연암 (깜짝 놀라며) "너무 심하게 말하는 거 아니시오?"

이귀몽 "온백고와 목춘은 외사촌 간이지만 저하고는 아무 관계가 없습니다. 우리 세 사람은 병신년丙申年_1776년 2월에 서촉西蜀의 비단을 배에 싣고 촉을 떠나 삼협三峽_사천성과 호북성 경계의 협곡을 거쳐 오중吳中에서 팔아 넘겼지요. 그러고서 장삿길을 쫓아 장성 밖으로 나와 이곳에 점포를 낸 지도 어언 3년째랍니다."

연암 (못내 아쉬워하며 목춘과 필담을 나누려 한다.)

이귀몽(손을 내저으며) "온과 목, 저 두 사람은 입으론 봉황새를 읊조리지만 눈으로는 시豕 자와 해亥 자도 분간하지 못하지요."

연암 "그럴 리가요?"

배관 "허튼 소리가 아닙니다. 귀에는 이유*의 많은 서적을 간직하고 있지만 눈으로는 목불식정입니다. 하늘엔 글 모르는 신선이 없지만 인간 세상엔 말만 잘하는 앵무새가 있거든요."

연암 "그렇다면, 설령 진림에게 격문을 쓰게 한다** 해도 골치병이 시원해지지 않겠소이다그려."

배관 "이게 바로 큰 폐단이랍니다. 한漢_서한西漢을 말함이 육국六國을 세운 뒤에야 이 법이 그릇됨을 알았다 합니다. 이른바 귀로 들어가 입으로 새나오는 학문이란 바로 이걸 두고 하는 말이지요. 지금 향교나 서당에서도 그저 글 읽기에만 힘쓸 뿐, 강의講義는 하지 않는 까닭에 귀로는 똑똑히 들

*이유二酉
호남성(湖南省) 원릉현(沅陵縣)의 서북쪽에 있는 대유산(大酉山)과 소유산(小酉山). 두 산의 동굴에 진나라 사람이 공부하다가 남겨 둔 1천 권의 책이 있다는 전설에서 '장서(藏書)가 많음'을 이르는 말.

**진림陳琳의 격문檄文
원소는 조조를 치기 위하여 자신의 서기(書記) 진림에게 격문을 작성케 한다. 진림은 이 명에 따라 조조의 죄상을 낱낱이 밝히는 격문을 지어 정벌의 대의명분을 밝혔다. 당시 조조는 머리의 풍증으로 침상에 누워 앓고 있다가 부하들이 바친 그 격문을 읽고서는 벌떡 일어났다. 너무나 놀라서 모골이 송연하고 온몸에서 식은땀이 흐르는 바람에 풍증이 나은 것이다.

을 수 있지만 눈으로 보는 건 아득하여, 입으론 제자백가諸子百家가 술술 나오지만 글로 쓰려면 단 한 글자도 막막할 따름이랍니다."

이귀몽 (필담에 끼어들며) "조선은 어떻습니까?"

연암 "조선에서는 책을 펴놓고 읽는 법을 가르치되, 소리와 뜻을 함께 익힙니다."

배관 (연암이 쓴 글자 오른쪽에 동그라미를 치며) "이런 공부법이 진짜입니다."

연암 "비공費公은 언제 촉을 떠나셨습니까?"

비치 "이른 봄에 떠나 왔지요."

연암 "촉에서 여기까지 몇 리나 됩니까?"

비치 "5,000여 리쯤 되지요."

연암 "비공의 여덟 용龍 아들을 가리킴은 모두 한 어머니가 낳으신 건가요?"

비치 (미소만 짓는다.)

배관 (비치 대신 붓을 들어) "아닙니다. 소실 두 분이 좌우에서 도와 드렸지요. 나는 저 이의 여덟 아들은 부럽지 않고 그저 작은 마누라나 하룻밤 빌렸으면 참 좋겠어요."

  (배생의 우스갯말에 모두 한바탕 웃는다.)

연암 (비치에게) "오실 적에는 검각劍閣의 잔도棧道 험한 벼랑 같은 곳에 낸 길를 지나셨습니까?"

비치 "그럼요. 새들만 겨우 건넌다는 조도鳥道 1천 리에는 온종일 원숭이 소리뿐이더군요."

●촉 지방 가는 험난한 길
이백(李白)의 시
「촉도난」(蜀道難) 중
"아! 아! 아찔하게 높고도
험하구나! / 촉으로 가는 길
푸른 하늘 오르기보다
어렵네"라는 구절을 일컫는
것이다.

배관 "정말이지 촉蜀으로 이어지는 길은 뱃길이든 뭍길이든 험난하기가 매한가지랍니다. 하늘에 오르기보다 더 어렵다●는 게 이를 두고 하는 말이지요. 신묘년辛卯年 1771년에 강을 거슬러 촉으로 들어갈 때는 74일 만에야 겨우 백제성白帝城에 이르렀습니다. 배를 타니 때마침 늦은 봄철이라 양쪽 언덕에는 갖가지 꽃이 한창이었지요. 쓸쓸한 다북창 밑 나그네의 외

명황행촉도

당나라 현종이 난을 피해 촉
지방의 험난한 산길을 가는
그림이다. 절벽을 따라가는
아슬아슬한 길의 모습이 잘
묘사되어 있다.

로운 밤은 길기도 한데 소쩍새는 피를 토하고 원숭이는 우짖으며, 학이
울고 매가 솟구치니, 이것은 고요한 강물 위 달 밝은 때의 경치입니다. 그
런가 하면, 낭떠러지 위 큰 바위가 무너져 강으로 떨어지자 돌들이 서로
부딪쳐 번갯불이 번쩍이는 것은 여름 장마 때의 경치입니다. 이 길을 걸
어 황금덩이와 비단이 수없이 생긴다 한들 머리칼이 새고 속이 타는 이
고생을 어찌 참아낼 수 있겠습니까?"

연암 "비록 그토록 고생이 심하다고는 해도 저 육방옹陸放翁_남송 시대의 시인
육유. 중국의 산하와 민중들의 삶을 소재로 많은 시를 지음의 「입촉기」入蜀記를 읽을 때
면 신선이 춤을 추듯 나풀나풀 춤추고 싶어지지 않나요?"

배관 "뭐, 꼭 그렇지는 않습니다."

이날 밤 달빛은 대낮처럼 밝다. 전사가가 술과 음식들을 차리느라고 이

경二更_밤9~11시이 되어서야 겨우 돌아왔다. 호떡 두 소반, 양 곱창 곰국 한 동이, 오리고기 한 소반, 닭찜 세 마리, 삶은 돼지 한 마리, 신선한 과실 두 쟁반, 임안주臨安酒_중국 남쪽 지방의 이름난 술 세 병, 계주주薊州酒_중국 북쪽 지방의 명주 두 병, 잉어 한 마리, 백반 두 냄비, 잡채 두 그릇이니, 돈으로 치면 무려 열두 냥 어치쯤 될 것이다.

전사가 (앞으로 나와 공손히 읍하며) "이 변변찮은 걸 장만한답시고 오늘 밤 선생의 좋은 말씀을 듣지도 못하였습니다."
연암 (의자에서 내려서서 전사가에게 예를 갖추며) "이렇게 수고가 많으시니 그냥 앉아서 받기가 황송합니다."
일동 "귀한 손님이 오셨는데 도리어 부끄럽습니다."

사람들은 일제히 일어나 다른 좌석으로 옮기고는 곧바로 점방 문을 닫았다. 들보 위에 부채 모양의 사초롱紗燈 한 쌍을 달았는데, 이름난 시구詩句, 꽃과 새 등이 그려져 있다. 그리고 네모난 유리등 한 쌍이 대낮처럼 밝게 비친다.

여러 사람들이 저마다 한두 잔씩 권하는데 닭이나 오리는 주둥이와 발을 떼지도 않은 채였고, 양고기국도 몹시 비려 비위에 맞지 않기에 연암은 그냥 떡과 과실만 먹는다.

전사가 (필담한 종이쪽을 두루 열람하면서) "좋구나, 좋아."
(연암을 보며) "아까 저녁 전에 골동품을 구했으면 하시지 않으셨습니까. 어떤 진품眞品을 원하시는지요."
연암 "골동품뿐만이 아니라 문방사우文房四友까지도 사고 싶습니다. 정말로 희귀하고 고아한 거라면 값은 따지지 않을 작정입니다."
전사가 "머지않아 연경에 이르면 유리창*에도 들르실 테니 그런 물건을

얻는 게 그리 어렵지는 않을 겁니다. 다만 진짜와 가짜를 분간하기가 쉽
지 않을 텐데, 선생의 감식력이 어떠신지요?"

연암 "저야 바다 너머 궁벽한 변방에 살고 있는 터라 감식안이 고루하기
짝이 없습니다. 제가 어찌 진짜 가짜를 분간하겠습니까?"

전사가 "이곳은 행도行都_서울은 아니지만 황제의 궁궐이 있는 도시이긴 하나, 중국
에선 구석진 곳에 불과하기 때문에 모든 거래는 오직 몽고나 영고탑, 선
창 등지에 의존할 따름입니다. 변방의 풍습이 워낙 무디다 보니 고상한
취미가 부족한 탓에 갖가지 신비스런 빛깔이나 고아한 그릇이 나오는 일
조차 드물지요. 그러니 하물며 은殷의 그릇과 주周의 솥 같은 것을 어디서
볼 수 있겠습니까. 귀국에서는 골동품을 다루는 식이 이곳과 다르더군요.
예전에 장사하는 이들을 본 적이 있는데, 아무리 차와 약재라고 할지라도
품질은 따지지 않고 그저 값싼 것만 찾더이다. 아니, 그러고서 무슨 진짜
가짜를 논할 수 있겠습니까.

차나 약재뿐 아니라, 모든 기물은 무거우면 실어가기 어렵기 때문에 대개
변문邊門에서 사 가지고 돌아갑니다. 그러므로 연경의 장사치들은 내지內
地에서 쓰지 못할 물건들을 변문으로 미리 넘긴 뒤, 서로 속여서 이익을
취하곤 하지요. 선생께선 구하시는 바가 속되지 않고, 또 우연히 이 타향
에서 잠깐 사이에 벌써 지기知己가 되었으니, 어찌 조금이라도 소홀히 할
수 있겠습니까."

연암 "선생의 말씀은 진정 마음속에서 우러나오는 진심이로군요. 가히 '술로 취하고 덕德으로 배부르다'고 할 만합니다."

전사가 "지나친 칭찬이십니다. 내일 아침에 다시 오셔서 점포에 있는 물건들을 두루 구경해 보시죠."

배관 "내일 아침 일을 미리 이야기해서 뭐 하겠소. 다만 선생을 모시고 이 밤의 즐거움을 다하면 그만 아니겠습니까."

일동 "옳은 말씀이오."

전사가 "옛날 공자께서도 '구이九夷의 땅에 살고 싶다'고 하셨고, 또 '군자가 그곳에 산다면 무슨 비루함이 있겠느냐'고 하셨지요. 선생께서는 멀리 변방에서 오셨지만 풍채와 기세가 훤칠하고, 또 공자와 맹자가 남긴 글에도 두루 통하며, 예법은 주공周公의 도道에 이르렀으니 어엿한 군자이십니다. 다만 한스러운 바는 우리들이 먼 땅, 다른 하늘 밑에 살고 있어서 서로 마음에 품은 바를 다 풀지 못한 채 만나자마자 곧 헤어져야 하는 것입니다. 참, 안타깝기 그지없습니다."

이귀몽 (그 대목에다 그말이 맞다고 수없이 동그라미를 치면서 감탄하며) "은근하고도 애처로운 것이 내 마음과 꼭 같구려."

(술이 다시 두어 순배 돌고 난 후) "귀국의 것과 비교하여 술맛이 어떻습니까?"

연암 "이 임안주는 너무 싱겁고 계주주는 지나치게 향기로운 것이, 둘 다 애초부터 술이 지니고 있는 맑은 향기는 아닌 듯합니다. 우리나라엔 법주法酒가 있습니다."

전사가 "소주燒酒도 있습니까?"

연암 "물론 있지요."

전사가가 몸을 일으켜 벽장에서 비파를 꺼내 두어 곡조를 뜯고, 연암은 사람들을 향해 다시 붓을 들어 필담을 나눈다.

*『논어』「자한」(子罕) 편에 나오는 말. 공자가 구이에서 살고 싶다고 하자, 이 말을 들은 사람이 그곳은 누추해서 살기가 적당하지 않다고 하였다. 이에 대해 공자는 "군자가 그곳에 사는데, 누추한 것이 무슨 문제가 되겠는가?"라고 하였다.

비파琵琶

동양의 현악기인 비파는 서역을 거쳐 중국에 들어온 것으로 보인다. 위 사진처럼 둥글고 긴 타원형 몸체에 짧은 자루가 달렸다. 우리나라에는 2종의 비파가 전해지는데, 5현의 향비파와 4현의 당비파가 그것이다.

연암 "옛날 연나라와 조나라엔 구슬프게 노래 부르는 이가 많다는 말도 있으니, 여러분도 당연히 노래를 잘 하시겠죠. 원컨대, 한 곡조 들려주시 겠습니까."

배관 "이 중엔 잘 부르는 이가 없어요."

이귀몽 "연과 조의 슬픈 노래는 궁벽한 나라의 뜻을 잃은 선비들에게서 나 온 것이지요. 지금이야 사해가 한 집이 되고 성스러운 천자가 위에 계시 니, 사민四民이 업을 즐겨서 어진 이는 밝은 조정의 상서로운 인물이 되고 임금과 신하가 노래를 주고받으며 백성들은 강구康衢의 연월煙月^{••} 속에서 밭 갈고 우물 파며 노래를 부르니 불평이 있을 리 없지요. 그러니 어찌 슬 픈 노래가 있을 수 있겠습니까."

연암 "성스러운 천자가 위에 계시면 그를 섬기는 것이 마땅한데, 여러분으 로 말하자면 모두 걸출한 영재들로 재주와 학문이 뛰어남에도 어찌 세상 에 나가지 않으시고 이렇게 시정 속에 잠겨 지내십니까?"

배관 "그런 자격은 다만 전공田公_이름이 사가仕可, 즉 출사할 만하다는 뜻을 가진 전사 가를 놀린 것께서나 가지실 수 있겠죠."

일동 (웃음)

이귀몽 "그것이야말로 때와 운수가 있는 것이니, 함부로 요구할 수는 없는 노릇입니다." (책꽂이 위에서 『선문』選文 한 권을 뽑아 연암에게 건네며) "읽어 주시길 부탁드립니다."

연암이 「후출사표」後出師表를 조선식 언토諺吐_구두법를 달지 않고 높은 소 리로 읽자 사람들이 둘러앉아 듣다가 무릎을 치며 감탄해 마지않는다.^{•••} 연암이 읽기를 마치자 이귀몽이 유량庾亮의 「사중서감표」辭中書監表를 골라 읽는다. 높았다 낮았다 하는 음절이 분명하여 비록 글자를 일일이 따라갈 수는 없어도 어느 구절을 읽고 있는지는 충분히 알 수 있으며, 목청이 맑 고 청아하여 마치 관현악을 듣는 듯하다.

^{••}**강구연월**康衢煙月
'강구'는 사방으로 두루 통하는 번화한 길거리이고, '연월'은 안개 속에 비치는 은은한 달빛이다. 태평한 세상의 여유롭고 평화로운 풍경에 대한 비유로 쓰인다.

^{•••}조선시대 선비들이 문장을 읽을 때는 일정한 운율을 넣어 서 읽었다. 그렇기 때문에, 한 자의 발음이 비록 중국과 차이 가 나더라도 물 흐르듯 유려하 게 읽어 나가는 소리가 마치 음악 소리처럼 들린 것이다.

달이 지고 밤이 깊었는데도 문 밖에는 인기척이 끊이지 않는다.

연암 (전사가에게) "성경에는 순라巡邏_야경꾼가 없습니까?"

전사가 "웬걸요, 당연히 있습니다."

연암 "그럼, 길에 행인이 끊이지 않는 것은 어찌된 일이죠?"

전사가 "그거야 다들 급한 볼일들이 있는 모양이죠."

연암 "아무리 볼일이 있다고 해도 어떻게 밤중에 나다닐 수 있습니까?"

전사가 "아니 왜요? 초롱불이 없으면야 그렇긴 하지만, 거리마다 파수꾼이 밤낮 구별없이 창가 곤봉으로 지키고 서 있는데 밤이라고 다니지 못할 이유가 있겠습니까."

연암 "이제 밤도 깊었고 슬슬 졸리기도 하니, 초롱을 들고 사관으로 돌아가 볼까요?"

배관 · 전사가 "안 될 말씀이십니다. 그랬다가는 필시 파수꾼에게 검문을 당할 것입니다. 이 깊은 밤중에 어찌 혼자 쏘다니냐고 하며 들렀던 곳을 모조리 밝히라 추궁할 테니, 몹시 성가시게 될 것입니다. 졸리시면 누추하나마 이곳에서 잠시 눈을 붙이심이 어떨까요."

목춘 (곧 일어나서 책상 위의 털방석을 말끔히 털고 연암이 누울 자리를 마련한다.)

연암 "아니, 됐습니다. 갑자기 잠이 싹 달아나는군요. 다만, 괜히 저 때문에 여러분이 하룻밤 잠을 잃으실까 두려울 뿐입니다."

배관 · 전사가 "그럴 리가요? 저희는 조금도 졸립지 않습니다. 이렇게 귀한 손님을 모시고 아름다운 이야기로 하룻밤을 보내는 것은 평생 다시 오기 어려운 좋은 인연입니다. 이렇게 세월을 보낼 수만 있다면 하룻밤이 아니라 석 달이 넘도록 촛불을 켜고 밤을 새운들 무슨 싫증이 나겠습니까."

일동 (흥이 도도하여 너나 할 것 없이) "술을 더 데워라."

"안주를 더 가져오라."

연암 "아이구, 됐습니다. 술은 다시 데우지 않아도 됩니다."

일동 "아닙니다. 찬 술은 폐를 해칠 뿐만 아니라 이빨에 독이 스며들 수도 있습니다."

　일행 중 밤새도록 단정히 앉아 있는 오복의 눈매가 범상치 않아 보이자, 연암이 오복에게 말을 건넨다.

연암 "일재선생一齋先生께선 오중을 떠나신 지 얼마나 되셨는지요."

오복 "11년이나 되었습니다."

연암 "어쩐 일로 고향을 떠나 이렇게도 분주히 다니십니까?"

오복 "장사를 하며 생계를 꾸리고 있습니다."

연암 "가족도 이곳에 함께 와 계십니까?"

오복 "제 나이 벌써 마흔입니다마는, 아직 장가를 못 들었습니다."

연암 "오서림吳西林선생의 휘諱는 영방穎芳이고, 항주杭州의 이름 높은 선비이신데 혹시 노형의 일가가 아닙니까?"

오복 (고개를 저으며) "아닙니다."

연암 "그럼, 해원解元 육비陸飛와 철교鐵橋 엄성嚴誠, 향조香祖 반정균潘庭筠은 모두 서호西湖의 이름 높은 선비들인데 노형께서는 혹시 이들을 잘 아시는지요?"

오복 "서로 이름을 통한 적도 없는 분들인걸요. 제가 고향을 떠난 지 워낙 오래된 탓도 있고요. 다만, 육비가 그린 모란은 본 기억이 있습니다. 그는 호주湖州 사람이지요."

　닭 우는 소리에 이어 이웃들이 움직이는 소리. 연암은 의자 위에 앉아 꾸벅꾸벅 코까지 골며 졸고 있다. 이윽고 동이 터오자 깜짝 놀라 잠을 깼는데, 다른 사람들은 걸상에 기댄 채 혹은 서로를 베고 잠들어 있다. 이에

연암은 혼자 술 두어 잔을 마신 뒤 배관을 흔들어 깨워 이만 들어가겠다
고 말한다.

　사관으로 돌아오자, 이미 해가 돋았다. 장복은 깊은 잠에 빠졌고 일행
들은 아무도 일어나지 않았다.

연암 (장복을 발로 차 깨우며) "누구, 날 찾는 이가 없더냐?"
장복 "아무도 없었는데요."
연암 "세숫물 좀 빨리 가져오너라."

　연암은 서둘러 세수를 한 뒤 망건을 쓰고 바삐 상방으로 간다. 바야흐
로 여러 비장과 역관들이 아침 문안을 아뢰는 중이다.

연암 (속으로) '아무도 간밤 일을 눈치채지 못한 모양이군. 다행이군, 다

행이야.' (장복을 보며 낮고 단호한 목소리로) "간밤의 일은 절대 입 밖에
내선 아니 된다."

연암은 아침 죽을 간단히 뜨고 곧바로 예속재로 향한다. 모두들 돌아가
고, 전사가와 이귀몽만이 골동품을 벌여 놓고 있다.

전사가 (연암을 보고 깜짝 놀라 반기며) "선생께서는 밤새 고단하지 않으
셨습니까?"
연암 "아니, 괜찮습니다. 밤이건 낮이건 게으름을 피질 않습니다."
전사가 "그럼, 차나 한 잔 드시죠."

잠시 후 미소년 하나가 들어와 찻잔을 받들어 연암에게 권한다.

연암 "성명이 어찌 되시는지?"
미소년 "저는 부우재傳友榟라고 합니다. 집은 산해관에 있고 나이는 올해 열
아홉입니다."

골동품들을 다 늘어놓은 전사가는 연암에게 감상할 것을 청한다. 호 ·
고 · 정 · 이*등 모두 열한 가지인데, 큰 것, 작은 것, 둥근 것, 모난 것이
제각기 다르고, 새김질과 빛깔이 고아하기 이를 데 없다. 관지款識_골동품에
새긴 글자를 살펴보니 모두 주周 · 한漢 시대의 물건이다.

*호壺, 고觚, 정鼎, 이彝
호, 고, 정, 이는 그릇의
모양에 따라 골동을 분류한
이름이다. 호는 가운데가
호리병처럼 불룩하거나
뚜껑이 닫혀 있고, 고는 입
부분은 넓고 몸체는 가늘고
긴 그릇이며, 정은 다리가 세
개이거나 네 개인 솥을
말하고, 이는 물이나 술을
담던 그릇을 말한다.

호   고   정   이

전사가 "글자는 고증할 필요가 없습니다. 이것들은 모두 최근에 금릉金陵이나 하남河南 등지에서 새로 꽃 무늬를 새겨 넣은 것입니다. 관지야 옛 방식을 본떴지만 그 모양이 질박하지 못하고, 빛깔이 영 깔끔하지 못합니다. 만일 이것들을 진짜 골동품들 사이에 놓는다면 그 비루함이 단번에 드러날 것입니다. 제가 비록 몸은 시장터에 있더라도 마음만은 늘 배움터에 있었는데, 그러던 차에 이렇게 선생을 뵈오니, 마치 백 명의 벗을 얻은 듯합니다. 어찌 눈곱만큼이라도 선생을 속여서 일평생 마음을 무겁게 하겠습니까."

연암은 여러 그릇 중에서 창 같은 귀가 달리고 석류 모양으로 발을 단 화로 하나를 자세히 뜯어 본다. 납다색臘茶色_녹차의 일종인 작설차 색 빛깔에 제법 정미하게 만들었다. 화로 밑을 들쳐 보니 대명선덕년제大明宣德年製_선덕은 명나라 선종의 연호라고 양각으로 새겨져 있다.

연암 "이건 제법 훌륭해 보이는데요."
전사가 "솔직히 말씀드리면 이것은 선로宣爐_선종시대의 화로가 아닙니다. 선로

도자기 만드는 과정
다음은 건륭 연간에 그려진 그림으로, 도자기를 만드는 과정을 총 24개의 장면으로 그린 것 중 4컷이다.

그릇에 유약을 바르기 전 그림을 그려 넣고 있는 모습. 유약은 도자기에 액체나 기체가 스며들지 못하게 덧바르는 약으로 겉면에 광택이 나게 한다.

그릇에 유약을 바르고 말리는 모습.

는 납다색 수은水銀으로 잘 문질러서 속속들이 스미게 한 뒤 다시 금가루를 덧이겨 칠하는 것입니다. 바로 그렇기 때문에 불을 오래 담으면 저절로 붉은빛이 드러나는 법인데, 이것을 어찌 민간에서 함부로 흉내낼 수 있겠습니까."

연암 "골동품에 청록색 주반硃斑_주사의 얼룩이 생기려면 흙 속에 오랫동안 파묻혀 있어야 한다고 해서 무덤 속에 묻혔던 것이 제일 좋다고들 하지 않습니까. 그런데 만일 이 그릇들이 갓 구운 거라면 어찌 이런 빛깔을 낼 수 있단 말입니까?"

전사가 "이거 하나는 반드시 알아 두셔야 합니다. 대개 골동품은 흙에 묻혔던 것들은 청색靑色이 나고, 물속에 잠겼던 것들은 녹색綠色이 나는 법입니다. 그리고 무덤 속에 있던 그릇들은 흔히 수은빛을 내지요. 그 이유가 시체 기운이 스며들어서 그렇다고 하는 사람들도 있지만, 그건 아닙니다. 아득한 옛날에는 수은으로 염殮을 했기 때문에, 제왕의 능묘에서 나오는 그릇은 이따금씩 수은빛이 나기도 했습니다. 오래된 것일수록 깊이 스며드는 법이라 갓 구운 것인지, 오래된 것인지, 또는 진짜인지, 가짜인지를 가리기 쉬웠지요. 골동품은 살이 두껍고 질이 좋을 뿐만 아니라, 본체에

공장으로 그릇들을 옮기는 모습.

수출하기 위해 포장하고 있는 모습. 17~18세기에는 유럽 시장에 수출하기 위해 수출용 자기만을 따로 생산하기도 했다.

명·청대 도자기들
위의 병과 잔은 18세기 청나라
때 것이고, 아래는 16세기
초중반 무렵 명나라 때의
도자기다.

서 나는 빛이 그야말로 천연의 윤기가 흐릅니다. 수은빛 역시 그릇 전체에 고루 퍼지는 게 아니라 반쪽 혹은 귀퉁이만, 혹은 아랫부분만, 때로 얼룩덜룩 번진 것도 있습니다. 청록색 얼룩 역시 마찬가지여서 전체가 아니라 반만 짙게 들거나 옅게 들기도 하고, 맑기도, 흐리기도 합니다. 그러나 흐리다고 더러울 정도는 아니어서 머리카락 같은 무늬가 투명하게 비치고, 맑다고 메마른 건 아니어서 투명하기가 마치 물이 오른 듯합니다.

가끔 주반이 깊게 스며든 것이 있는데, 그 중에도 갈색이 가장 귀한 것이랍니다. 흙 속에 오래 들어 있으면 청색, 녹색, 비취색, 붉은색의 점들이 알록달록 하여, 그 모습이 버섯 무늬 같기도 하고 구름 속 햇무리 같기도 하고, 혹은 함박눈의 눈꽃송이 같기도 하지요. 그리고 이렇게 되려면 흙 속에 천 년쯤 묻혀 있지 않고선 불가능한 법이라, 이걸 최고의 상품上品으로 치는 것입니다. 옛 명나라 선종宣宗이 갈색을 무척 좋아해서 선로에는 갈색이 많았습니다. 근년에 섬서陝西에서 갓 구운 것도 선로를 본뜨려 하였으나 선로에는 꽃 무늬가 아예 없다는 것도 모르고 일부러 꽃 무늬를 새겨 넣었으니, 이것들은 모두 최근에 위조된 것입니다. 그들이 빛깔을 이토록 잘 위조할 수 있는 덴 다 방법이 있습니다. 먼저, 그릇을 구운 뒤에 칼로 무늬를 새기고 관지를 파서 넣은 다음 땅 속에 구덩이를 팝니다. 그 다음, 소금물 두어 동이를 들이붓고 마르기를 기다려 그릇을 그 속에 묻어 두었다가 몇 해 만에 꺼내 보면 자못 오래된 의취가 있어 보입니다. 허나, 이건 가장 하품下品에 속하는 서투른 솜씨일 뿐이죠. 이보다 더 교묘한 방법이 또 있습니다. 붕사鵬砂·한수석寒水石·망사䃃砂·담반膽礬·금사반金砂礬으로 만든 가루를 소금물에 풀어서, 붓으로 골고루 그릇에 먹인 후에 잘 말립니다. 그걸 씻고 또 씻은 후 다시 붓질을 하지요. 이러기를 하루에 서너 번 더 하고 나서 깊게 판 땅 속에 숯불을 피워 구덩이를 화로처럼 달구고 진한 초醋를 뿌

립니다. 그러면 구덩이가 펄펄 끓으면서 곧 말라 버립니다. 그런 다음, 그릇을 그 속에 넣고 초 찌꺼기로 두껍게 덮은 뒤, 흙을 골고루 다져 조금의 빈틈도 없게 합니다. 4~5일 지난 뒤에 꺼내 보면 여러 빛깔의 고풍스런 얼룩들이 새겨져 있지요. 다시 댓잎을 태워 그 연기를 풍겨 푸른빛을 더 짙게 만들고, 납으로 문지릅니다. 만약 수은빛을 낼 작정이면 바늘로 가루를 만들어 문지르고 그 위에 백랍白蠟으로 닦습니다. 그러면 제법 그럴듯한 색이 나지요. 그러고도 더러는 일부러 한쪽 귀를 떼기도 하고, 더러는 몸에 흠집을 내기도 해서 상商·주周·진秦·한漢 시대의 유물이라고 속이는데, 이는 더욱 가증스런 짓입니다. 나중에 연경의 유리창에 가시면 모두 먼 곳에서 온 장사치들일 테니 물건을 사실 적에 진짜와 가짜를 분간하지 못해 우물쭈물하다가 웃음거리가 되는 일이 없도록 부디 조심하십시오."

연암 "감사합니다. 이렇게까지 진심을 다해 일러주시다니요. 저는 내일 아침 일찍 연경으로 떠나야 하니 괜찮으시다면, 선생께서 문방·서화·정이鼎彝 등에 대하여 고금의 같고 다름과 명호名號의 진짜와 가짜를 적어서 어두운 길에 길잡이가 되도록 해주시지 않겠습니까."

전사가 "선생께서 필요하시다면야 그건 어렵지 않습니다. 곧 『서청고감』과 『박고도』*에다가 제 소견을 덧붙여 깨끗이 정리하여 드리겠습니다."

연암은 달이 돋으면 다시 오기로 약속하고 사관으로 돌아왔다. 잠깐 상방에 들러 서둘러 조반을 치르고 다시 나온다.

정진사 (계함, 래원과 함께 구경을 나서면서 연암에게) "무슨 재미로 혼자 구경을 다니시오."

*『서청고감』西淸古鑑
중국 청나라 때에 양시정(梁詩正) 등이 황제의 명에 따라 편찬한 책 이름. 청조 내부(內府) 소장의 고동기류(古銅器類)를 그림으로 설명하고, 명문(銘文)에 해설을 붙였다.

『박고도』博古圖
중국 송대(宋代)의 왕보가 편찬한 고기도록(古器圖錄). 선화전의 이름을 붙여서 『선화박고도록』(宣和博古圖錄)이라고도 한다. 송나라 8대 황제 휘종(徽宗)이 대관(大觀) 초기부터 수집하여 선화전(宣和殿) 후원에 수장시켰던 고기 1만 점 중 839점을 선택하여 대략 20종으로 나누어서 그림으로 제시하고 그에 대한 대소(大小)와 명문(銘文)을 기록하고 해석해 놓은 것이다.

래원 "실제론 볼 만한 게 별로 없을걸요. 옛날 광주廣州골 생원이 서울에 처음 와서 이리저리 두리번거리며 인사 한마디도 제대로 못해 서울 사람들의 웃음거리가 되었다더니 우리들이 꼭 그 꼴이군요. 게다가 난 두번째라 아무런 재미도 못 느끼겠어요."

연암 "……"

성경의 길가. 연암, 비치를 만나다.

비치 (연암을 끌고 가게로 들어가며) "오늘밤 가상루에서 선생을 모시고 모이려 합니다."

연암 "저는 이미 오늘밤에 전사가와 예속재에서 만나기로 약속을 했습니다. 어제 만났던 분들도 다 오시기로 했고요. 안타깝지만 가상루에는 못 갈 것 같습니다."

비치 "하하. 걱정 마십시오. 아까 전공과도 이야기를 끝냈습니다. 이제 선생이 외국의 손님으로 녹명*을 노래하며 연경으로 가시는 길이니 선생을 위해 백구**의 옛시를 읊는 심정은 누구나 다 같을 것입니다. 배공이 이미 온공과 함께 술과 안주를 장만하였으니 꼭 약속을 지키셔야 합니다."

* 녹명鹿鳴

『시경』「소아」(小雅)의 맨 처음에 나오는 작품으로, 임금이 여러 신하와 빈객들을 위하여 잔치를 베풀어 충성을 다하게 하는 노래다. 세 연 가운데 두번째 연을 소개하면 다음과 같다. "유유하고 우는 사슴, 들의 제비쑥을 먹는구나. 내 아름다운 손님이 있어 그 덕스러운 음성으로 백성들에게 경박하게 굴지 말라고 하시니, 군자가 이것을 본받도다. 나에게는 맛좋은 술이 있어서 아름다운 손님께서는 잔치에 참여하여 즐기시는구나."

** 백구白駒

『시경』「소아」에 나오는 작품. 어진 선비와 이별해야 하는 자가 선비의 망아지를 핑계로 선비가 떠나는 것을 지연시키고자 하는 간절한 의도가 담긴 노래다. 그 일부를 소개하면 다음과 같다. "희디 흰 망아지가 내 마당의 싹을 뜯어 먹는다 하여 발을 동여매고 고삐를 매어 두어 오늘 아침 동안만이라도 더 있게 하여 그 분께서 여기에 좀더 머무르게 하고 싶네."

연암 "지난밤에 너무나도 과분한 대접을 받은 터라, 오늘밤까지 폐를 끼치고 싶진 않은데요."

비치 "저 산에 좋은 재목이 있다면 목수가 자로 잴 것이요, 멀리서 훨훨 나는 백로가 찾아왔다면 서로 싫지 않을 것입니다.*** 애초부터 예정된 약속이 있어서 열두 행와****를 지은 게 아니요, 하물며 사해가 모두 형제인데 무슨 폐가 된단 말입니까?"

이때 거리를 서성이다 연암을 보고 정진사와 계함, 래원 일행이 가게로 들어온다. 연암은 급히 필담하던 종이를 감추고 비치에게 고개를 끄덕여 응낙하는 신호를 보낸다. 비치 역시 빙그레 웃으며 턱을 끄덕인다. 가게에 들어온 계함이 종이를 찾으며 비치와 필담을 나누려 한다.

연암 (일어나며) "아닐세. 더불어 말을 나눌 만한 사람이 못 되네."

따라서 일어나는 계함. 연암 일행이 문을 나서자, 비치는 문까지 나와 연암의 손을 넌지시 잡아 뜻을 전한다. 연암은 가만히 고개를 끄덕이며 문을 나선다.

***백로가 멀리서 찾아왔다면 서로 싫지 않을 것이다

『시경』에 나오는 「진로」(振鷺)라는 시를 염두에 둔 말. 「진로」는 왕실의 후손이 천자의 제사를 돕기 위해 멀리서 찾아오는 모습을 훨훨 나는 백로의 모습에 비유하여 그린 시다. 본문에서 백로는 먼길을 찾아온 연암을 가리킨다.

****행와 行窩

송나라 소옹(邵雍)의 취향에 맞게 꾸민 집을 가리킨다. 「소옹전」(邵雍傳)에 따르면 당시 호사가(好事家)들은 소옹이 살던 집과 똑같은 집을 따로 만들어 두고는 소옹이 한 번 들러 줄 것을 기다렸다는데, 이런 집을 일러 '행와'라고 했다.

"우리들은 모두 벗을 사귀는 일에 지극한 정성을 다한답니다.
옛 글에도 세 사람이 길을 가면 그 중에 반드시 나의 스승 될 이가
있다 하였고, 또 두 사람의 마음이 합하면 굳은 쇠라도 끊을 수
있다 하였으니, 천하의 지극한 즐거움 가운데 이보다 더 나은 것이
있겠습니까. 사람의 한평생에 벗이 없다면 아무런 재미도 없을
것입니다. 저 입고 먹는 것밖에 모르는 사람들은 모두 친구 사귀는
재미를 모른답니다. 세상에는 생김새가 밉살스럽고 말씨가 썰렁한
자가 얼마나 많습니까. 그들은 옷가지며 밥사발에만 눈을 줄 뿐
벗을 사귀는 즐거움이라곤 눈곱만큼도 알지 못합니다."

ⓒ이길천

가상루에서의 아름다운 만남
(상루필담商樓筆談)

저녁이 되었는데도 여전히 찌는 듯 무덥다. 하늘가엔 붉은 햇무리가 사방에 자욱하다. 연암은 서둘러 밥을 먹고 상방에 간다.

연암 (잠깐 앉았다 곧 일어나며 혼잣말인 듯) "어이, 덥고 피곤해서 일찍 잠이나 자야겠다." (뜰로 내려서서 서성이며 빠져나갈 틈을 엿본다.)

마침 래원과 주주부·노참봉 등이 밥을 먹은 뒤 뜰을 거닐면서 배를 문지르며 트림을 하고 있다. 때마침 달빛이 차츰 퍼져 나가면서 사방이 고요해졌다. 주주부는 달그림자를 좇아 이리저리 거닐면서 부사가 요양서 지은 칠언율시七言律詩를 외고, 또 자기가 차운次韻한 것을 읊고 있다.

연암 (바쁜 걸음으로 걸으며 노참봉에게) "형님께서 무척이나 심심해 하시더군."
노참봉 "하긴, 꽤 적적하실 겁니다." (말을 마치고서 곧 안으로 들어간다.)
주주부 (근심스러운 얼굴로) "병환이나 나지 않으실까 걱정입니다."

말을 마친 주주부도 안으로 들어가고 래원도 따라 들어간다. 연암은 재빨리 문을 나선다.

연암 (장복에게) "어제처럼 잘 꾸며 대고 있거라."
계함 (밖에서 들어오다 연암을 보고) "어딜 가시오?"
연암 "달빛을 좇아 어디 좋은 데 가서 밤새 이야기나 나눕시다."

계함 "대체 어딜요?"
연암 "그야 어디든지."

발을 멈추고 망설이는 계함. 이때 수역이 들어온다.

계함 (수역에게) "달빛이 좋으니 좀 거닐다 와도 되겠소?"
수역 (깜짝 놀라며) "아니 될 말씀이오. 성경은 황성이나 다름없는 곳인데 이 밤에 대체 어딜 가시려는 겁니까."
계함 (멋쩍게 웃으며) "그렇지요."
연암 (빈말로 못 이기는 체하며) "그렇군."

연암은 수역과 계함이 들어가는 것을 보며 따라 들어가는 체하다가 뒤로 슬쩍 빠져 밖으로 나간다.
(장면전환)
한길에 선 연암, 가슴이 후련하여 "휴" 하고 한숨을 내쉰다. 더위도 좀 물러가고 땅에는 달빛이 가득하다. 연암이 예속재에 이르니 가게 문은 닫혔고 전사가는 외출 중이며 이귀몽 혼자 남아 있다.

이귀몽 "잠깐 앉아서 차나 드시지요. 전사가는 이제 곧 돌아올 겁니다."
연암 "가상루에서들 몹시 기다릴 텐데요."
이귀몽 "가상루의 아름다운 약속은 저도 잘 알고 있습니다. 제가 선생을 모시고 갈 겁니다."

이때 전사가가 손에 붉은 양각등을 들고 들어와서 빨리 가자고 재촉한다. 연암은 이귀몽과 함께 담뱃대를 입에 문 채 문을 나선다. 한길은 하늘처럼 넓고 달빛은 물결처럼 흘러내린다.

◦양각등羊角燈
양의 뿔을 고아서 만든
투명하고 얇은 껍질을 씌운
등을 양각등이라고 한다. 위
쪽 그림은 양각등의 일반적인
모습이고, 아래 그림은
자금성 곤령전 안에 있는
양각등의 모습이다.

연암 (전사가가 손에 들었던 등을 문 위에 거는 것을 보며) "등을 들지 않
아도 괜찮을까요?"
이귀몽 "아직 밤이 그렇게 깊지는 않으니까요."

함께 천천히 네거리를 걷는 세 사람. 양쪽 상점들은 벌써 문을 닫고,
문 밖엔 모두 양각등◦을 걸었는데, 더러는 푸르고 더러는 붉다. 가상루의
난간 밑에 죽 늘어서 있던 사람들이 연암을 보고는 몹시 반기며 상점 안
으로 맞아들인다. 배관·갈부·이귀몽·동야·비치·하탑·전사가·포
관·온백고·목재·목춘·수환·오복·천근 등이 모두 모였다.

배관 "선생은 진정 믿을 만한 선비입니다그려."

마루 가운데에 부채처럼 생긴 사초롱 한 쌍이 걸려 있고 탁상에는 촛불
두 자루가 켜 있다. 생선, 고기, 채소, 과일 등이 이미 차려져 있는데, 북쪽
벽 밑에도 따로 한 상이 차려져 있다.

일동 (이구동성으로) "좀 드시지요."

연암 "저녁밥이 아직 덜 내려갔습니다."

비치 (손수 차를 따르며 연암에게 권한다.)

연암 (따라주는 차를 받으며 주변을 둘러보다가 처음 보는 사람이 눈에 띄자, 사람들에게 그의 이름을 묻는다.) "처음 뵙는 분 같은데 성함이 어찌 되시는지…….

비치 "저 사람은 마영馬鎣이고, 자는 요여耀如입니다. 산해관 출신인데 이곳에는 장사를 하러 왔습니다. 나이는 스물세 살이고 글도 대략 알지요."

연암 (전사가에게) "부탁드린 골동품 목록을 작성하셨는지요?"

전사가 "점심 때 약간 바쁜 일이 생겨서 아직 반도 베끼지 못한 채로 접어 두었습니다. 내일 아침 떠나시는 길에 점포 앞에서 행차를 잠시 멈추시면, 제가 손수 아랫사람을 통해 전해 드리겠습니다. 이번엔 결코 약속을 어기지 않겠습니다."

연암 (진심으로 고마워 하며) "그토록 마음을 쓰게 해드려서 정말 죄송합니다."

전사가 "이 정도야 친구 사이라면 당연한 일이지요. 진작 못해 드려 부끄러울 따름입니다."

연암 "여러분은 천산千山을 구경하신 적이 있습니까."

전사가 "여기서 백여 리나 되니, 아무도 가본 적이 없답니다."

연암 "혹시 병부낭중兵部郎中 복령福寧이란 이를 아시는지요."

전사가 "잘 모르겠습니다. 우리 친구들도 아마 다들 저와 마찬가지일 겁니다. 그는 벼슬하는 양반이고, 우리는 장사치인데 어찌 서로 만날 수나 있겠습니까?"

이귀몽 "선생은 이번 길에 황제를 직접 배알하시는지요?"

연암 "사신이라면 가까이서 뵐 수도 있겠지만, 저는 그저 수행원일 뿐이라 그 반열에 끼지는 못할 것 같습니다."

이귀몽 "지난해에 어가御駕가 능릉에 거둥擧動_임금의 나들이하셨을 때 귀국의 사신들은 모두 천자의 존안을 가까이서 뵈옵더군요. 우리는 그네들이 몹시 부러웠지 뭡니까."

연암 "여러분은 어찌하여 황제를 우러러 뵙지 못하는지요?"

배관 "어찌 감히 그런 당돌한 짓을 할 수 있겠습니까. 저희는 그저 문을 닫아 건 채 잠자코 있을 뿐이죠."

연암 "황상께서 거둥하실 때면 어른이고 아이고 들판에 모여들어 서로들 그 행차를 보려고 할 것 아닙니까."

배관 "아니, 어찌 감히 그럴 수 있겠습니까?"

연암 "지금 조정 대신들 중에 누가 가장 인망이 두텁습니까?"

이귀몽 "그들의 이름은 모두 『만한진신영안』滿漢搢紳榮案_만인과 한인을 함께 실어 놓은 일종의 잠영록에 실려 있으니, 한번 주욱 훑어보시면 쉽게 아실 수 있을 겁니다."

연암 "영안榮案을 본다 한들 그들의 행적까지 알 수야 있겠습니까."

이귀몽 "우리들이야 초야에 묻힌 몸이라 누가 주공周公이고 소공召公인지*, 또 누가 꿈을 통해 입신했는지, 또는 점을 쳐서 등용되었는지 알 길이 없지요."**

연암 "심양성 안에 경술經術과 문장에 능한 이는 몇이나 되요?"

배관 "제가 워낙 보잘것이 없어 들은 바가 없습니다."

전사가 "심양 서원書院에 서너댓 명의 거인***이 있는데 마침 과거 보러 연경에 가고 없답니다."

연암 "여기서 연경까지 1,500리인데, 그 사이에 이름난 사람과 덕망 높은 선비들이 당연히 많겠죠. 원컨대, 그들의 성명을 가르쳐 주시면 한 번 찾아뵐까 합니다."

전사가 "산해관 밖은 아직도 변방이라 땅이 거칠고 사람들의 기질이 사나워서 길가엔 모두 우리 같은 장사치들뿐입니다. 이름을 거론할 만한 이도 없을뿐더러 사람을 천거하기란 더더욱 어려운 노릇이지요. 기껏해야 제가 아는 사람을 들먹이거나 제가 좋아하는 사람에게 아첨하는 정도를 면치 못할 것입니다. 그랬다가 선생의 높으신 안목으로 마음에 들지 않으시면 저로서는 부질없는 말을 한 꼴이 되고, 선생께는 실망만 안겨 드릴 뿐이지요. 이제 좋은 바람이 불어와 덕망 높은 선생을 우러러 뵙고 촛불을 밝혀 마음껏 토론하니, 어찌 꿈엔들 생각이나 해본 일이겠습니까. 이는 실로 하늘이 맺어 준 아름다운 만남이라 할 것입니다. 하늘 아래 한 사람의 지기를 얻는다면 여한이 없다 했습니다. 선생께서는 장차 가시는 길에 자연히 좋은 벗을 만나게 될 터인데, 남들의 소개 따위가 무슨 필요가 있겠습니까."

(술잔이 오고간다.)

비치 (먹을 갈고 종이를 펼치며) "목춘이 선생의 필적을 얻어 간직하고 싶다고 합니다."

●●
누가 꿈을 통해 입신했는지 상나라 무정(고종) 때 현명한 신하로 이름이 높았던 부열(傳說)은 원래 죄수였으나 무정에게 발견되어 중용되었다. 『사기』「은본기」는 다음과 같이 기록하고 있다. "무정이 즉위하여 다시 나라를 일으키려고 생각했지만 보좌해 줄 만한 사람을 찾지 못했다. 어느날 꿈속에서 성인을 보았는데 이름이 열(說)이라고 했다. 꿈에서 본 인상을 가지고 군신, 백관들을 두루 관찰해 보았지만 모두 아니었다. 그래서 비슷한 얼굴을 그려서 민가에서 찾게 했더니 부험(傳險) 가운데서 열을 찾아냈다. 이때 열은 죄를 짓고 부험에서 축을 쌓는 노역을 하고 있었다. 무정에게 보였더니 무정이 바로 그 사람이라 했다. 대화를 해보니 과연 성인이었다. 그를 재상으로 등용하자 은나라가 잘 다스려졌다. 그래서 부험의 성을 따 이름을 부열이라 하였다."

점을 쳐서 등용되었는지 여상(呂尙)의 고사를 일컫는다. 여상은 동해 바닷가에서 살던 사람이다. 훗날 문왕이 될 서백(西伯)이 사냥을 나가려고 점을 쳤는데, "잡을 것은 용도 이무기도 아니고, 호랑이, 곰도 아니다. 잡을 것은 패왕의 보필이다"라는 점괘를 얻었다. 서백이 사냥을 하던 중 위수(渭水) 북쪽에서 여상을 만났는데, 그와 이야기를 나누고는 크게 기뻐하면서 다음과 같이 말했다. "나의 선군 태공(太公)이 말씀하시기를 '마땅히 한 성인이 주(周)로 올 것이며 주나라는 그를 얻어 크게 흥성할 것이다'라 하셨는데 당신이야말로 그 성인임에 틀림없습니다. 우리는 오랫동안 당신을 기다렸습니다." 그리하여 그를 '태공망'(太公望_문왕의 아버지인 태공이 바라던 인물이라는 뜻)이라 부르고 스승으로 모셨다. 문왕은 여상의 보좌를 받아 덕을 쌓고 훌륭한 인물들을 찾아 나서니 백성들이 기뻐하고 제후들이 그를 따랐으며 명망이 천하에 널리 퍼졌다.

*김양허金養虛

김재행(金在行)을 말한다.
호는 양허당(養虛堂),
김상헌(金尙憲)의 5대손이다.
1765년 홍대용과 함께
홍대용의 삼촌인 홍억의
연경사행에 수행원으로
따라갔다. 그곳에 머물며 이
두 사람은 중국 선비 육비,
엄성, 반정균과 사귀게 되어
다섯이서 의형제를 맺기도
하였다. 이에 대한 내용은
홍대용의 『담헌서』에 자세히
실려 있다.

연암 (반향조潘香祖가 김양허를 보낼 때 준 칠언절구 한 수*를 써 준다.)

이귀몽 "반향조라는 사람은 조선의 이름 높은 선비입니까?"

연암 "아닙니다. 그이는 우리나라 사람이 아닙니다. 전당錢塘 사람으로 이름은 정균廷筠이고, 지금은 중서사인中書舍人으로 있습니다. 향조는 그의 자字입니다."

비치 (또 한 번 종이를 내어서 연암에게 글씨를 청한다.)

연암 (호방하게 글씨를 쓰며 마음속으로) '아니, 정말 자획이 썩 잘 써졌군. 이렇게 잘 써질 줄이야.'

다른 사람들도 크게 감탄해 마지않는다. 한 잔 기울일 때마다 한 장씩 써 내매 필치가 한껏 호방해진다. 아래 놓인 몇 장에는 진한 먹으로 고송古松과 괴석怪石을 그리자, 여러 사람들이 더욱 환호하며 서로 다투어 종이와 붓을 내놓고 빙 둘러서서 써 달라고 조른다. 검은 용 한 마리를 그린 뒤, 붓을 퉁겨서 짙은 구름과 소낙비를 그렸다. 지느러미는 꼿꼿이 서고 등비늘은 제멋대로 붙었고 발톱은 얼굴보다 더 크고 코는 뿔보다 더 길게 그렸더니, 모두들 크게 웃으며 기이하다 한다. 전사가와 마영이 초롱을 들고 먼저 일어선다.

연암 "이야기가 한창 무르익고 있는데, 왜 벌써 일어나십니까."

전사가 "아쉽기는 하지만 선생과의 약속을 지키려니 어쩔 수 없군요. 내일 아침 문 앞에서 작별인사를 올리겠습니다."

배관 "관동關東 천 리에 큰 가뭄이 들까 두렵군."

연암 "가뭄이 들다니, 무슨 말씀이오?"

배관 "만일 이게 화룡火龍이 되어 오른다면 누구든지 몸서리치며 울부짖지 않을 수 없을걸요."

(일동 웃음)

배관 "용 중에도 어진 것이 있고 독한 것이 있는데, 그 중 화룡이 가장 독하답니다. 건륭乾隆 8년 계해癸亥년1743년 3월에 산해관 밖 여양閻陽 벌판에 용 한 마리가 떨어졌지요. 그러자 구름도 없는데 우레가 치는가 하면, 비도 오지 않는데 번갯불이 번쩍이더니 늦봄의 날씨가 별안간 한여름의 더위로 변했답니다. 용이 있는 곳으로부터 백 리 안은 모두 펄펄 끓는 도가니같이 되어서 목이 말라 죽은 사람과 짐승이 헤아릴 수 없이 많았고, 장사치나 나그네도 길거리를 나다니지 못했지요. 살아 있는 사람들은 밤낮없이 벌거숭이로 앉아 손에서 부채를 놓지 못했답니다. 이에 황제께서는 관내의 냉장고에서 얼음 수천 차를 내어 고루 나눠 주도록 하여 더위를 가라앉히게 했지요.

용의 근처에 있던 나무와 흙과 돌은 모두 볶은 콩처럼 변하고 우물과 샘은 모두 부글부글 끓었습니다. 용이 누운 지 열흘 만에 갑자기 바람이 몰아치고 천둥이 일며 콩알 같은 비가 쏟아지며 대릉하大陵河의 집들에선 까닭 없이 불길이 솟구치곤 했으나, 사람과 짐승에겐 아무런 해가 없었지요. 용이 떠날 때 사람들이 서로 다투어 나가 보니, 막 몸을 일으켜서 하늘로 오르려 하는 모습이 처음엔 무척 굼뜨기도 하다가 후에 머리를 쳐들고 꼬리를 끄는 모습은 마치 낙타가 일어선 듯한데, 길이는 겨우 서너 척밖에 되지 않더랍니다. 그러다가 입으론 불을 뿜고 꼬리만 땅에 붙이고는 한 번 몸을 꿈틀하매

건륭제의 황복에 그려진 용

우리 민화 속의 용

비늘마다 번개가 번쩍 일면서 우레 소리가 나고 공중에서 빗발이 쏟아졌
지요. 이윽고 오래된 버드나무 위에 몸을 걸쳤는데, 머리에서부터 꼬리까
지 여남은 길이나 되었습니다. 소낙비가 강물을 뒤엎을듯 퍼붓더니 이내
멎었지요.

그제야 하늘을 쳐다보니, 몹시 날래게 동쪽 구름 사이에선 뿔이 나타나
고 서쪽 구름 사이에선 발톱이 드러나는데, 뿔과 발톱 사이가 몇 리나 되
더랍니다. 용이 오른 뒤엔 날씨가 청명하여 도로 3월의 기후가 되고, 용이
누웠던 자리에는 몇 길이나 되는 맑은 못이 파이게 되었습니다. 또, 못가
에 있던 나무와 돌은 모두 타 버리고 반쯤만 남았으며, 마소들은 털과 뼈
가 모두 타서 녹아 버렸고, 크고 작은 물고기의 시체가 산더미처럼 쌓여
냄새 때문에 가까이 갈 수도 없었지요. 그런데 특히 이상한 일은 용이 몸
을 걸쳤던 오래된 버드나무는 잎 하나도 떨어지지 않았다는 사실입니다.
그 해에 관동 일대에는 큰 가뭄이 들어서 9월이 되도록 비가 내리지 않았
지요. 그런 연유로 나는 이 검은 용이 떨어지면 또 그런 변이 생길까 근심
하는 것입니다."

(일동 웃음)

연암 (큰잔에 술을 부어 한번에 죽 들이켜며) "거참, 술맛 돋우는 이야기
로군요."

일동 "맞습니다. 이번에는 우리가 각자 한 잔씩 돌려서 박공의 홍취를 돋
웁시다."

연암 "혹시 그 용의 이름을 아십니까?"

여기저기서 '응룡'應龍 또는 '한발'旱魃이라는 답이 나온다.

연암 (고개를 저으며) "아닙니다. 그 이름은 강철罡鐵입니다. 우리나라 속
담에 '강철이 지나간 곳엔 가을도 봄이 된다'는 말이 있지요. 이는 가뭄이

심하게 들어 흉년이 됨을 이르는 것입니다. 그래서 가난한 사람들이 일을
도모하다 잘 되지 않으면 '강철의 가을' 이라고 합니다."

배관 (고개를 끄덕이며) "그 이름 한번 참 기이하구려. 내가 난 해가 바로
그때니*, 이는 곧 강철의 가을이라, 내가 어찌 가난하지 않을 도리가 있겠
습니까. 강~처!"

연암 "아니오, 강철."

배관 "강천."

연암 "천賤이 아니라, 도철饕餮의 철饕입니다."

이귀몽 (크게 웃으며 큰 소리로) "강청!"*중국인은 갚이나 월 등의 'ㄹ' 받침 발음을 잘
못한다.*

이에, 함께 있던 사람들이 모두 배꼽을 잡고 크게 웃는다.

연암 "모두 오吳 · 촉蜀에 살고 계시는데, 이렇게 먼 곳까지 장사를 나와 해
를 보내고 계시면 고향 생각이 간절하지 않으십니까?"

오복 "어디 간절하다 뿐이겠습니까."

이귀몽 "고향 생각이 날 때마다 마음이 산란하기 그지없습니다. 하늘 끝,
땅 끝만큼 먼 곳에 와서 쪼잔하게 이문이나 다투는 동안, 늙은 어머니께선
저물녘 문지방에 기대어 하염없이 저를 기다리시고, 젊은 아내는 홀로 방
을 지키고 있지요. 편지마저 오랫동안 끊어지고 꾀꼬리 소리에 꿈조차 꾸
지 않으니, 사람으로서 어찌 머리가 하얗게 세지 않겠습니까. 더욱이, 달
밝고 바람 맑은 때나 잎이 지고 꽃이 피는 때면 애끓는 정을 주체하기 어
렵지요."

연암 "아니, 그렇다면 진작 고향에 돌아가서 몸소 밭을 갈아 위로는 어버
이를 섬기고 아래로는 처자를 거느릴 계획을 세워야지, 어찌하여 이토록
멀리 고향을 떠나 하찮은 이문을 좇아 헤맨단 말입니까. 설령 이렇게 하

여 재산이 의돈[**]과 같이 되고 이름이 도
주[***]와 같이 된다 한들 무슨 즐거움이 있
겠습니까."

이귀몽 "꼭 그런 것만은 아닙니다. 우리 고
향 사람들도 더러는 반딧불을 주머니에
넣기도 하고 송곳으로 정강이를 찌르면서
글공부를 하며, 아침엔 나물로, 저녁엔 소
금으로 가난을 견디는 이가 많습니다. 하
늘이 그 정성을 갸륵히 여겨 간혹 하찮으
나마 벼슬을 내리는 일이 있긴 합니다. 하
지만 만 리 타향에서 벼슬살이를 해야 하
니 고향을 떠나 사는 건 매한가지지요. 혹
시 상을 당하든지 파면을 당하든지 하면
고생은 말할 나위가 없습니다. 또 관직에
있는 자는 마땅히 그 일터에서 죽어야 하
고, 혹 허물이 있을 땐 장물臟物을 도로 토

의돈(위)과 도주(아래)

[**] 의돈猗頓

춘추시대 노(魯)나라의 상인이자 대부호. 원래는 학문에 전념한 선비였으나 가족들의 의식주
조차 해결하지 못할 정도로 가난하여, 결국 학문을 포기하고 돈을 벌기 위해 열심히 농사를 지
었다. 그러나 그의 마을은 땅이 척박해 농사 짓기에 적합하지 않았다. 결국 의돈은 척박한 목초
지에 소와 양을 키워 큰 돈을 벌게 되고, 이 돈으로 소금 장수를 시작해 불과 10년도 안 되어 중
국의 대부호가 된다. 하여. 막대한 부를 일컬어 '의돈지부'(猗頓之富)라 한다.

[***] 도주陶朱

월(越)나라의 명신 범려이다. 도주는 그의 늙었을 적 이름이다. 범려는 월왕(越王) 구천을 도와
오나라를 멸망시키고 상장군의 자리에 오른 뒤, "나는 새가 없어지면 활이 더이상 필요치 않으
며 민첩한 토끼가 죽으면 좋은 개도 더이상 필요치 않게 되어 잡아먹히게 된다"고 말하면서 길
을 떠났다. 그는 작은 배를 타고 강호를 떠돌아다니면서 이름과 성을 바꾸었는데, 도(陶) 땅으
로 가서는 주공(朱公)이라고 하였다. 19년 동안 세 차례나 큰 부를 얻은 도주는 그것을 가난한
사람들에게 도로 나누어 주어 칭송을 받았으며, 그의 가업을 물려받은 후손들도 더욱 큰 부를
얻게 되었다. 이후 큰 부자가 된 사람을 '도주지부'(陶朱之富)라고 부르게 되었다.

해내야 할뿐더러 가업마저 기울게 되니, 그제서야 황견黃犬의 탄식*을 지은들 무슨 소용이 있겠습니까. 우리들은 학문이 미미하니 벼슬살이 할 가망도 없고, 그렇다고 해서 피땀 흘리며 공장이 노릇으로 일생을 보낼 만한 기술도 없습니다. 그렇다고 쌀 한 톨 얻기 위해 갖은 고생을 다하는 농민으로 한 평생을 보내자면, 좁은 고장을 한 걸음도 떠나지 못한 채 마치 여름 벌레가 겨울엔 나오지 못하듯 이 세상을 마쳐야 합니다. 이는 하루 빨리 죽느니만 못한 셈이지요. 가게를 내고 물건을 사고팔아서 생계를 잇는 것을 두고 남들은 비록 하류로 치지만, 그건 어떻게 생각하느냐에 따라 얼마든지 달라질 수도 있습니다. 하늘이 나를 위해 극락세상을 열고, 땅이 쾌활림快活林_송나라 서울 근처에 있던 유원지을 점지해 준 것이라고 볼 수도 있는 것이죠. 이렇게 되면 주공朱公의 편주扁舟를 띄우고, 단목端木의 수레를 잇닿아서** 유유히 사방을 다녀도 아무런 거리낌이 없습니다. 아무리 넓은 대도시라도 마음 가는 곳이 곧 집이요, 드높은 처마와 화려한 방 안에 몸과 마음이 한가롭고, 모진 추위나 가혹한 더위에도 방편을 따라 자유롭게 살 수 있습니다. 그러므로 어버이께 위안을 주고 처자들도 원망치 아니하여, 나아가든 물러서든 언제나 여유롭고, 영광이든 치욕이든 개의치 않으니, 저 농사일과 벼슬살이 두 가지에 비하여 그 괴롭고 즐거움이 어떻겠습니까.

또 우리들은 모두 벗을 사귀는 일에 지극한 정성을 다한답니다. 옛글에

*황견의 탄식
진(秦)의 이사(李斯)가 그의 아들과 함께 형장으로 갈 때 그의 아들을 돌아보면서, "내 비록 너와 다시 황견을 몰고 동문을 나서 사냥을 하고자 한들 할 수 있겠느냐" 하였다. 이귀몽은 이 고사를 통해 벼슬자리의 어려움이 장사 못지않음을 말한 것이다.

**단목의 수레를 잇닿아서
'단목'은 자공(子貢)을 가리킨다. 그는 공자의 70여 제자 가운데 가장 부유했다. 『사기』 「화식열전」(貨殖列傳)에 따르면 자공은 네 마리의 말이 끄는 수레를 타고 비단 뭉치 등의 선물을 들고 제후들을 방문하였는데, 그가 가는 곳마다 뜰의 양쪽으로 내려서서 자공과 대등한 예를 행하지 않는 왕이 없었다고 한다.

도 세 사람이 길을 가면 그 중에 반드시 나의 스승 될 이가 있다 하였고, 또 두 사람의 마음이 합하면 굳은 쇠라도 끊을 수 있다 하였으니, 천하의 지극한 즐거움 가운데 이보다 더 나은 것이 있겠습니까. 사람의 한평생에 벗이 없다면 아무런 재미도 없을 것입니다. 저 입고 먹는 것밖에 모르는 사람들은 모두 친구 사귀는 재미를 모른답니다. 세상에는 생김새가 밉살스럽고 말씨가 썰렁한 자가 얼마나 많습니까. 그들은 옷가지며 밥사발에만 눈을 줄 뿐 벗을 사귀는 즐거움이라곤 눈곱만큼도 알지 못합니다."

연암 "중국의 사민四民은 제각각 직분이 나뉘었겠지만 귀천의 차별이 없고, 따라서 혼인을 하거나 벼슬을 하는 데도 구애받지 않겠지요?"

이귀몽 "우리나라에서 벼슬아치들은 장사치나 공장이들과는 혼인을 금합니다. 사환의 기풍을 맑게 하기 위해서죠. 또한 도道를 높이고 이利를 낮게 보는데, 이는 근본을 숭상하고 말단을 누르기 위함이지요. 하여, 우리들은 대대로 장사꾼 집안인 까닭에 사대부 가문과는 혼인할 수 없답니다. 돈이나 쌀을 바치면 겨우 생원生員 정도야 얻을 수 있을지 몰라도, 그 또한 향공鄕貢_지방출신 과거응시자을 거쳐 거인에 오르지는 못합니다."

비치 "그것도 단지 고향에서나 통하는 일이지 타향에 나서면 반드시 그렇지만도 않습니다."

연암 "한 번 생원이 되기만 하면 선비로 행세하는 건 허용됩니까?"

이귀몽 "그렇습니다. 제생에는 늠생廩生_국가 급료를 지급해 주는 생원·감생監生·공생貢生 등 허다한 명목이 있지요. 이들은 모두 생원 중에서 선발되기 때문에 일단 생원이 되기만 하면 구족九族을 빛나게 하지만, 대신 사방의 이웃들이 해를 입습니다. 왜냐면 관권官權을 틀어쥐고 향리에서 권력을 행사하는 게 생원들의 전문기술이거든요. 이른바 사류士類에도 세 등급이 있습니다. 상등은 벼슬아치가 되어 관록을 먹는 것이요, 중등은 학관學館을 열어서 생도를 모집하는 것이요, 하등은 염치를 무릅쓰고 남에게 빌붙는 축들입니다. 속담에 '남에게 빌붙어 사니 면목이 서지 않는다' 는 말도 있지만, 당장 살 길이 막막하니 도리가 없지요. 추위와 더위를 가리지 않고 여기저기를 쏘다니면서 사람을 만나면 주저주저하다가 마침내 볼썽사나운 꼴을 드러내고야 맙니다. 한때 고담준론만 하던 선비가 천하의 애물단지가 되고 마는 거지요. 속담에 '남에게 구하는 것이 내 스스로 구함만 같지 못하다'고 했듯이, 장사를 하면 적어도 이 지경에 이르지는 않습니다."

연암 "네, 그렇군요. 한데, 중국에는 상정觴政_술자리에서 흥을 돋우기 위해 정하는 규칙에 묘한 방법이 있다던데, 어제 오늘 이틀밤 내 여럿이 마셨는데도 주령酒令을 내지 않음은 무슨 까닭입니까?"

배관 "상정두 옛날 말이죠. 지금은 하찮은 수레꾼이나 큼고지기 따위도 다 아는 바여서 그리 고상한 일로 치질 않습니다."

비치 "『입옹소사』笠翁笑史_청의 유명한 희곡작가 이어李漁가 지은 책 이름에 용자유龍子猶의 고려 중에 관한 주령이 있더군요. 어떤 사신이 고려에 갔을 때 고려 측에서 한 중을 시켜 사신을 접대하게 했는데, 중이 영슈을 내기를, 항우項羽와 장량張良_한나라 유방을 도와 천하를 얻게 한 책사이 서로 산傘 하나를 놓고 다투는데, 항우는 우산雨傘이라 하고 장은 양산凉傘이라 했다고 했지요. 그러자 사신이 졸지에 답하기를, '허유許由_옛날 요임금이 천하를 물려주려 하였지만 받지 않고 숨어살았다는 선비와 조조鼂錯_한나라 경제 때의 어진 신하가 호로胡盧 하나를 두고 다투는데, 허유는 유호로油胡盧라 하고 조조는 초호로醋胡盧라 하였다'했다는군요. 그때 고려 중의 이름은 무엇입니까?"

연암 "이 영은 이치에 닿지도 않을 뿐만 아니라, 중의 이름 역시 전하지 않습니다."

닭이 울자 하나둘 눈을 붙이기 시작한다. 문 밖에서 웅성거리는 소리가 들리자 연암은 잠에서 깨어나 아직 날이 채 밝지 않았을 때 숙소로 돌아온다. 옷을 벗고 잠들었다 아침식사 시간을 알릴 때 다시 일어났다.

가랑비가 내리다가 곧 갬

이날 모두 85리를 와서 고가자에 머물렀다.

아침 일찍 심양을 떠날 때 가상루에 들렀다. 배관이 홀로 나와 맞는다. 온백고는 막 깊은 잠에 들었다고 한다. 손을 들어 배관과 작별하고 예속재에 이르니, 전사가와 비치가 나와서 나를 맞아준다. 이때 전생이 두 개의 봉투를 내민다. 그 중 하나의 겉봉을 떼어 내게 보여주는데 골동품의 명목을 기록한 것이었다. 또 하나는 겉에 붉은 쪽지로 '허태사 태촌선생 수계'許太史台邨先生手啓라 썼다.

전사가가 이렇게 설명을 덧붙인다.

"이는 저의 고심에서 나온 것으로, 객기客氣 따위는 조금도 없습니다. 조선관朝鮮館_조선 사신이 드는 객관과 서길사관庶吉士館_진사에 합격한 선비인 서길사들이 묵는 곳은 나란히 붙어 있습니다. 선생께서 연경에 도착하시

이날 연암의 여정로

심양에서 원당願堂까지 3리, 탑원塔院까지 10리, 방사촌方士邨까지 2리, 장원교壯元橋 1리, 영안교永安橋 14리. 영안교에서 쌍가자雙家子까지 길을 닦아 놓았는데 그 거리는 5리, 대방신大方身 10리, 도합 45리를 와서 점심을 먹고, 대방신에서 다시 마도교磨刀橋까지 5리, 변성邊城 10리, 흥륭점興隆店 12리, 고가자孤家子 13리, 도합 40리를 더 가니, 이날 모두 85리를 갔다.

면 이 편지를 좀 전해 주십시오. 허 태사는 인품이 속되지 않고 문상도 훌륭하니 반드시 선생을 잘 대접해 줄 것입니다. 편지에도 선생의 존함과 덕망을 적어 놓았으니 결코 그 걸음이 헛되지 않을 겁니다."

"여러분을 일일이 만나 하직 인사를 못 드려 참으로 서운합니다. 제 심정을 잘 전해 주십시오" 하자, 전생이 머리를 끄덕인다. 막 일어나려 하는 즈음에 전생이 "저기 목수환이 옵니다" 한다.

목수환이 한 청년을 데리고 왔다. 청년의 손에는 포도 한 광주리가 들려 있다. 나를 만나기 위해 예물로 포도를 가지고 온 모양이다. 나를 향하여 공손히 읍한 뒤에 가까이 다가와서 내 손을 잡는데 마치 알고 지낸 듯 친밀한 느낌이다. 하지만 갈 길이 바빠 이내 손을 들어 작별하고 점방을 떠나 말을 탔다. 그러자 청년은 말 머리에 다가와 두 손으로 포도 광주리를 받쳐 들었다. 나는 말 위에서 포도 한 송이를 집어 들고는 손을 들어 감사를 표한 뒤 길을 떠났다. 얼마쯤 가다 돌아보니 여러 사람이 아직도 점방 앞에서 내가 가는 모습을 바라보고 서 있다. 길이 바빠서 미처 그 청년의 이름을 묻지 못한 것이 안타깝기 그지없다.

연 이틀을 잠을 설친 탓에 해가 뜬 이후 노곤함이 더욱 심해졌다. 창대에게 굴레를 놓고 장복이와 더불어 양쪽에서 나를 부축하게 했다. 말 위에서 한숨 달게 잤더니, 정신이 비로소 맑아지고 주변 풍경이 한층 새롭게 다가왔다. 장복이가 말했다.

"아까는 몽고인이 낙타 두 마리를 끌고 지나가던데요."

"뭣이라. 그런데 왜 나한테 알리지 않았느냐?"

창대가 대꾸했다.

"아, 천둥치듯 큰 소리로 코를 골며 불러도 아니 깨시는 걸 저흰들 어쩝니까요. 쇤네들도 생전 처음 보는 거라 뭔지는 똑똑히 모르겠으나 낙타가 아닌가 싶던걸요."

"그 꼴이 어떻게 생겼더냐?"

"참말로 형언하기 어렵습니다요. 말인가 하면 굽이 두 쪽이고, 꼬리는 소처럼 생겼고, 소인가 하면 머리에 뿔이 없는 데다 얼굴은 양같이 생겼고, 양인가 하면 털이 꼬불꼬불하지 않은 데다 등엔 두 봉우리가 솟았으며, 게다가 머리를 쳐들면 거위 같기도 하고, 눈은 꼭 청맹과니 같더군요."

"호, 과연 낙타로구나. 크기는 얼마만 하더냐?"

창대가 한 길이나 되는 허물어진 담을 가리킨다.

"높이가 저만 하더이다."

"이 다음부터는 처음 보는 물건이 있거든 졸 때건 식사할 때건 무조건 알려야 한다. 알았느냐?"

"옙!"

지는 해가 뉘엿뉘엿 말 머리에 감돈다. 강가에 나귀 떼 수백 마리가 물을 먹고 있다. 한 노파가 손에 수숫대로 나귀를 몰고, 일고여덟 살 된 꼬마가 노파를 따라 다닌다. 노파는 푸른색 짧은 치마를 입고 검은 신을 신었다. 머리가 모두 벗어져서 번드르르하여 마치 바가지 같다. 또 정수리 밑에 조그마하게 쪽을 틀었는데 겨우 한 치밖에 안 되는 곳에다 각종 꽃을 수두룩하게 꽂았다. 장복을 보고서는 조선 담배를 달라고 한다.

"저 나귀가 모두 당신 댁에서 기르는 것이오?"

하고 물었더니, 노파는 머리만 끄덕이고 이내 가 버린다. 내 말을 알아들은건지 아닌지는 모르겠다.

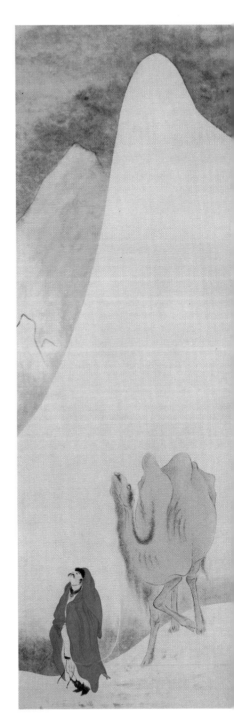

7월 13일
기축일 己丑日

새벽에 고가자를 떠나 모두 82리를 와서 백기보에서 묵었다.

새벽에 일어나 세수하고 머리 빗는 일은 정말 귀찮다. 달이 막 떨어지니 온 하늘에 총총한 별들이 깜박거리고 마을 닭들이 연이어 홰를 치기 시작한다. 몇 리 못 가 안개가 뿌옇게 내리자 큰 벌판이 삽시간에 수은 바다를 이루었다. 한 떼의 의주 장사꾼들이 서로 지껄이며 지나가는데, 그 소리가 너무도 몽롱하여 마치 꿈속 같았다. 기이한 글을 낭송하는 듯 또렷하지 않아 사람 같아 보이지도 않았다. 잠시 뒤, 하늘이 훤해지며 길에 늘어선 버드나무에서 매미가 일제히 울기 시작한다. 매미들이 저처럼 울부짖지 않아도 한낮의 더위가 몹시 뜨거운 줄 그 누군들 모르겠는가. 들에 가득했던 안개가 차츰 걷히자

이날 연암의 여정로

새벽에 고가자를 떠나 주류하라고도 하는 거류하巨流河까지 8리,
거류하보巨流河堡까지 7리, 필점자泌店子까지 3리, 오도하五渡河까지 2리,
사방대四方臺까지 5리, 곽가둔郭家屯까지 3리, 신민둔新民屯까지 3리,
소황기보小黃旗堡까지 4리, 도합 35리를 와 소황기보에서 점심을 먹었다.
소황기보에서 대황기보大黃旗堡까지 8리, 유하구柳河溝 12리, 석사자石獅子 12리,
영방營房 10리, 백기보白旗堡 5리, 도합 47리이니, 이날은 모두 82리를 왔다.

먼 마을 사당 앞에 세워둔 깃발이 마치 돛대처럼 펄럭인다. 동쪽 하늘을 돌아보니 붉은빛 구름이 이글거리더니 한 개의 불덩이가 옥수수 밭 저편에 반쯤 잠기어 일렁거리고 있다. 차츰 솟아오르면서 요동벌 전체를 부드럽게 감싸 안는다. 땅 위의 오가는 말이며, 수레며, 나무며, 집이며, 털끝같이 보이는 것들이 모두 불덩이 속에 휩싸이기 시작했다.

신민둔의 시가와 점포는 요동만큼이나 번화하다. 전당포 한 곳에 들어가니 뜰 가득히 포도 넝쿨의 녹음이 영롱하게 우거져 있다. 뜰 가운데엔 갖가지 괴이한 돌들을 포개어 하나의 산을 만들어 놓았다. 산 앞에 놓여 있는 한 길 높이의 큰 항아리 속엔 연꽃 너덧 포기가 피어 있다. 또 땅을 파서 나무통 한 개를 묻고 그 속에는 원앙 한 쌍을 기르고 있다. 산에는 종려·추해당·안석류安石榴 등을 키우는 화분 십여 개가 놓여 있다. 장막 아래 의자를 나란히 놓고 우람한 사내 대여섯 명이 앉아 있다가 나를 보고 일어난다. 정중하게 읍을 하고 앉기를 청한 후에 시원한 냉차 한 잔을 권한다. 점포 주인이 젖빛을 띤 금색의 이무기 두 마리가 그려진 붉은 종이 두 장을 꺼내며 주련을 써 달라고 한다.

목욕하는 원앙 한쌍, 날아다니는 비단이요 鴛鴦對浴能飛繡
갓 피온 연꽃은 말 없는 신선일세. 菡萏初開不語仙

시를 쓰니 모두들 일제히 나의 필법이 아름답다고 탄성을 지른다. 주인은 잠깐 기다리라며, 다시 좋은 종이를 가져오겠다면서 일어난다. 잠시 뒤 왼손엔 종이를, 오른손엔 진한 먹 한 종지를 들고 온다. 곧 칼로 백로지白鷺紙 한 장을 끊어서 석 자 길이로 만들더니 문 위에 붙일 만한 좋은 액자額字_현판에 쓴 큰 글자를 써 줄 것을 청한다. 길을 오면서 보니, 점포 문설주에 '희기가 서리를 능가하여, 백설을 걸고 내기할 수 있다'는 뜻의 '기상새설'欺霜賽雪 네 글자가 붙어 있는 것이 가끔 눈에 띄었던 것이 생각났다. 나는 그때 '장사치들이 자신들의 심지心地가 깨끗하기는 가을 서릿발 같고, 밝기로는 저 희디흰 눈보다도 더하다는 것을 자랑하기 위함이 아닐까' 하고 추측했었다.

또 며칠 전 난리보를 지날 때 한 점포 문설주에 붙어 있던 이 넉자의 필법이 심히 기묘하기에 말을 멈추고 한참 동안 음미해 본즉, '상설'霜雪이란 두 글자는 미불米芾의 글씨체임에 틀림없었다. 그 체를 본떠 한번 써 봄직 하다 여겨 먼저 붓끝을 먹물에 담가 붓을 낮추었다 높였다 하니 먹빛에 붉은 기운이 돈다. 짙고 연함이 고루 퍼진 다음 종이를 펴고 왼쪽에서 오른편으로 쓰기 시작하여 먼저 '설'雪 자 하나가 완성되었다. 비록 미불의 것에야 비길 수 없겠지만 동태사董太史 _명나라 때의 서화가 동기창만이야 못하랴 싶게 잘되었다. 구경하는 사람들의 수가 점점 늘어난다.

그들은 하나같이 "글씨가 퍽 잘 되었습니다" 하고 감탄한다. 두 번째 '새'賽 자를 쓰니 더러는 "잘 되었다"며 칭찬하는 이도 있으나 주인의 기색이 싹 달라지면서 아까 '설' 자를 쓸 때처럼 탄성을 지르지 않는다.

나는 속으로 이렇게 생각했다.

'새賽 자는 늘상 쓰는 글자가 아니라서 손에 익지 않아, '賽'의 윗부분은 너무 빡빡하게 써졌고 아랫부분의 '貝'는 너무 길쭉하게 되어 마음에 들지는 않는구만. 붓끝에서 짙은 먹물 방울이 '賽' 자 왼쪽에 잘못 떨어져서 조금 번지는 바람에 꼭 얼룩 표범처럼 되었다고 이 녀석이 기분 나빠 하는 모양이로군.'

나는 나머지 부분의 '상'霜과 '기'欺 두 글자를 일필휘지로 쓰고 붓을 던지면서 한번 주욱 읽어 보았다. '기상새설' 큼지막한 네 글자가 분명하다. 그런데 주인은 머리를 절레절레 흔들면서, "이 글귀는 저희랑 아무 상관이 없는 건넵쇼" 하는 것이다.

나는 결국 "또 봅시다" 하고 인사를 한 뒤 몸을 일으켜 나오면서 속으로 욕을 퍼부었다.

'하긴, 이런 작은 촌동네에서 장사나 하는 녀석이 심양 사람들 안목을 어찌 따라가겠냐? 무식하고 멍청한 놈이 글자가 좋은지 나쁜지 어떻게 알겠어?'●

이날은 해가 뜬 뒤, 바람이 크게 일어 온 누리를 뒤흔들었다. 오후가 되면서 하늘에는 한 점 바람의 기미까지도 모두 걷히더니, 폭염이 한층 기승을 부렸다.

영안교永安橋에서부터 아름드리 통나무로 엮은 다리가 눈에 띄었다. 높이가 두세 길이 되고, 넓이가 다섯 길은 될 성싶다. 양 길가의 나무 끝이 어찌나 가지런한지 마치 한 칼로 밀어 놓은 듯하다. 다리 밑 도랑엔 푸른 물이 가없이 넘실거리고 진흙 벌 또한 푸른빛으로 반짝거린다. 진흙 벌은 황량하게 버려져 있었다. 만약 이를 개간하여 논을 만든다면 해마다 몇 만 섬의 벼를 거둘 수 있으리라.

혹자는 이렇게 말하기도 한다. 강희 황제는 일찍이 『경직도』●●와 『농정전서』農政全書를 지었다. 지금의 황제 역시 노농가老農家의 자제이시다. 그러니 산해관 밖의 이 푸른 듯 검은 옥토가 최상의 밭임을

●연암이 '기상새설'의 뜻을 잘못 알고 쓴 탓에 가게 주인이 못마땅하게 여긴 것이다. 자신이 실수했다는 것을 연암이 깨달은 것은 그 다음날이다. 그 일화는 「성경잡지」 끝부분에 다시 나온다.

●●『경직도』耕織圖
『경직도』는 농사를 짓고 베를 짜는 모습을 그린 그림책으로 남송 시대에 처음 그려진 후 여러 차례 간행되었다. 아래의 그림은 『경직도』 중에서 탈곡하는 모습(왼쪽)과 베를 염색하는 그림(오른쪽)이다.

어찌 모르겠는가. 더구나 저 관 밖의 땅은 실로 자신들이 떨쳐 일어
난 터전이 아니던가. 이땅에서 나는 벼는 기름지고 향기로워 밥을 지
으면 윤기가 좔좔 흐른다. 그런데 백성들이 늘상 이런 밥을 먹어 버
릇한다면, 힘줄이 풀리고 뼈가 연해져서 용맹을 쓸 수 없게 될 것이
다. 차라리 수수떡과 거친 밥을 먹게 하여, 그들로 하여금 주림을 참
고 혈기를 돋우어 구복口腹의 사치를 잊어버리게 함만 못하리라. 천
리의 기름진 땅을 버릴지언정 백성들로 하여금 척박한 땅에서 정의
롭게 살도록 하는 일을 포기할 수 없었던 데에는 그런 깊은 뜻이 있
으리라.

　길을 따라가다 보니 2~3리마다 시골집들이 끊임없이 이어지고,
계속해서 수레와 말이 오고간다. 양 쪽의 점포들도 볼 만하지 않은
것이 없다. 봉성에서 여기까지 사치스럽거나 검소한 것의 차이는 있
지만 규모는 모두 한결같다. 언뜻언뜻 스쳐지나가는 것이 실로 놀랍
고, 기뻐할 만한 바가 적지 않건만 미처 다 적지를 못했다.

　날이 저물자 저 멀리 연기가 자욱하다. 말을 채찍질하여 역참을
향해 달리는데 참외밭에서 한 늙은이가 나온다. 다짜고짜 말 앞에 엎
드리며 서너댓 칸 되는 초가집을 가리킨다.

　"이 늙은이 혼자 길가에서 참외를 팔아 근근이 연명하는데, 아까
당신네 조선 사람 사오십 명이 이곳을 지나다가 잠시 쉬면서 처음엔
값을 내고 참외를 사 먹다가 떠날 땐 참외를 양손에 한 개씩 쥐고는
소리를 지르면서 내뺐습니다."

　"그럼 어째서 우두머리 어른께 하소연하지 않았는가?" 하고 묻자,
노파가 눈물을 뚝뚝 흘리며 이렇게 말한다.

　"안 그래도 그리했습죠. 그랬는데 아, 그 어른이 귀먹은 척 벙어린
척하시니 쇤네가 어찌 혼자서 그 힘센 장정 사오십 명을 당하겠습니
까. 그나마 막 쫓아갔더니 한 명이 떡 하니 길을 막고는 참외를 냅다
제 낯짝에 던지지 뭡니까요. 눈에 번쩍하고 번갯불이 일더군요. 참외

물이 아직도 채 마르지 않았습니다요. 그러니 청심환 한 알을 주셔야 겠습니다."

지금은 가지고 있는 게 없다고 했더니, 노파는 창대의 허리를 안고 참외를 팔아 달라고 떼를 쓰며 참외 다섯 개를 우리 앞에 내놓는다. 그렇지 않아도 목이 마르던 참이라 한 개를 깎아서 먹어 보았다. 향기와 단맛이 기가 막히다. 장복이에게 나머지 네 개를 마저 사서 밤에 먹자 하고, 창대와 장복이한테도 각기 두 개씩을 먹였다. 도합 아홉 개를 샀는데, 노파가 80푼文을 달라고 떼를 쓴다. 장복이가 50푼을 주니 골을 내며 받지 않는다. 창대와 장복이가 주머니를 탈탈 털어 내니 모두 71푼이다. 그걸로 셈을 하기로 하고, 나는 먼저 말에 올랐다. 장복이가 돈을 내는데, 주머니를 홀라당 뒤집어 보인 다음에 야 겨우 참외를 받는다. 노파는 애초에 눈물을 흘려서 불쌍하게 보인 다음에, 억지로 참외 아홉 개를 팔고서는 백푼에 가까운 비싼 값을 내라고 떼를 쓰고 있으니 심히 괘씸한 일이다. 하지만 그보다 우리 하인배들이 길거리에서 못되게 구는 게 더욱 한심스러운 노릇이다.

어두워지고 나서야 겨우 역참에 이르렀다. 래원과 계함에게 참외를 주며 저녁밥 뒤 입가심으로 먹으라 하고는 길에서 하인들이 참외를 빼앗았다는 이야기를 했더니, 여러 마두들이 이렇게 말한다.

"엥? 무슨 말씀을요? 애시당초 있지도 않은 일입니다요. 그 참외 파는 늙은이가 원래 간교하기 짝이 없습죠. 서방님이 따로 떨어져 오시니까 거짓으로 짐짓 가련한 꼴을 해서 청심환을 얻으려고 수작을 부린 거랍니다."

아뿔사! 나는 그제서야 속은 것을 깨달았다. 참외 값을 뒤집어 쓴 일을 생각해 보니 분하기 짝이 없다. 아니, 대체 그 갑작스런 눈물은 어디서 솟았단 말인가. 시대는 "그 늙은이는 한인漢人인 게 틀림없어요. 만인滿人은 그렇듯 요악한 짓은 안 하거든요" 하였다.

7월 14일
경인일 庚寅日

이날은 모두 1백 리를 와서 소흑산에서 묵었다. 마침 말복이라 늦더위가 기승을 부릴듯한 데다 역참이 멀어 새벽에 떠났다. 나와 정진사, 변계함이 먼저 나섰다. 어제 본 해돋이 광경을 이야기해 주었더니 두 사람이 꼭 한번 보겠다고 별렀으나 해가 뜰 무렵엔 동녘 하늘에 구름과 안개가 개지 않아 광경이 어제만 못하다. 해가 이미 한 길이나 땅 위에 솟았는데, 그 밑으로 구름이 금빛 용이 되어 뛰고 솟구치고 꿈틀거린다. 이리저리 요동치며 신출귀몰하여 잠시도 한 모양으로 머물러 있지 않건만, 해는 그저 서서히 허공을 향해 솟아오를 따름이다.

요양에서부터 이런저런 성과 못을 두루 거쳤으나 미처 다 기록하지를 못했다. 『맹자』에 '3리마다 성이요 5리마다 곽郭이라' 했는데,

---

이날 연암의 여정로

백기보白旗堡에서 소백기보小白旗堡까지 12리, 평방平房까지 6리, 일판문이라고도 하는 일반랍문一半拉門까지 12리, 고산둔靐山屯까지 8리, 이도정二道井까지 12리, 모두 50리를 와 이도정에서 점심을 먹었다. 이후 은적사隱寂寺까지 8리, 고가포古家舖까지 22리를 왔다. 나무다리는 여기서 끝났다. 다시 고정자古井子까지 1리, 십강자十扛子까지 9리, 연대煙臺까지 6리, 소흑산小黑山까지 4리, 도합 50리. 이날 모두 1백 리를 왔다.

이 말은 반드시 군이나 읍 소재지에만 해당하는 것은 아니었다. 그저 시골의 취락에 불과해도 이 정도의 규모를 갖췄다. 그 제도 또한 큰 성과 별 차이가 없다.

일판문—板門과 이도정二道井은 지세地勢가 움푹 들어간 까닭에 비가 조금만 와도 진창이 되어 버린다. 봄에 얼음이 풀릴 무렵, 잘못하여 진창에 빠지면 사람도 말도 순식간에 잠겨 버린다. 지척에서 뻔히 보면서도 구출하지 못할 정도다. 작년 봄, 산서성 출신 장사꾼 20여 명이 건장한 나귀를 타고 오다 일판문에 이르러 한꺼번에 빠졌고, 우리나라 마부 두 명도 빠진 일이 있다고 한다.

『당서』에 따르면, "태종이 고구려를 치려다가 뜻을 이루지 못한 채 돌아오는 길이었다. 발착수渤錯水에 이르러 80리 진펄이 펼쳐지는 바람에 수레가 지나갈 수 없었다. 장손무기長孫無忌와 양사도楊師道_당나라 고조의 사위 등이 만 명을 인솔하여 나무를 베어 길을 쌓고 수레를 이어 다리를 놓았다. 태종 황제 역시 말 위에서 손수 나무를 베어 일을 도왔다. 때마침 눈보라가 심해 횃불을 밝히고 건너야 했다"라고 되어 있다. 지금은 발착수가 어디 있는지 알 길이 없다.

요동 천 리는 흙이 떡가루처럼 보드라워 비를 맞으면 반죽이 되어 마치 흐물흐물한 엿가락처럼 되고 만다. 자칫하면 사람의 허리와 무릎까지 빠지고 간신히 한 다리를 빼면 또 한 다리가 더 깊이 빠져든다. 발을 빼려고 버둥거려도 무언가가 땅 속에서 잡아당기는 듯하여 온몸이 빨려 들어가 흔적도 없이 사라진다. 지금은 청나라 황실이 자주 성경으로 거둥하므로, 영안교에서부터 나무를 엮은 다리를 만들어 진펄을 막는다. 이 다리는 고가포 밑에 이르러 비로소 그치는데, 그 사이가 무려 200여 리에 걸쳐 있다. 그 물자와 노력이 굉장할 뿐 아니라, 나무 끝이 한 군데도 들쭉날쭉한 데 없이 200리에 걸쳐 있어 양 쪽이 마치 먹줄로 퉁긴 듯 반듯하다. 솜씨의 정교함을 가히 짐작할 만하다. 민간에서 일상생활에 쓰는 물건들도 그 규모는 대동소이

영안교永安橋
영안교는 돌로 만든 다리로,
대석교라고도 불린다.
1641년에 건설되었다.

하다. 홍대용이 중국의 대대로 전수되는 기술을 우리로선 당하지 못한다고 한 말이 바로 이걸 두고 한 것이리라. 이 다리는 3년에 한 번씩 고친다고 한다. 『당서』의 발착수는 아마 일판문과 이도정의 사이를 말한 것인 듯싶다.

아골관鴉鶻關에서부터 매양 마을 가운데 높다랗게 세운 흰 패루가 눈에 띄었다. 초상집의 빈소殯所들이다. 패루는 삿자리갈대를 엮어 만든 자리로 지었는데 기왓골이나 치문鴟吻_용마루 끝머리에 얹는 장식기와은 여느 왕조나 다 똑같다. 높이가 너덧 길이고 집 문 앞에서 열 걸음쯤 떨어져 세웠는데, 그 밑에는 악공들이 죽 줄지어 앉아서 풍악을 울린다. 조문객이 문에 이르면, 바리 한 쌍, 피리 한 쌍, 태평소 한 쌍이 밤낮 없이 요란하게 불고 두드리고 한다. 상식上食_초상집에서 아침 저녁으로 신위를 모신 자리에 음식을 차려 놓는 것이나 제전이 시작되어 안에서 곡성이 일면 밖에선 음악으로 화답한다.

십강자에 이르러 쉴 때였다. 정진사와 변계함 등과 함께 거리를 거닐다가 갈대로 만든 한 패루에 이르렀다. 그 모양새를 상세히 구경하려는 즈음, 갑자기 요란스런 풍악이 울려 댔다. 엉겁결에 두 사람은 귀를 막고 도망쳐 버렸다. 나 또한 두 귀가 먹는 듯하여 손을 흔들어 소리를 멈추라 해도 영 들은 척을 않는다. 다만, 힐끔힐끔 돌아보기만 할 뿐, 그냥 불고 두드리고 한다. 나는 상례喪禮를 보고 싶어서 발을 옮겨 대문 앞에 이르렀다. 갑자기 문 안에서 상주喪主 한 사람이 뛰어나오더니 내 앞에 와 울며 대막대를 던지고는 두 번 절을 한다. 엎드릴 땐 머리가 땅에 닿도록 조아리고 일어설 땐 발을 구르며 눈물이 비오듯 한다.

"느닷없이 변을 당해 어찌 해야 좋을지 모르겠습니다" 하며, 수없이 울부짖는다. 상주 뒤에 5~6명이 따라 나오는데, 모두 흰 두건을 썼다. 그들은 나를 양쪽에서 부축하고는 문 안으로 데리고 들어간다. 상주 역시 곡을 멈추고 따라 들어온다. 때마침 건량마두乾糧馬頭 이동

二同이 안에서 나오기에, 어찌나 반갑던지 서둘러 물었다. "이 일을 어찌하면 좋단 말이냐."

"소인은 죽은 사람과 동갑이라 본디 서로 친하게 지냈습니다. 그래서 좀 전에 들어와서 그 처를 조문하고 나오는 길입니다."

"조문은 대체 어떻게 하는 것이냐?"

"상주의 손목을 잡고서, '너의 어른이 하늘로 가셨다지' 하시면 됩니다."

이동이 나를 따라 다시 들어온다.

"백지白紙 권이나 주지 않으면 안 되오니 제가 마련해 드립죠."

당堂 앞에 삿자리로 큰 집을 세웠는데 그 모양새가 매우 기이했다. 뜰에는 흰 베로 포장을 치고 그 속에 따로 내외內外 복인服人_상복을 입어야 하는 사람들의 자리를 마련했다.

이동은 "주인이 술과 과일 대접을 할 터이니 좀 앉았다 가십시오. 만일 손도 안 대고 후딱 일어나시면 큰 수치로 여긴답니다" 한다.

"이왕 들어왔으니 이 또한 볼만하긴 하구나. 한데, 상주가 조문을 받으려면 참 괴롭겠구나."

"조문은 벌써 끝났으니 다시 하실 필요는 없습니다."

이동이 삿자리집을 가리킨다.

"이게 빈소입니다요. 남녀 모두 방을 비우고 이 빈소로 옮겨 오지요. 그리고 장막 안엔 각기 기朞 · 공功의 복제服制에 따라 자리가 마련되어 있습니다. 장사를 치른 뒤엔 다시 돌아간답니다."

장막 안에 한 여인이 가끔 머리를 내밀고 엿본다. 흰 베로 머리를 싸맸는데 제법 자태가 아름답다.

"저 이는 죽은 이의 딸인데, 산해관에 살고 있는 부상富商의 아내랍니다."

얼마 있다가 빈소에서 나온 상주가 걸상에 앉는다. 흰 두건을 쓴 사람들이 국수 두 그릇, 과실 한 쟁반, 두부 한 소반, 채소 한 쟁반,

차 두 잔, 술 한 주전자를 탁자 위에 벌여 놓는다. 내 앞에 빈 잔 세 개를 놓으며 탁자에 있는 빈 의자를 가져 온 뒤, 잔 세 개를 나란히 늘어놓고는 이동에게 앉기를 청한다. 이동은 한사코 사양하며, "상전이 계신데 어찌 감히 마주 앉는단 말입니까" 한다. 그러고는 밖으로 나가더니 백지 한 권과 돈 일 초鈔를 갖고 들어와서 상주 앞에 내놓고 내 대신 부의賻儀를 전한다. 상주가 의자에서 내려와 머리를 조아리며 공손히 사례한다. 채소와 과일을 음복하는 시늉만 하고 곧 일어나 나오는데, 상주가 문 밖까지 나와 전송한다. 문 앞 양쪽 상랑廂廊에서는 한창 대나무로 된 말竹馬을 만들어 종이로 옷을 입히고 있다. 이윽고 사행이 이곳에서 말을 멈췄고, 부사도 잇따라 김가에 가마를 내렸다. 좀 전에 초상집에서 조문하던 이야기를 하니 모두 허리를 잡고 웃는다.

　이도정은 마을이 자못 번화하다. 은적사는 굉장히 큰 절인데, 많이 헐었다. 비석에는 시주를 한 조선 사람들의 이름이 새겨져 있는데, 모두 의주 상인인 것 같다. 이곳에 이르자 처음으로 의무려산이 보인다. 멀리 서북쪽을 가로지른 것이 마치 푸른 장막을 드리운 듯하

의 무 려 산醫巫閭山
의무려산은 중국 요녕성
북진현 서쪽에 있는 산으로,
'여산'이라고도 한다.
예로부터 신령한 산으로 꼽혀
불교와 도교의 수양지로
유명하다.

고, 산봉우리가 보일듯 말듯한다. 혼하를 건넌 뒤로 다섯 번이나 강을 건넜는데 모두 배로 건넜다. 연대煙臺는 이곳에서 시작된다. 5리마다 대臺가 하나씩 있는데, 둘레가 10여 길이요, 높이가 대여섯 발이다. 성처럼 쌓아올려, 맨 위엔 포혈砲穴을 뚫고 여장女墻_성 위에 또 쌓은 담장을 둘렀다. 남궁南宮 척계광戚繼光이 만들었다는 팔백망八百望이 곧 이것이다. 소흑산은 평평한 들 가운데 불룩하게 주먹처럼 튀어나온 작은 산이라 하여 이렇게 부른다. 인가가 즐비하고 점포가 번화한 품이 신민둔만 못지않다. 푸른 들 가운데 말·노새·소·양 수천 마리가 떼를 지어 있으니, 역시 큰 곳이라 이를 만하다. 일행 하인배들에 따르면 으레 이 소흑산에선 돼지를 삶아 서로 위로한다고 한다. 장복과 창대 역시 밤에 가서 얻어먹겠다고 한다.

이날 밤 달빛이 대낮같이 밝았다. 더위는 벌써 한풀 꺾인 모양이다. 저녁 식사를 마치고 곧 밖으로 나가서 아득히 먼 들판을 바라보니, 푸른 내는 땅에 깔리고 소와 양들은 제각기 집으로 돌아간다. 가게들이 아직 문을 닫지 않고 있기에 그 중 한 집에 들어갔다. 뜰 가운데 시렁을 높이 매고 삿자리로 덮어 두었는데, 밑에서 끈을 당기면 스르륵 걷히면서 달빛을 받게 해놓았다. 기이한 화초가 달빛 아래 서로 비추고 있다. 길에서 놀던 이들이 내가 들어오는 것을 보고는 뒤따라 들어와서 온 뜰을 가득 채웠다. 다시 일각문을 들어서니 뜰 넓이가 앞뜰과 같고, 난간 아래엔 몇 그루 푸른 파초가 심겨져 있다. 네 사람이 탁자를 가운데 놓고 빙둘러 앉았는데, 그 중 한 사람이 불그레한 종이 위에 자주빛 먹으로 '신추경상'新秋慶賞_가을이 새롭게 찾아온 것을 경축하며 감상함 네 글자를 쓴다. 흰 달빛이 비끼어 똑똑히 보이지는 않으나, 붓놀림이 매우 보잘것없어 간신히 글자 모양을 이룬 정도였다.

나는 마음속으로 생각했다. '필법이 저토록 옹졸하니, 지금이야말로 내가 한번 뽐낼 때로다.' 여러 사람들이 앞을 다투어 나의 글씨를 구경하고는 곧 당 한가운데 있는 문설주 위에 붙였다. 이는 달구경을

경축하는 방문榜文인 셈이다. 사람들이 모두 일어나 당 앞으로 가서 뒷짐을 지고 감상을 한다. 아직 탁자 위에 남은 종이가 있기에 남은 먹을 진하게 묻혀 이것저것 가리지 않고 커다랗게 '신추경상'이라 썼다. 그 중 한 사람이 내가 쓴 글씨를 보더니 소리쳐 사람들을 모두 탁자 앞으로 불러 모은다.

그들은 서로 웃고 떠들며, 고려인이 글씨를 참 잘 쓴다는 둥, 동이東夷도 글씨가 자기네와 같다는 둥 지껄였다. 또 다른 한편에서는 글자는 같지만 음은 다르다고 말하는 이들도 있었다. 나는 붓을 던지고 일어섰다. 그러자 여럿이 한꺼번에 다투어 내 손목을 잡으며, "잠깐만 앉아 보셔요. 존함은 어찌 되십니까?"라고 묻는다.

성명을 써 보이자 그들은 더욱 기뻐한다. 내가 처음 들어올 때만 해도 반기기는커녕 본 척도 하지 않더니, 내 글씨를 본 뒤엔 지나치게 반색하며 차를 내오라는 둥, 담배를 붙여 들이라는 둥 분주를 떨어 댄다. 순식간에 대우가 달라진 것이다. 그들은 모두 태원太原 분진汾晉에 사는 사람들이다. 지난해에 이곳에 와서 부인용 장식품을 파는 점포를 차렸다. 점포 이름을 '만취당'晩翠堂이라 하고, 비녀·귀걸이·가락지 등속을 팔았다. 그 중 셋은 성이 최崔요, 둘은 유柳와 곽霍인데 모두 학식이 짧아 말을 나눌 수는 없었으나 그나마 곽생이 가장 나아 보였다. 다섯 명 모두 나이가 서른 남짓인데 마치 노새처럼 힘

있고 굳세 보인다. 얼굴들이 희멀건 하고 아름답긴 하나 청아한 기운은 전혀 없어, 요전에 만난 오吳나 촉蜀 사람들과는 사뭇 달랐다. 지방 풍토가 서로 같지 않음을 이로써 알 수 있겠다. 산서에서 장수가 잘 난다더니 과연 빈말이 아닌 듯싶다.

곽생에게 물었다.

"태원에 살고 계시다니, 귀향 출신인 곽태봉郭泰峰, 호는 금납錦衲이란 어른을 아시는지요?"

곽생은 "모릅니다" 하고는, 곽霍과 곽郭의 두 글자에다 점을 찍으며 이렇게 말한다.

"이는 곽 태조郭太祖_후주後周의 태조 곽위郭威의 곽 자요, 나는 곽거병霍去病_한나라 무제武帝 때의 이름난 장수의 곽 자입니다."

내가 웃으면서 "왜 분양汾陽_당나라 현종 때 안사의 난을 평정한 장수 곽자의郭子儀과 박륙博陸_한나라 소제昭帝 때 정치가인 곽광霍光을 끌어 오지 않고, 하필 주 태조나 표요驃姚_곽거병이 표요 교위校尉를 지냈다를 끌어대십니까" 하니, 곽생이 멀뚱히 보고는 잠자코 있다. 아마 제딴에는 내가 만인滿人들처럼 곽霍과 곽郭을 혼용할까봐 이런 식으로 밝혀 준 듯싶다.

곽생이 말머리를 바꿀 작정으로 이렇게 묻는다.

"등주登州에서 뭍으로 내리셨으면, 어찌하여 이리로 오셨습니까?"

"아니, 배를 타고 온 게 아닙니다. 육로 3,000리로 바로 연경까지 대어가는 길이지요."

"고려는 일본과 같습니까?"

마침 한 사람이 붉은 종이를 가지고 와서 글씨를 써 달라 한다. 또 친구들을 불러들이는 바람에 사람들이 점점 늘어난다.

"붉은 종이엔 글씨가 잘 안 써지니 계란빛 종이를 가져오시오."

내가 이렇게 말하자 한 사람이 황급하게 달려가 분지粉紙 몇 장을 가져온다. 나는 그것을 잘라서 주련을 만든 다음 붓을 들어 다음과 같이 썼다.

주인 늙은이 산과 숲을 즐기노니 翁之樂者山林也

손님도 물과 달을 아실 테지요. 客亦知否水月乎

여러 사람들이 좋다며 환호성을 지른다. 서로 다투어 먹을 갈고는 분주하게 왔다갔다 한다. 종이를 구하느라고 그러는 것이다. 나는 이에 종이를 펴고 쉴 새 없이 붓을 달리기를, 마치 고소장에 판결문을 쓰듯 했다. 한 사람이 나에게 묻는다.

"선생께선 술을 자실 줄 아십니까?"

"한 잔 술이야 어찌 마다하겠습니까."

여러 사람이 크게 한바탕 웃고 곧 따끈한 술 한 주전자를 가져오더니만 연거푸 석 잔을 권한다.

"주인장께선 왜 안 마십니까?"

"이 자리에 술 마실 줄 아는 사람은 한 명도 없답니다."

이에 모여 구경하던 이들이 서로 다투어 빈과, 사과, 포도 등을 권하며 먹으라 한다.

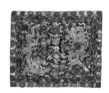

여성들이 사용하던
머리 장신구들

내가 "달빛이 밝다 해도 글씨 쓰기엔 어려움이 있으니 촛불을 켜는 게 좋겠소" 했더니, 곽생은 "천상에 한 조각 거울이 달렸으니 인간 세상에 있는 만 개의 등불보다 낫지 않을까요" 한다.

한 사람이 "어른께선 눈이 좀 침침하십니까?" 한다. 내가 그렇다고 대답했더니, 곧 네 개의 촛불을 밝혀 준다.

문득 어제 일이 떠올랐다. '어제 전당포에서 '기상새설' 넉 자를 썼다가 주인이 돌연 안색이 나빠졌단 말이야. 오늘은 단연코 그 치욕을 씻어야겠다.'

그래서 주인에게 "점포 머리에 달 만한 액자를 써드릴까요?" 했더니, 주인을 비롯하여 모두들 좋다고 환호한다. 나는 곧바로 '기상새설' 네 글자를 또박또박 써 내려갔다. 그런데 여럿이 서로 쳐다보는 품이 어제 전당포 주인과 마찬가지로 적이 수상쩍다. 속으로, '이것참 괴이한 일이구나' 여기며 물었다.

"이 말은 이 가게와 별 상관이 없습니까?"

"그렇습니다. 저의 가겐 부인네들 장식품만 취급하지, 국숫집은 아니거든요."

그제야 나는 내 실수를 깨달았다. 전날의 일을 돌이켜 보니, 부끄럽기 짝이 없었다.

"나도 모르는 바 아니지만 그저 시험 삼아 한번 써 본 것이오."

일단 이렇게 얼버무렸다. 그 와중에 전일 요양 점포에서 본 '계명부가'鷄鳴副珈_닭이 울자 장식을 갖추네라는 금빛 글자로 쓴 간판이 퍼뜩 떠올랐다. 이 점포가 그와 비슷한 듯싶어 '부가당'副珈堂이란 석 자를 써 주었다. 그러자 모두들 환호하며 좋아서 어쩔 줄 모른다.

곽생이 무슨 뜻이냐고 묻는다.

"이 댁에서 부인네들의 장식품을 취급한다 하니, 『시경』詩經에 나오는 소위 '부계육가'副笄六珈란 구절이 여기에 완전히 부합한다 할 수 있지요."

곽생은 "저의 집을 빛내 주신 은덕을 무엇으로 갚으리까" 하며 감사해 마지않는다.

다음날 북진묘北鎭廟를 구경하기로 예정되어 있는 터라 일찍 돌아왔다. 일행들에게 일전의 일을 이야기하니 배꼽을 잡고 웃지 않는 이가 없다. 그후로는 점포 앞에 '기상새설'이란 넉 자를 볼 때마다 '음, 필시 국숫집이로군' 했다. 이는 그 주인장의 심지가 밝고 깨끗함을 이르는 것이 아니라, 실로 그 면발이 서릿발처럼 가늘고 눈보다 희다는 것을 자랑하기 위함이다. 여기서 면발麵이란 곧 우리나라에서 말하는 '진말'眞末_밀가루이다. 청여·계함, 조달동과 다음날 북진묘에 함께 가기로 약속했다.

성자사(聖慈寺)는 숭덕 3년에 세워졌다. 전각은 장대하면서도 깊고 그윽하다. 법당의 돈대는 높이가 한 길인데, 사방에 돌난간을 세웠다. 전각 위엔 참새를 막기 위한 그물을 둘러쳤다. 세 그루 노송(老松)의 가지가 서로 뒤엉켜 그림자가 적막한 분위기를 한껏 더해준다. 비석이 둘인데, 하나는 태학사 강림이 지은 것으로 뒷면엔 만주글로 되어 있다. 다른 하나는 앞뒷면이 모두 몽고와 서번의 글자로 되어 있다. 라마 중 몇이 절을 지키고 있다. 전각 속에는 팔백 나한이 안치되어 있는데, 키가 몇 치밖에 되지 않으나 하나하나가 다 정묘하기 이를 데 없다. 강희황제가 손수 만들었다는 수백 개의 조그만 탑은 크기가 쌍륙(雙六_윷과 비슷한 놀이도구)만 하고, 아로새긴 솜씨를 볼진대, 가히 신의 경지라 할 만하다. 뜰에 있는 큰 탑은 높이가 10여 길로 위는 둥글고 아래는 네모나며, 사자 모양을 새겨 넣었다.

만수사(萬壽寺)는 강희 55년에 중수하였다. 절 앞에 패루 하나가 있다. 현판에 '만세무강'(萬歲無疆)이라는 글씨가 걸려 있다. 전각의 모양이 웅장하고 화려하여 성자사를 능가할 만하다. 다만 소나무 그늘이 없는 게 아쉬웠다. 여기에도 역시 비석 둘이 있는데, 정전(正殿)에는 강희황제가 쓴 '요해자운'(遼海慈雲)이란 액자가 붙어있나. 향로며 솥과 기물 등 완상용 보물들이 하도 많아 이루 다 기록할 수 없을 지경이다. 라마 중 열 명이 누런 옷에 누런 벙거지를 쓰고 있다. 험상궂긴 하지만 훤칠해 보인다.

실승사(實勝寺)는 '연화정토'(蓮花淨土)라는 현판이 걸려 있는데, 숭덕 3년에 세워졌다. 전각 위는 모두 푸르고 누런 유리 기와로 이었다. 이는 청태종의 원당(願堂_죽은 자의 명복을 위해 지은 절)이라 한다.

주필산(駐蹕山)은 요양의 서남쪽에 있는 산이다. 처음엔 이름이 수산(首山)이었다. 당 태종이 고구려를 치러 갈 때 이 산 위에 며칠 머물렀다. 그때 돌에다 그 공덕을 새기고 이름을 '주필산'이라고 고쳤다.

개운산(開運山)은 봉천부 서북쪽에 있다. 주위에 산봉우리가 둘러 있고 수많은 강물의 근원지에 해당한다. 청나라의 영릉(永陵)이다.

철배산(鐵背山)은 봉천부 서북쪽에 있다. 그 위엔 계(界)와 번(蕃_청태조가 쌓은 성)두 성이 있다.

천주산(天柱山)은 승덕현 동쪽에 있다. 곧 청나라의 복릉(福陵_청태조의 능)이 있는 곳이다. 『진사』(晉史)에 나오는 동모산이 바로 여기다.

융업산(隆業山)은 승덕현 서북쪽에 있다. 청나라의 소릉(昭陵)이 여기에 있다.

십삼산(十三山)은 금주부 동쪽에 있다. 봉우리가 모두 열셋이다. 채규(蔡珪)의 시에 이런 구절이 있다.

여산이 다한 곳에 또 다시 열세 봉우리 閭山盡處十三山
계곡 사이 인가는 그림에서 본 대로네. 溪曲人家畵幅間

발해는 봉천부 남쪽에 있다. 『성경통지(盛京統志)에 "바다 옆으로 뻗어나간 물줄기를 발(渤)이라 한다" 하였다. 2천 리에 걸친 요동벌판, 그 남쪽이 곧 발해라고 한다.

요하(遼河)는 승덕현의 서쪽에 있다. 구려하 혹은 구류하라고 한다. 『한서』와 『수경』(水經)에는 다 대요수(大遼水)라 되어 있다. 요수의 좌우가 바로 요동과 요서가 나뉘어지는 경계이다. 당 태종이 고구려를 치러 갈 적에 이곳 200리에 걸친 진펄에 모래로 다리를 놓아 건너갔다고 한다.

혼하(渾河)는 승덕현 남쪽에 있다. 소요수 혹은 아리강 혹은 헌우낙수 등으로 불린다. 발원지는 장백산이다. 태자하와 합치고, 다시 요수와 합쳐 바다로 흘러간다.

태자하(太子河)는 요양 북쪽에 있다. 변문 밖 영길주(永吉州)가 발원지다. 변문 안으로 흘러와서 혼하·요하와 합쳐 삼차하(三叉河)가 되었다. 세상에 전하는 말로는, 진시황을 피하여 여기로 도망온 연 태자 단(丹)이 결국 머리가 베어져 진(秦)에 바쳐졌다고 한다. 후에 사람들이 이를 불쌍히 여겨 물 이름을 태자하라 하였다.

소심수(小瀋水)는 승덕현 남쪽에 있다. 동관(東關) 관음각에서 시작하여 혼하로 들어간다. 보통 물의 북쪽을 양(陽)이라 한다. 해서, 심양(瀋陽)이라는 이름이 여기서 비롯되었다고 한다.

산천기략 후지(山川記略後識)

내가 지금껏 거쳐 온 산하는 도무지 상세하지가 않다. 내 아는 것이라곤 그 지역 사람들의 구전(口傳)과 길가는 사람들의 정보, 중국을 자주 드나드는 우리 하인들의 말을 통해서였는데, 그것들이 대개는 생각나는 대로 대답한 것이기 때문이다. 예컨대, 화표주는 요동의 고적지인데 누구는 성 안에 있다 하고, 누구는 성밖 10여 리에 있다 하니, 다른 것들이야 오죽하겠는가.

깨진 기와 조각은 천하에 쓸모없는 물건이다. 그러나 민가에서 담을 쌓을 때 어깨 높이
위쪽으로는 깨진 기와 조각을 둘씩둘씩 짝을 지어 물결무늬를 만들거나, 혹은 네 조각을 모아
쇠사슬 모양을 만들거나, 또는 네 조각을 등지게 하여 노나라 엽전 모양처럼 만든다. 그러면
구멍이 찬란하게 뚫리어 안팎이 서로 비추게 된다. 깨진 기와 조각도 알뜰하게 써먹었기
때문에 천하의 무늬를 여기에 다 새길 수 있었던 것이다.
똥오줌은 아주 더러운 물건이다. 그러나 거름으로 쓸 때는 금덩어리라도 되는 양 아까워한다.
한 덩어리도 길바닥에 흘리지 않을뿐더러, 말똥을 모으기 위해 삼태기를 받쳐 들고 말 꼬리를
따라 다니기도 한다.
그러므로 나는 말하리라. "저 기와 조각이나 똥덩어리야말로 진정 장관이다."

馹汎隨筆

3편

일신수필

7월 15일부터 23일까지
모두 9일 동안의 기록이다.
신광녕부터 산해관 안에 이르기까지
모두 5백 62리의 여정이다.

일신수필

서序

🐎 입과 귀에만 의지하는 자들과는 더불어 학문에 대해 이야기할 바가 못 된다. 평생토록 뜻을 다해도 도달하지 못하는 것이 학문이 아니던가. 사람들은 "성인聖人이 태산에 올라 내려다보니 천하가 작게 보였다"고 말하면, 속으로는 그렇게 생각하지 않으면서도 입으로는 그렇다고 대답할 것이다. 그러나 "부처가 시방세계十方世界를 보았다"고 하면 허황하다고 배척할 것이며, "태서泰西_서양을 말함 사람이 큰 배를 타고 지구 밖을 돌았다"고 하면 말도 안 되는 소리라고 버럭 화를 낼 것이다.

그러면, 나는 누구와 더불어 이 천지 사이의 큰 장관을 이야기할 수 있을까? 아, 공자가 240년간의 역사를 간추려서 『춘추』春秋라 하였으나, 이 240년 동안 일어난 군사 · 외교 등의 사적은 꽃이 피고 잎이 지는 것과 같은 잠깐 사이의 일에 지나지 않는다. 달리는 말 위에서 휙휙 스쳐 지나가는 것들을 기록하노라니 문득 이런 생각이 들었다. 먹을 한 점 찍는 사이는 눈 한 번 깜박이고 숨 한 번 쉬는 짧은 순간에 지나지 않는다. 눈 한 번 깜박하고 숨 한 번 쉬는 사이에 벌써 작은 옛날小古, 작은 오늘小今이 되어 버린다. 그렇다면 하나의 옛날이나 오늘은 또한 크게 눈 한 번 깜박하고大瞬 크게 숨 한 번 쉬는大息 사이라 할 수 있겠다. 이처럼 찰나에 불과한 세상에서 이름을 날리고 공을 세우겠다고 욕심을 부리니 어찌 서글프지 않겠는가?

내가 예전에 묘향산의 상원암에 묵을 때, 밤새도록 달이 대낮처럼 밝았다. 창문을 젖히고 동쪽을 바라보니, 절 앞에는 하얀 안개가 짙게 깔렸고 그 위에 달빛이 이어져 마치 은빛 바다처럼 보였다. 바다 밑에서 은은히 코고는 듯한 소리가 들리자 중들이 이렇게 말했다. "산 아래 마을엔 금방 천둥이 치고 소나기가 쏟아지겠는걸."

다음날 산을 내려와 안주에 도착했더니 과연 어젯밤에 폭우가 쏟아지고 뇌성벽력이 쳤다고 한다. 실제로 평지엔 물이 한 길이나 차고, 민가들은 물 위를 둥둥 떠다니고 있었다. 나는 말고삐를 잡고 서서 탄식해 마지않았다.

"아, 어젯밤 나는 구름과 비, 그 너머의 세상에서 밝은 달을 안고 잠들었구나."

묘향산은 태산에 비하면 겨우 한 개의 둔덕에 지나지 않을 뿐인데도 위치에 따라 이토록 다르니, 성인이 천하를 굽어보았을 젠 과연 어떠했으랴?

저 설산雪山에서 고행한 이는부처를 말함 공자의 집안에서 3대에 걸쳐 그 아내를 세 번이나 내쫓은 일, 아들 백어伯魚가 일찍 죽은 일, 노나라와 위나라에서 봉변을 당한 일 따위는 겪어보지도 않고서 감히 속세를 떠났다고 생각한다. 그러고는 땅·물·불·바람 등을 순식간에 공空으로 여기고 있으니 이 얼마나 한심한 노릇인가.

그런가 하면 저 태서인들은 공자와 부처의 관점도 오히려 지상을 떠나지 못한 것이라고 하면서, 지구는 제쳐 두고 하늘로 별을 붙잡으러 가겠다고 한다. 그러면서 스스로 자기의 관점이 공자와 석가모니보다 낫다고 생각한다. 그렇다면 서양인들이 먼 타국에 와서 말을 배우며, 머리가 하얗게 세도록 남의 글을 익혀서 불후의 업적을 내려고 하는 것은 대체 무엇 때문일까. 대체로 귀로 듣고 눈으로 본 것은 지

묘향산妙香山

산세가 기묘하고 향기를 풍기는 아름다운 산이라는 뜻의 묘향산은 북한의 평안도와 자강도에 걸쳐 있으며 묘향산맥의 중앙에 솟아 있다. 비로봉을 중심으로 많은 계곡이 발달했으며, 지형성 강우 지역으로 한반도의 3대 다우 지역에 속한다.

마테오리치

명나라 만력 연간에 중국에 온 예수회 선교사 마테오리치(위 그림 왼쪽)는 중국 최초의 세계지도인 「곤여만국전도」를 제작하고 과학책인 『기하원본』을 번역하는 등 유럽의 과학을 중국에 소개한 인물이다.

나가 버린다. 지나가는 것은 멈추지 않기 때문에 옛것에 의지하여 학
문으로 삼은 것은 고증할 길이 없다. 그러므로 힘껏 저서를 지어 다
른 사람들이 반드시 믿을 수 있게 한 것이다. 저들은 우리 유가儒家에
서 이단을 물리치는 학설을 보고는 실마리만 주워 모아 억지로 불교
를 배척하는 흉내만 낸다. 불씨의 천당·지옥설을 따르는 학설도 남
의 말 찌꺼기나 주워 모았을 뿐이다. 〔몇 글자가 빠짐.〕 내 이번 여행
〔이하 문장은 빠져 있음.〕

　　　　박래원과 태의太醫 변계함, 주부 조달동과 함께 새벽에 소흑산을 떠나 중안포中安浦까지 30리를 가서 점심을 먹었다. 일행보다 먼저 떠나 구광녕을 지나 북진묘를 구경하고, 달밤에 40리를 가서 신광녕에서 묵었다. 북진묘를 구경하느라 20리 길을 돌아갔기 때문에 이날 간 거리는 모두 90리이다. 『이정록』에 기록된, 백대자白臺子 · 망우대蟒牛臺 · 사하자沙河子 · 굴가둔屈家屯 · 삼의묘三義廟 · 북진보北鎭堡 · 양장하羊腸河 · 우가둔于家屯 · 후가둔侯家屯 · 이대자二臺子 · 소고가자小古家子 · 대고가자大古家子 등의 지명과 노정은 서로 어긋나고 잘못된 곳이 많다. 만일 이대로 계산한다면 180리가 되겠지만, 지금은 상고할 길이 없다. 이날은 몹시 더웠다.

　우리나라 선비들이 연경에서 돌아온 사람을 만나면 반드시 물어보는 말이 있다.

　"자네, 이번 여행에서 제일 장관이 뭐였는가? 하나만 꼭 집어 말해 주게나."

　그러면 사람들은 입에서 나오는 대로 대답해 버린다.

　"요동 천 리의 넓은 들판이 장관이야."

　"구요동의 백탑이 장관이더군."

노구교蘆溝橋

노구교는 북경 서남부에 있는
'노구하'라는 강을
가로지르는 다리이다.
노구교는 군사·경제상
요충지였기 때문에 금나라
때인 1188년 돌로 다리를
건설하라는 명령이 내려졌고,
1192년에 완공되었다.
다리를 건설한 후 100여 년쯤
뒤에 마르코폴로가 이곳을
지나며 여행기에 그 위용을
기록한 바 있다. 전체 길이는
267m이고, 폭은 8m이다.

"큰 길가의 저자와 점포가 장관이지."

"계문薊門의 안개 낀 숲이 장관이지."

"노구교가 장관이야."

"산해관이 장관이지."

"각산사角山寺가 장관이지."

"망해정望海亭이 장관이지."

"조가패루祖家牌樓가 장관이지."

"유리창이 장관이야."

"통주의 주집舟楫들이 장관이지."

"금주위의 목장이 장관이야."

"서산의 누대가 장관이지."

"사천주당四天主堂이 장관이야."

"호권虎圈이 장관이야."

"상방象房이 장관이지."

"남해자南海子가 장관이지."

"동악묘가 장관이지."

"북진묘가 장관이지."

대답들이 분분하여 이루 헤아릴 수가 없다. 그러나 소위 일류 선비上士°는 정색하고 얼굴빛을 고치며 이렇게 대답한다.

"허, 도무지 볼 것이라고는 없습디다."

"호오, 어째서 볼 것이 없던가요?"

"황제가 머리를 깎았고, 장상將相과 대신 등 모든 관원들이 머리를 깎았으며, 선비와 서민들까지도 모두 머리를 깎았더군요. 공덕이 비록 은나라·주나라와 대등하고, 부강함이 진나라·한나라보다 낫다 한들 백성이 생겨난 이래 여지껏 머리를 깎은 천자는 없었습니다. 아무리 드높은 학문을 이루었다 한들 일단 머리를 깎았으면 곧 오랑

•일류 선비, 이류 선비, 삼류 선비

상사(上士·일류 선비), 중사(中士·이류 선비), 하사(下士·삼류 선비)는 선비의 등급을 나누는 말로, 『맹자』와 『노자』 등에 나온다. 일반적으로 선비 중에서 덕망을 갖추고 세상의 모범이 되는 최고의 선비를 상사라고 하며, 그 아래로 중사와 하사가 위치한다. 그러나 박지원은 세상의 일반적인 등급을 거꾸로 뒤집어서 표현하고 있다.

박지원이 말하는 상사는 청나라에 대한 구체적인 경험도 없이 그들의 머리 모양만을 보고 문화적 수준이 형편 없는 오랑캐라고 치부하는 계층이다. 그들의 논법은 언뜻 명쾌해 보이지만 단순무식하기 그지없다. 머리를 깎으면 오랑캐요, 오랑캐는 짐승과 같은 수준이다. 따라서 머리를 깎은 청나라는 짐승과 같은 오랑캐에 불과하다. 그러나 이런 말을 하는 '상사'들의 말을 사람들은 깍듯이 떠받든다.

'중사'는 상사보다는 제법 논리를 갖춘 것처럼 보인다. 성곽이나 궁실 같은 것들을 직접 보기도 했고, 청나라의 풍속을 살펴보기도 한 인물들이다. 그러나 그들 역시 중국의 모든 문화는 과거 한족들의 것을 그대로 모방하는 수준이라고 간주한다. 그들은 여기에 한술 더 떠 청나라가 중국 땅을 점거한 이래 중국에는 과거의 화려한 문화가 사라졌으며, 이를 회복하기 위해서는 우리가 군대를 동원해서 전쟁을 벌여야 한다고 주장한다. 이들의 모습에서 당시 조선 사회를 지배하고 있던 북벌론(北伐論)의 위상을 확인할 수 있다.

박지원은 세상의 존경을 받는 최고 지식인인 상사와 중사를 통해서, 당시 조선의 중국 인식을 비판하고 있다. 그들은 청나라의 표면적인 모습만을 보고 오랑캐라고 폄하한다. 청나라 문명을 정확하게 진단하지 못할 뿐 아니라 그럴 마음도, 그럴 능력도 없다. 이렇게 세상의 통념을 뒤집어서 자신의 주장을 명쾌하고 강렬하게 전달하는 대목에서 박지원의 역설이 빛을 발한다.

캐요, 오랑캐는 개돼지나 마찬가집니다. 개돼지에게서 뭐 볼 게 있겠습니까?"

이는 최고의 의리를 아는 자의 말이다. 이 말을 들으면 질문을 한 사람도 잠잠해지고, 사방에 앉아 있던 사람들 역시 숙연해진다.

그 다음, 소위 이류 선비中士는 이렇게 말한다.

"성곽은 만리장성을 본받았고, 궁실은 아방궁을 흉내냈을 뿐입니다. 선비와 서민들은 위나라와 진나라 때처럼 겉만 화려한 기풍을 좇고, 풍속은 수 양제와 당 현종 때처럼 사치스러움에 빠져 있더군요. 명나라가 멸망하자 산천은 누린내 나는 고장으로 변했고, 성인들의 업적이 사라지자 언어조차 오랑캐들의 말로 바뀌어 버렸지요. 그러니 무슨 볼 만한 게 있겠습니까? 진실로 10만 대군을 얻어 산해관으로 쳐들어 가서, 만주족 오랑캐들을 소탕한 뒤라야 비로소 장관을 이야기할 수 있을 겁니다."

이는 『춘추』를 제대로 읽은 사람의 말이다. 『춘추』 이 한 권은 중화를 높이고 오랑캐를 물리치기 위한 책이다. 우리나라가 명나라를 섬긴 지 200년 동안 한결같이 충성을 다하여 속국으로 일컬어지곤

수隋 양제煬帝
수나라의 2대 황제였던 양제는, 중국의 남쪽과 북쪽을 잇는 대운하를 건설하는 등 막대한 비용을 들여 대규모 토목사업을 벌였다. 또 궁궐을 짓고 장식하는 데 국고를 낭비하여 재정 압박을 가속화했다. 세 차례에 걸친 고구려 원정의 실패는 내부의 반란을 불렀고, 결국 멸망의 길을 걸었다.

당唐 현종玄宗
그림의 왼쪽은 양귀비이고, 오른쪽에 타악기를 치고 있는 이가 현종이다. 당나라 6대 황제인 현종은 행정적 개혁을 단행하여 당대 최고의 번영기를 구가했으나, 치세 후반에는 관리능력이 점점 떨어진 데다 황제 자신의 사사로운 낭비를 위해 백성에 대한 착취를 일삼았다.

했으나 실상 명과 조선은 하나의 나라나 다름없었다. 만력 임진년 壬辰年_1592년 왜적의 난에 신종 황제가 명나라의 군사를 일으켜 우리 조선을 구원해 주니, 우리나라 사람들의 정수리부터 발꿈치까지 그리고 터럭 한 올까지 그 은혜를 입지 않은 바가 없었다.

또 병자년1636년에 청나라 군대가 조선을 침략하자, 의열 황제가 급히 총병 진홍범陳洪範에게

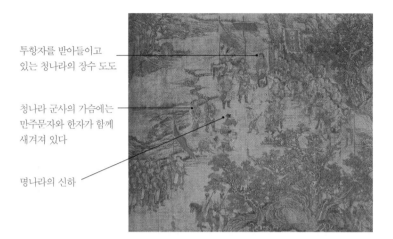

투항자를 받아들이고
있는 청나라의 장수 도도

청나라 군사의 가슴에는
만주문자와 한자가 함께
새겨져 있다

명나라의 신하

득승도得勝圖
남경을 함락시킨 청나라
군대에 명나라 신하들이
투항하는 장면이다.

명하여 각 진영의 수군을 징집해 구원병을 파견하였다. 홍범이 관병
의 출항을 아뢰려 할 즈음, 산동 순무山東巡撫 안계조顔繼祖가 강화도마
저 함락되어 조선이 이미 패배했다고 보고하였다. 이에 황제는 계조
가 조선에 협력하지 않았다며 조서를 내려, 준절하게 질책하였다.

이때 천자는 안으로 복주, 초주, 양주, 당주의 난리를 진압하지 못
한 상황이었다. 그런데도 불에 타고 물에 빠질 위기에서 조선을 구해
주려는 마음이 형제의 나라보다 더 간절했다. 그러다 하늘이 무너지
고 땅이 갈라지는 비운을 당하여 명나라가 망하자, 마침내 온 세상
사람들은 머리를 깎고 오랑캐가 되고 말았다. 변방 귀퉁이에 있는 우
리나라만이 이런 수치를 면하긴 했으나 명나라를 위하여 원수를 갚
고 치욕을 씻으려는 마음이야 어찌 하룬들 잊은 적이 있겠는가. 우리
나라 사대부들 중 중화를 높이고 오랑캐를 물리치려는 『춘추』의 절
의를 간직한 이들이 우뚝 서서 100년을 하루같이 그 뜻을 이어왔으
니 실로 대단한 일이라 할 수 있겠다.

그러나 중화는 중화일 뿐이고, 오랑캐는 오랑캐일 뿐이다. 중국의
성곽과 궁실과 인민들이 예전처럼 그대로 남아 있고, 정덕·이용·후
생의 도구도 예전과 다름이 없다. 최崔·노盧·왕王·사謝의 씨족도 그

대로 있고, 주周·장張·정程·주朱의 학문주돈이, 장재, 정호, 정이, 주희의 성리학을 말함 또한 사라지지 않았다. 하·은·주 삼대 이후의 성스럽고 밝은 임금들과 한·당·송·명의 아름다운 법률제도 역시 변함이 없다. 오랑캐라고 하는 청나라는 중국의 제도에서 이익이 될 만하고 오래 향유할 만한 것들을 가로채 가지고는 마치 본래부터 자기 것이었던 양한다.

대개 천하를 위하여 일하는 자는, 진실로 백성에게 이롭고 나라에 도움이 될 일이라면 그 법이 비록 오랑캐에게서 나온 것일지라도 마땅히 이를 수용하여 본받아야만 한다. 더구나 삼대 이후의 성스럽고 현명한 제왕들과 한·당·송·명 등 여러 왕조들이 본래부터 가지고 있던 고유한 원칙이야 더 말할 나위도 없다. 성인이『춘추』를 지으실 제, 물론 중화를 높이고 오랑캐를 물리치려고 하셨으나, 그렇다고 오랑캐가 중화를 어지럽히는 데 분개하여 중화의 훌륭한 문물제도까지 물리치셨다는 말은 들어보지 못했다.

그러므로 이제 사람들이 정말 오랑캐를 물리치려면 중화의 전해오는 법을 모조리 배워서 먼저 우리나라의 유치한 습속부터 바꿔야 할 것이다. 밭갈기, 누에치기, 그릇굽기, 풀무불기부터 공업, 상업 등에 이르기까지 모조리 다 배워야 한다. 다른 사람이 열을 배우면 우리는 백을 배워 백성을 이롭게 해야 한다. 우리 백성들이 몽둥이를 만들어 두었다가 저들의 견고한 갑옷과 날카로운 무기를 두들길 수 있게 된 다음에야 "중국에는 볼 만한 것이 없다"고 장담할 수 있을 것이다.

그러므로 나는 비록 삼류 선비下士지만 감히 말하리라.

"중국의 제일 장관은 저 기와 조각에 있고, 저 똥덩어리에 있다."

대체로 깨진 기와 조각은 천하에 쓸모없는 물건이다. 그러나 민가에서 담을 쌓을 때 어깨 높이 위쪽으로는 깨진 기와 조각을 둘씩둘씩 짝을 지어 물결무늬를 만들거나, 혹은 네 조각을 모아 쇠사슬 모양을

만들거나, 또는 네 조각을 등지게 하여 노나라 엽전 모양처럼 만든
다. 그러면 구멍이 찬란하게 뚫리어 안팎이 서로 비추게 된다. 깨진
기와 조각도 알뜰하게 써먹었기 때문에 천하의 무늬를 여기에 다 새
길 수 있었던 것이다. 그런가 하면, 가난하여 뜰 앞에 벽돌을 깔 형편
이 안 되는 집들은 여러 빛깔의 유리 기와 조각과 시냇가의 둥근 조
약돌을 주워다가 꽃·나무·새·짐승 모양을 아로새겨 깔아 놓는다.
비올 때 진창이 되는 것을 막기 위함이다. 기와 조각 하나, 자갈 한
조각도 버리지 않고 고루 활용했기 때문에 천하의 고운 빛깔을 다 낼
수 있었던 것이다.

똥오줌은 아주 더러운 물건이다. 그러나 거름으로 쓸 때는 금덩어
리라도 되는 양 아까워한다. 한 덩어리도 길바닥에 흘리지 않을뿐더
러, 말똥을 모으기 위해 삼태기를 받쳐 들고 말 꼬리를 따라 다니기
도 한다. 똥을 모아서는 네모반듯하게 쌓거나, 혹은 팔각으로 혹은
육각으로 또는 누각 모양으로 쌓아 올린다. 똥덩어리를 처리하는 방
식만 보아도 천하의 제도가 이에 다 갖추어졌음을 알 수 있겠다.

그러므로 나는 비록 삼류 선비지만 감히 말하리라.
"중국의 제일 장관은 저 기와 조각에 있고, 저 똥덩어리에 있다."

ⓒ이김천

그러므로 나는 말하리라.

"저 기와 조각이나 똥덩어리야말로 진정 장관이다. 어찌 성지城地, 궁실, 누대, 점포, 사찰, 목축, 광막한 벌판, 아스라한 안개 숲만 장관이라고 할 것인가."

구광녕성은 의무려산 아래에 있다. 성 앞으로는 큰 강이 흘러 그 강물을 끌어서 해자를 만들었으며, 탑 한 쌍이 하늘로 솟아 있다. 성에서 조금 떨어진 곳에 큰 사당이 한 채 있는데, 단청을 새로 하여 눈앞이 번쩍번쩍 빛이 찬란하다.

광녕성 동문 밖의 다리에 새긴 공하蚣蝮_용의 새끼로 물을 좋아해서 주로 돌다리 기둥에 새겼다는 아주 웅장하고 정교하였다. 겹문으로 들어가 저잣거리를 뚫고 지나갔는데, 요동에 못지않게 번화하다. 영원백寧遠伯 이성량李成梁의 패루가 성 북쪽에 있다. 더러는 "광녕은 본래 기자의 나라여서 예전에는 우관冔冠_은나라의 갓 이름을 쓴 기자의 소상이 있었는데, 명나라 가정嘉靖_명나라 세종 때 연호. 1522~1566년연간의 난리통에 타 버렸다"고 말하기도 한다. 성은 두 겹으로 내성은 온전하나 외곽은 많이 파손되었다. 성 안의 남녀들이 집집이 나와서 구경하고, 저자에서 노닐던 수천 명의 사람들이 떼를 지어 말머리를 에워싸는 바람에 빠져나가기가 힘들었다.

성 밖의 관묘關廟는 웅장하고 화려하여 요양의 관묘와 대적할 만하다. 사당문 밖에 설치된 무대는 높고 깊으며 화려하고 사치스러웠다. 마침 여러 패들이 모여서 연극을 하는 모양인데 갈 길이 바빠 구경하지 못했다.

천계天啓_명나라 희종 때 연호. 1621~1627년 연간에 왕화정王化貞이 이영방李永芳에게 속아 그의 날랜 장수 손득공孫得功이 적군을 성으로 맞아들였다고 한다. 이렇게 광녕성이 함락되면서 천하의 대세는 청나라로 넘어가 버렸다.

이성량 패루

이성량은 명나라 때 몽고족과 여진족의 침략을 막고 22년간 요동 지역을 지켰다. 요동 총병관의 자리에 오르고 그뒤 '영원백'의 작위를 받는 등 그 공로를 인정받았고 '최고의 장수'로 손꼽혔다. 이성량의 선조는 조선인이었다고 하며, 그의 맏아들은 임진왜란 때 원병을 이끌고 조선에 온 이여송이다. 위 사진은 이성량 패루의 오늘날 모습이다.

태평차의 모습

수레 위에 둥근 가마를 올린 태평차의 모습이다. 작은 창을 낸 가마에 여인네가 타고 있는 모습이 보인다.

수레제도車制

타는 수레는 태평차太平車라고 한다. 바퀴의 높이는 팔꿈치에 닿을 정도고, 바퀴살은 서른 개다. 대추나무로 바퀴테를 만들고, 쇳조각을 바퀴에 둘러쳐서 쇠못을 박았다. 바퀴 위에 둥근 가마를 올리는데, 세 사람 정도 탈 수 있다. 가마에는 푸른 베나 능단 또는 우단으로 휘장을 친다. 때로는 은으로 단추를 달아 여닫게 한 주렴을 드리우기도 한다. 좌우에는 유리를 달아 창을 낸다. 가마 앞에 가로로 널판을 걸쳐 놓아서 마부가 앉게 하며, 뒤에도 역시 널판을 걸쳐 놓아 하인이 앉게 한다. 보통 나귀 한 마리가 끌지만, 먼 길을 갈 때는 말이나 노새를 더 매기도 한다.

짐을 싣는 수레는 대차大車라고 한다. 바퀴 높이는 태평차보다 조금 낮으며, 바퀴살은 입卄 자 모양이다. 짐이 800근일 경우에는 말 두 필을 매고, 800근이 넘을 경우에는 짐에 따라서 말 수를 늘린다. 배의 뜸배 위에 풀로 엮어 간단히 지은 집처럼 집 위에 삿자리로 덮개를 만들어 그

대차의 모습
『삼재도회』에 나타난 대차의
그림이다.

속에 앉거나 눕는다. 말 여섯 필이 끄는 경우에는 수레 밑에는 큰 방울을 달고 말 목에도 작은 방울 수백 개를 달아 쩔렁거리는 소리로 밤길을 경계한다. 태평차는 바퀴가 회전하는데 비해, 대차는 굴대바퀴 한 가운데 구멍에 끼우는 막대가 회전한다. 두 바퀴가 똑같이 둥글어서 고르게 회전하기 때문에 빨리 달릴 수 있다. 끌채수레의 양쪽에 대는 긴 채를 매는 말은 힘센 말이나 튼튼한 나귀여야만 한다. 가름대와 멍에를 쓰지 않고 조그만 나무 안장을 얹으며, 가죽끈이나 밧줄로 말을 끌채머리에 비끄러맨다. 다른 말들은 모두 쇠가죽으로 만든 배대끈과 줄을 매어서 끌게 한다. 짐이 많으면 한껏 쌓아 올려 높이가 몇 길이나 되는 경우도 있으며, 끄는 말도 많게는 십여 필이나 된다. 마부는 '칸처더'看車的라 부른다. 그는 짐 위에 높이 앉아 손에 두 발 길이의 두 가닥 끈을 꼬아 놓은 긴 채찍을 휘둘러 착착 내리친다. 힘을 안 쓰고 이리저리 버티는 말은 귀도 때리고 옆구리도 때리는데, 손에 익어 탁탁 잘도 맞는다. 채찍 내리치는 소리가 우레 치는 소리처럼 천지를 뒤흔든다.

외바퀴 수레獨輪車는 뒤에서 한 사람이 끌채를 겨드랑이에 끼고서 밀고 간다. 수레 한가운데 바퀴를 달았는데 바퀴는 반쯤 수레바탕 위에 돌출되어 있다. 좌우 양쪽에 상자를 만들어 놓았다. 짐을 실을 때 무게가 한쪽으로 치우치면 안 되기 때문이다. 바퀴 닿는 곳은 반쪽짜리 북 모양처럼 되어 바퀴를 끼울 수 있게 간격을 두었다. 이는 바퀴와 짐이 서로 닿지 않게 하려는 장치이다. 끌채 밑에 짧은 막대가 양쪽으로 드리워서, 갈 때는 끌채와 함께 들리고 멈출 때는 바퀴와 함께 멈춘다. 이것이 버팀목이 되어 수레가 쓰러지지 않는 것이다.

외바퀴 수레, 독륜거

길가에서 떡·엿·능금·오이 등을 파는 장사들도 모두 이 외바퀴 수레를 이용한다. 밭으로 거름을 옮길 때에도 외바퀴 수레는 아주 편리하다. 언젠가 한 번은, 시골 부녀 두 명이 양쪽 상자에 타고 앉아서 각기 어린애를 안고 가는 것을 본 적이 있다. 그리고 물통 싣는 것도 보았는데, 그때엔 한 쪽에 대여섯 통씩 싣는다. 짐이 무겁고 많으면 끈을 매달아 한 사람이 더 붙어 끌고 간다. 때로는 두 사람 혹은 세 사람이 더 붙어 배를 견인하듯 끌고 가기도 한다.

무릇 수레는 하늘에서 나와 지상에서 운행되는 것이다. 비유하자면, 수레는 육지를 다니는 배요, 움직이는 집인 셈이다. 나라에 크게 쓰일 물건으론 이 수레만 한 것이 없다. 그러므로 『주례』周禮에서 임금이 부유한지를 물었을 때, 수레의 대수로 대답했던 것이다. 수레에는 짐을 싣거나 사람을 태우는 수레뿐만 아니라, 전투용 수레戎車·공사용 수레役車·소방용 물수레水車·대포 수레砲車 등 수천 수백 가지의 종류가 있다. 그러나 지금 경황이 없어 일일이 다 적지는 못했다. 다만 사람 타는 수레, 짐 싣는 수레가 백성들의 생활을 위해 무엇보다 먼저 힘써야 할 제도이기 때문에 반드시 이야기하지 않을 수 없었다.

예전에 내 친구 홍대용, 참봉 이성재李聖載와 더불어 수레 만드는 법에 대해 이야기한 적이 있다.

"수레를 만들 때는 무엇보다도 궤도를 똑같이 해야 한다네. 그게 무슨 말인고 하니, 양쪽 바퀴 사이 굴대의 길이를 똑같이 해야 한다

거리를 달리는 수레들의 모습
이 그림은 청나라 강희 황제 때 북경 거리의 모습이다. 점포들이 늘어선 거리로 여러 채의 수레가 거침없이 달리고 있다.

수레바퀴 장인

상점들이 늘어선 도시의 한 거리에 수레바퀴를 만들고 고치는 장인도 한 자리를 차지하고 있다. 이 그림은 연암이 중국에 갔던 때보다 500여 년 앞선 송나라 때 그려진 그림이다. 이를 통해 수레가 일찍부터 대중적인 교통수단이었음을 알 수 있다.

조선 수레의 모습

는 거지. 이 양쪽 바퀴 사이에 정해진 거리만 어기지 않으면, 수레 만 대가 지나가도 그 바퀴 자국은 하나로 이어질 것이야. '수레의 궤도를 똑같이 한다'는 거동궤車同軌란 말이 바로 이걸 두고 하는 말일세. 만일 양쪽 바퀴 사이를 제멋대로 넓히거나 좁힌다면 길에 난 바퀴 자국이 어찌 한 궤도를 그릴 수 있겠는가."

지금까지 천 리 길을 오면서 날마다 수없이 많은 수레를 보았지만, 앞 수레와 뒤 수레는 언제나 같은 바퀴 자국만을 따라간다. 그렇게 애쓰지 않고도 똑같아지는 것을 '일철'一轍이라 하고, 뒷사람이 앞사람을 그대로 따르는 것을 '전철'前轍이라 한다. 성 문턱에 수레바퀴 자국이 움푹 패어 홈통을 이루니, 이른바 '성문지궤'城門之軌가 바로 이것이다.

우리나라에도 수레가 없지는 않으나 바퀴가 완전히 둥글지 않고 바퀴 자국이 한 궤도를 그리지 못하니, 수레가 없는 것이나 마찬가지다. 그런데도 사람들은 늘 "우리나라는 마을이 험준하여 수레를 쓸 수 없다"고 말하곤 한다. 대체 이게 무슨 말인가. 나라에서 수레를 사용하지 않으니까 길이 닦이지 않았을 뿐이다. 수레가 다니게 되면 길이야 저절로 닦일 터, 어찌하여 길거리의 좁음과 산길의 험준함만 걱정한단 말인가. 『중용』에 나오는 바, "배와 수레가 이르는 곳, 서리와 이슬이 내리는 곳"이란 말은, 수레는 아무리 먼 곳이라도 가지 못하는 데가 없다는 뜻이다.

중국에서는 험준한 검각劍閣_장안에서 촉으로 가는 길인 대검산·소검산의 험한 길이나 아홉 구비로 꺾어져 가파르기 짝이 없는 태항太行 같은 지역이라도 역시 수레를 몰고 넘어간다. 섬서·사천·강소·절강·광동·광서 같은 먼 지역에도 큰 장사치들이나 식솔을 데리고 부임하는 벼슬아치들의 수레바퀴가 서로 부딪치며 마치 제집 문지방 드나들듯 한다. 그래서 대낮에도 요란하게 덜거덕거리는 수레바퀴 소리가 천둥 벼락 치듯 들려온다. 지금의 이 마천령·청석령의 고개들이 우리나라 고개보다 널 험준하다고 할 수 있겠는가. 그 가파르고 험준한 지세야 우리가 직접 목격한 바와 같다. 그렇다고 수레가 다니지 않는 곳이 있던가. 중국의 풍족한 재화가 한 곳에만 몰려 있지 않고 여기저기 골고루 유통되는 것은 모두 수레를 사용한 덕분이다. 가까이 우리 사행 길에 일어날 효과만 가지고 따져보자. 만약 우리가 조선의 수레를 타고 갈 수만 있다면 온갖 번거로운 폐단 없이 바로 연경에 들어갈 수 있을 텐데 무엇을 꺼려서 하지 않는단 말인가.

우리나라 영남의 어린 아이들은 새우젓을 모르고, 관동강원도의 백성들은 장 대신 산사나무 열매인 아가위를 담가 먹고, 서북 사람들은 감과 감자를 구별하지 못한다. 바닷가 사람들은 메기나 미꾸라지를 밭에 거름으로 쓰건만, 어쩌다 한 번 이것이 서울까지 올라올 양이면 한 움큼에 한 푼이나 하니 어찌 이리도 비싸단 말인가? 육진六鎭_조선 세종 때 함경북도 변방에 설치한 여섯 개의 지방 행정구역의 마포, 관서의 명주, 영·호남의 닥종이, 해서의 솜과 철, 내포內浦_바다나 호수가 육지 안으로 휘어들어 간 부분이 내포인데, 여기서는 충남 아산만 일대의 지역을 가리킴의 생선과 소금 등은 모두 백성들의 생활에 필요한 일상용품으로 없어서는 안 될 물건들이다. 청산·보은의 천 그루 대추, 황주黃州·봉산鳳山의 천 그루 배, 홍양興陽_전남 고

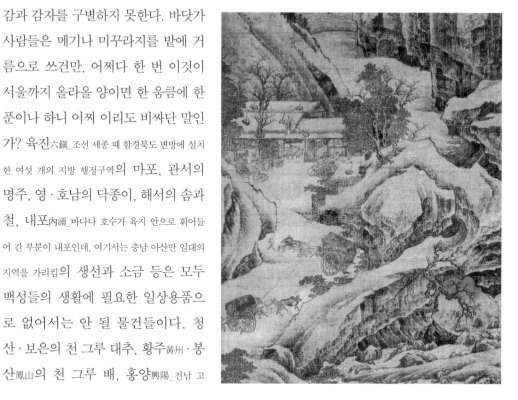

산속 길을 달리는 수레
험준한 산속의 비탈길을 수레에 짐을 실은 채 넘어가고 있다.

흥·남해의 천 그루 귤과 유자, 임천·한산의 천이랑 모시, 관동의 천 통 벌꿀 등은 백성들의 일상용품인 까닭에 서로 유통시키지 않으면 안 된다. 그런데 이곳에서 흔한 물건이 저곳에서는 귀하디 귀해, 다만 이름만 들어 보았을 뿐 실물은 평생 구경조차 할 수 없는 건 무엇 때문인가. 단지 실어 나를 방도가 없기 때문이다.

사방이 수 천리나 되는 나라에서 백성들의 살림살이가 이토록 가난한 까닭은 한마디로 말해, 나라 안에 수레가 다니지 못하기 때문이다. "어찌하여 수레가 다니지 못하는가?"라고 묻는다면, 역시 양반들 잘못이라고 답할 수밖에 없다. 양반네들은 평소 글을 읽을 때『주례』는 성인께서 지으신 글이라며, "윤인"輪人이니 "여인"輿人이니 "거인"車人이니 "주인"輈人이니 하고 떠들어 댄다. 그러나 끝내 그것을 만드는 방법이 무엇인지, 운행하는 기술이 무엇인지에 대해서는 알려고 하지 않는다. '무조건' 글만 읽는다는 말이 바로 이것이니, 이런 공부가 학문에 무슨 도움이 되겠는가.

아아, 슬프다. 황제黃帝_중국의 전설상의 제왕으로 복희씨, 신농씨와 함께 삼황三皇으로 불린다가 처음 수레를 만들어 헌원씨軒轅氏라고 불린 이후, 오랜 세월 동안 성인聖人들이 힘써 생각하고 관찰하고 손수 만들어 다듬었고, 또 황제 때의 유명한 공장工匠인 수倕와 같은 장인이 몇 차례나 출현했으며, 상앙商鞅·이사李斯 같은 이들에 의해 그 제도가 통일되었

수력으로 움직이는 수차
넓은 논에 물을 대기 위한 수차는 사람의 힘으로 움직이는 것 외에도 수력이나 풍력을 이용한 것, 소를 이용한 것 등 여러 종류가 있었다.

다. 실로 학술에 뛰어난 관리들이 열심히 연구하고 긴요하게 실행한 것이 어찌 우연한 일이겠는가. 이는 진실로 백성들의 일상생활을 이롭게 하고, 나라 경영에 크게 보탬이 되는 도구이다. 내가 날마다 수레들을 살펴보면서 감탄해 마지않았던 이

유는 이 수레제도로 인하여 많은 사실들을 알게 되었고, 또 그 제도를 갈고 닦기 위하여 몇 천 년 동안 여러 성인들이 얼마나 고심했을지를 조금이나마 짐작했기 때문이다.

밭에 물을 대는 수레는 용미차龍尾車·용골차龍骨車·항승차恒升車·옥형차玉衡車 등으로 불리며, 불을 끄는 수레로는 홍홉과 학음[*] 등의 제도가 있고, 싸움에 쓰는 수레로는 포차砲車·충차衝車·화차火車 등이 있다. 모두 서양의 『기기도』奇器圖와 강희제가 지은 『경직도』耕織圖에 실려 있다. 그 글은 『천공개물』天工開物·『농정전서』農政全書_명나라 때 학자 서광계徐光啓의 저서에 있다. 뜻있는 이가 이 책을 구해 자세히 연구한다면 가난에 찌들어 거의 죽을 지경에 이른 우리나라 백성들을 얼마쯤은 구제할 수 있을 것이다.

내가 불 끄는 수레를 직접 보았기에 그 형태를 대강이나마 기록하였다. 고국으로 돌아가서 우리나라 사람들을 깨우치기 위해서다.

달밤에 북진묘에서 신광녕으로 돌아오는 길이었다. 저녁 나절 성 밖에 있는 어떤 집에 불이 났다. 겨우 불길을 다잡고 길가에 놓인 수차水車 세 대를 막 거두어 가려는 참이었다. 그들을 잠깐 멈춰 세운 뒤 그 이름을 물었더니, 수총차라 한다. 형태를 살펴보니, 네 바퀴 수레 위에 큰 나무통 하나가 얹혀 있다. 나무통 속에는 커다란 구리그릇이 있고, 구리그릇 속에는 양쪽에 구리원통을 만들어 놓았다. 구리원통 가운데에는 목이 을乙 자 모양으로 생긴 물총을 세웠다. 물총은 두 갈래로 갈라져 좌우로 양쪽 구리원통과 다 통한다. 양쪽의 구리원통에는 짧은 다리가 있고, 원통 바닥에는 안으로 구멍이 뚫렸다. 구멍에는 구리 조각으로 문짝을 만들어서 물의 오르내림에 따라 열리고 닫히게 하였다.

양쪽 구리원통 입구에는 구리판으로

[*]홍홉과 학음
굽은 관으로 만들어서 액체를 다른 높은 그릇으로 옮길 수 있도록 한 수차의 일종.

화차
화포를 얹어 놓은 수레인 화차의 모습.

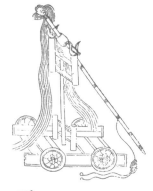

포차
성을 공격할 때 쓰이던 수레이다.

불을 끄던 수차의 모습

덮개를 해 달았는데, 그 둘레가 원통의 입구에 꼭 들어맞았다. 구리
판의 한복판에는 쇠기둥을 박았다. 쇠기둥에 나무발판을 가로질러
놓고는 그걸 이용하여 구리판을 눌렀다 들었다 한다. 구리판의 들고
나며 오르고 내림이 이 나무발판에 달려 있다. 구리동이 속에 물을
붓고, 몇 사람이 번갈아 가며 나무발판을 밟으면 원통 입구의 구리판
이 솟았다 내렸다 한다. 대체로 물을 빨아들이는 조화는 구리판에 있
다. 구리판이 원통 입구까지 솟으면 원통 바닥의 안쪽 문이 잠깐 사
이에 들려 저절로 열리면서 바깥 물을 빨아들인다. 구리덮개가 원통
속으로 떨어지면 그 바닥의 안쪽 문이 세차게 눌려 저절로 닫힌다.
이에 따라 원통 속의 물은 불어날 대로 불어났지만 쏟아낼 곳이 없으
므로, 물총 다리로부터 을자로 생긴 물총 목으로 내달아서 세차게 위
로 치솟아 물을 내뿜게 된다. 물길이 위로는 여남은 길이나 치솟고,
옆으로는 30~40보까지 뿜어 댄다. 그 모양새는 생황*과 비슷하다.
물 긷는 이는 쉬지 않고 연방 나무통에 물을 들이부을 따름이다. 옆
에 있는 두 대의 물차는 그 모양새가 이것과 사뭇 다르다. 특별한 곡
절이 있을 듯싶으나 경황이 없어 상세히 다 살피지 못했다. 그러나
물을 빨아들이고 내뿜는 방법은 거의 같았다.

*생황笙簧
큰 대로 판 통에 많은 죽관을
돌려 세우고 주전자 귀때
비슷한 부리로 부는 관악기

　곡식을 찧고 빻는 일은 두 층으로 된 큰 아륜牙輪_톱니바퀴으로 한다.
쇠굴대로 아륜을 꿰어 방 가운데에 세워 두고 틀을 움직여 돌린다.
아륜은 마치 자명종 내부처럼 이가 들쭉날쭉하여 서로 맞물리게 되
어 있다. 방 안 네 귀퉁이에는 두 층으로 맷돌반을 둔다. 맷돌반의 가
장자리 역시 들쭉날쭉하여 톱니바퀴의 이와 서로 맞물리게 된다. 아
륜이 한 번 돌면 여덟 대의 맷돌반이 한꺼번에 다투어 돌아 잠깐 사
이에 밀가루가 눈처럼 쌓인다. 이 방법은 자명종의 원리와 비슷하다.
길가의 민가에는 모두 맷돌방아 하나와 나귀 한 마리씩을 갖추었고,
탈곡할 때는 항상 돌고무래를 쓰며, 더러는 나귀를 매어 절구방아를
대신하기도 한다.

곡식빻는 아륜

　가루를 칠 때는 밀실에 둔 세 바퀴 요차搖車를 사용한다. 요차의 바퀴는 앞에 두 개, 뒤에 한 개이다. 수레 위에 네 개의 기둥을 세우고, 큰 체를 두 층으로 위태롭게 걸쳐 놓는다. 위 체에 가루를 붓고 아래 체는 비워 두어 위 체의 것을 받아서 더 곱게 갈리도록 하였다. 요차 앞에는 나무막대 하나를 직선으로 질러 놓는다. 막대의 한쪽 끝은 수레에 잡아매고 다른 한쪽 끝은 방 밖을 뚫고 나와 있다. 방 밖에 세워 놓은 기둥에다 막대 끝을 매어 둔다. 기둥 밑에는 땅을 파고 큰 널판을 놓아 기둥뿌리를 받친다. 널판 밑바닥 한복판에 받침대를 괴어 양쪽을 뜨게 하여 마치 풀무를 다루듯이 한다. 널판 위의 의자에 앉아 발만 약간 움직이면 널판의 양쪽 끝이 번갈아 오르락내리락 한다. 널판 위의 기둥도 이에 따라 흔들거린다. 그러면 기둥 끝에 가로지른 막대가 세차게 밀었다 당겼다 하여 방 안의 수레가 앞으로 한 번 뒤로 한 번 왔다 갔다 흔들린다. 방 안의 네 벽에는 열 층으로 시렁을 매고, 그 위에 그릇을 올려 두어 날아오는 가루를 받는다. 방 밖의 의

자에 앉아 있는 사람은 책도 읽고 글씨도 베끼고 손님과 수작도 하며 못하는 일이 없다. 다만 등 뒤에서 덜거덕거리는 요란한 소리만 들려올 뿐이다. 발을 움직이는 공력은 아주 적으면서도 거두어들이는 결실은 무척 많은 셈이다. 우리나라 아낙들은 가루 몇 말을 한 번에 치자면 머리와 눈썹은 삽시간에 하얗게 되고 손목은 시려서 무르고 마비될 지경에 이른다. 이 방법과 비교해 보면 어느 것이 힘들고 편한지, 득이 되고 손해가 되는지 알 수 있을 것이다.

고치를 뽑는 소차繅車는 더욱 오묘하니 마땅히 본받아야 한다. 소차는 곡식을 찧고 빻을 때처럼 커다란 톱니바퀴를 사용하는데, 그 양쪽 끝에 톱니바퀴를 달아 들쭉날쭉한 이가 서로 맞물려 쉴 새 없이 절로 돌아가게 한다. 소차는 몇 아름 되는 큰 얼레이다. 고치는 수십 보 밖에서 삶는다. 그런데 소차는 한가운데 몇 십 층의 시렁을 매어 놓은 곳에서부터 차츰 낮은 데로 기울게 한다. 시렁머리마다 쇳조각을 세우고 겨우 바늘귀만 한 구멍을 뚫어 여기에 실을 뀐다. 틀이 움직이면 바퀴가 돌고 바퀴가 돌면 얼레가 따라 돌되, 아륜이 서로 맞물려서 빠르지도 느리지도 않게 천천히 실을 뽑는다. 급하지도 더디지도 않게

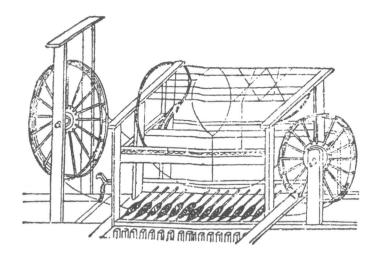

고치 뽑는 수레인
소차의 모습

자연스럽게 뽑아내므로 실이 가늘거나 뭉치거나 하지 않고 고르게 나온다. 고치실은 솥에서 나와 얼레로 들어가기까지 쇠구멍을 두루 거치며 잡털도 없어지고 까끄라기도 떨어진다. 얼레에 들어가기도 전에 실은 이미 알맞게 말라 빛깔이 맑고 윤기가 나기 때문에 잿물에 삶아 표백하는 과정을 거치지 않고도 바로 베틀에 올릴 수 있다.

우리나라에서는 고치를 켤 때 다만 손으로 훑어 당기는 것만 알지, 수레는 사용할 줄 모른다. 사람의 손놀림은 자연스런 흐름을 타지 못하므로 빠르기도 하고 느리기도 하여 도통 고르지 않다. 어쩌다 닿거나 부딪치면 성난 실과 놀란 고치가 튀어 내달아서 고치 켜는 널판 위에 제멋대로 뽑혀 쌓인다. 서로 얽히어 갈피를 잡을 수 없게 되고 뭉쳐서 덩이가 지므로 광택을 잃게 되며 실밥이 엉켜 붙어 실이 끊어졌다 이어졌다 한다. 거친 티를 제거하고 고르게 하자면 입과 손가락만 힘이 든다. 저 고치 켜는 수레의 공력과 쓸모에 비교해 볼 때 어느 것이 앞서고 뒤처지는 것인가.

고치가 여름을 나도 벌레가 생기지 않는 법을 물어보았다. 살짝 볶으면 나방이 나지 않는다고 한다. 또 따뜻한 구들에 말려도 나방이 나지 않고 벌레도 먹지 않으므로 겨울철이라도 고치를 켤 수 있다고 한다.

가는 길에 날마다 상여를 만났는데, 그 형태가 한결같지는 않으나 아주 질박하고 둔중해 보였다. 수레의 크기는 거의 두 칸 방만 하고, 오색 비단으로 휘장을 치고 구름이나 꿩, 참새 등 여러 가지 그림을 그려 놓았다. 가마 꼭대기는 번쩍거리는 은으로 장식하거나 오색실을 땋아 늘였다. 양쪽 끝 채의 길이는 거의 일고여덟 발 정도 된다. 붉은 칠을 하고 도금한 금빛 구리로 장식하였다. 가로지른 멜대는 앞뒤에 각기 다섯씩인데 길이는 또한 서너 발쯤 된다. 또 다른 짧은 멜대를 양쪽 끝에서 어깨에 멘다. 상여꾼은 수백 명 이상이고, 명정*은 모두 붉은 비단에 금으로 글자를 새겼다. 명정의 깃대는 세 길이나

되는 데 검은 칠을 하고 금색으로 용을 그렸다. 깃대 밑에는 발을 달고, 여기에 멜대물건을 양쪽 끝에 달아서 어깨에 메는 데 쓰는 긴 나무 두 개를 가로 놓아서 아홉 사람이 메게 해뒀다. 붉은 일산 한 쌍, 푸른 일산 한 쌍, 검은 일산 한 쌍, 깃발 대여섯 대가 뒤따른다. 생황, 퉁소, 피리, 북 등 악대가 서고, 승려와 도사들이 각기 복색을 차리고 불경과 주문을 외면서 상여 뒤를 따른다. 중국은 모든 일이 간편하여 낭비가 전혀 없는데 상여가 이토록 화려하다니, 도무지 알 수 없는 일이다. 아무튼 본받을 일은 못 된다.

• 명정銘旌
죽은 사람의 관지과 성씨
등을 적은 깃발. 보통 붉은
천을 사용한다(위 사진 참조).
장사 지낼 때 상여 앞에서
들고 간 뒤 관과 함께 묻는다.

연희무대戲臺

절이든 도사가 거하는 도관道觀이든, 사당의 맞은편 문에는 반드시 연희용 무대가 하나씩 설치되어 있다. 들보의 수가 모두 일곱 혹은 아홉이므로 그 모습이 높고 깊고 웅장하며 훌륭하여, 점방과는 비교도 되지 않는다. 이렇게 깊고 넓지 않으면 수많은 구경꾼을 다 수용하기 어려운 까닭이리라. 탁자, 의자, 평상 등이 적어도 1,000을 헤아린다. 붉은 칠이 정교하고도 사치스럽다. 사행길에 오른 뒤로 연도 천 리에 가끔 삿자리로 누각과 궁전의 모양을 본떠 만든 높은 무대

명나라 때는 희곡이 민간에
널리 퍼져 장이 서는 날이면
가설 무대가 만들어지곤
했다. 관객석도 임시로
마련되었는데, 관객들은 앉을
자리가 있건 없건 연희를
관람했다. 그림 가운데
하단에 보이는 임시천막을 친
곳이 무대이다. 그림
왼쪽으로는 2층으로 된 큰
주점이 보이고, 그림 오른쪽
관객석 아래에는 관객들에게
과자를 파는 상인의 모습이
보인다.

를 보았는데, 그 구조의 공교로움이 기와집보다 훨씬 낫다. 현판에는
'중추경상'中秋慶賞 또는 '중원가절'中元佳節이라 씌여 있다. 자그마한
시골 동네라 사당이 없는 곳이면 반드시 정월 보름과 팔월 보름에 이
런 삿자리 무대를 만들어 여러 가지 연희를 벌인다. 언젠가 고가포를
지날 때, 길에 수레가 끊이지 않고 이어져 있었다. 수레마다 일고여
덟 명씩 여자들이 탔는데, 모두 진한 화장에 요란한 장식들로 치장을
하고 있었다. 이런 수레가 몇 백 대는 되는 것 같았다. 시골 부인네들
이 소흑산에서 연희를 구경하고 해가 저물어 돌아가는 길이었다.

저자市肆

이번 천 리 넘는 길을 오는 동안에 봉성, 요동, 성경, 신민둔, 소흑
산, 광녕 등지의 점포를 지나쳐 왔다. 크기나 화려함의 정도는 다 달
랐지만, 그 중 성경이 가장 돋보이는 편이었다. 성경의 점포들은 모
두 창문에는 무늬를 새겼고 문에는 수를 놓았다. 길을 사이에 두고
늘어선 술집들은 더욱 오색 찬란하였다. 특이한 건 단청한 난간이 처
마 밖으로 나와 있어 여름 장마를 겪었을 텐데도 단청빛이 퇴색하지
않은 점이었다.

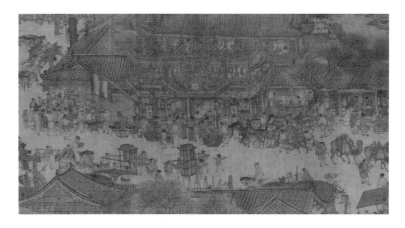

번화한 거리와 상점들
그림은 송나라 때의 번화한 거리 모습과 상점들의 모습이다. 대규모의 고급 주점은 그림에서 보이듯 '정점'(正店)이라 불렸다. 정점은 대개 실내장식이 화려했으며, 음식과 술, 반찬 일체가 준비되어 있었다.

봉성은 동쪽 변두리에 있는 궁벽한 곳이다. 그런데도 그곳의 의자, 탁자, 주렴, 휘장, 담요 등의 기물과 꽃, 풀까지도 모두 처음 보는 것이었다. 문패며 간판들은 사치하고 화려함을 서로 다투어 그 외관을 꾸미느라 천금을 들여도 모자랄 지경이다. 이렇게 하지 않으면 장사가 잘 되지 않을뿐더러 재물을 관장하는 재신이 도와주지 않는다고 한다. 그들이 모신 재신은 대개는 관우의 소상인데,* 탁상에 향불을 피우고 아침저녁으로 조아리며 절하는 모습이 가묘에서보다 더하다. 이로 미루어 보건대, 산해관 안은 어느 정도일지 짐작하고도 남음이 있다.

*관우를 재물신으로 모시는 까닭은?
관우는 유비를 도와서 촉나라를 세운 무장이다. 그는 수많은 전투에서 언제나 승리하였으므로, 초기에는 전쟁의 신[戰神]으로 숭배되었다. 그를 지금도 '무성'(武聖)이라고 부르는 것도 그 때문이다. 그런 관우가 재물신으로 숭배되기 시작한 것은 송나라 때부터인데, 명나라와 청나라 시대에 이르면 그 열기가 최고조에 달한다. 중세에는 상인들이 곳곳을 돌아다니면서 물건을 팔았기 때문에 도적들에게 해를 입는 경우가 많았다. 초기에는 이들로부터 보호받기 위해 관우를 모셨지만, 그 덕분에 장사를 무사히 마쳐 이득을 보게 되자 그 다음부터는 재물신으로 변환된 것이다. 물론 관우가 조조의 포로로 있다가 다시 유비에게 돌아갈 때 조조가 선물한 막대한 재물을 깔끔하게 문서로 정리해 남겨 두어서 사람들을 놀라게 했다는 일화가 있는데, 이런 이미지가 그를 재물과 연관시켰을 가능성도 없진 않다. 하지만, 그를 재물신으로 인식하게 만든 것은 역시 상인 집단이었다. 지금까지도 관우는 악귀를 물리쳐 주는 전쟁의 신이자 집안의 화평과 부귀를 기원하는 신으로 숭배되고 있다.

행상을 하는 작은 장사치들은 "사시오!" 하고 큰 소리로 외치기도 하지만 푸른 천을 파는 장사치 같은 경우에는 손에 든 작은 북을 흔들고, 머리를 깎는 이는 양철판을 두드리며, 기름 장수는 바리때를 친다. 더러는 쇠징이나 죽비, 목탁 따위를 갖고 다니는 사람들도 있는데, 그들은 골목골목을 누비며 두드려 대는 소리를 그치지 않는다. 큰 소리로 사라고 외치지 않아도 소리만 들으면 이미 그들이 파는 물건이 무엇인지 알 수 있다.

점방店舖

점방은 뜰이 넓어, 적게 잡아도 수백 보는 된다. 이 정도 규모가 아니면 수레와 말과 사람들을 다 수용하지 못하기 때문이다. 문에 들어가서도 한 마장은 달려가야 전당前堂에 이르니, 그 광활함이 어느 정도인지 족히 알 수 있을 것이다. 행랑채 사이에는 의자와 탁자가 30~50개 놓였다. 마굿간에 놓인 돌구유는 길이가 두세 칸, 너비가 반 칸 정도 된다. 돌구유가 아닌 경우엔 벽돌을 쌓아서 돌구유처럼 만든다. 뜰 가운데엔 나무통 수십 개를 나란히 두고 양쪽 머리에 아귀진 나무로 받쳐 두었다. 그릇은 그림이 그려진 자기만 쓰고 백통, 놋쇠, 주석으로 된 그릇은 보이지 않는다. 아무리 궁벽한 오지에다 허물어져 가는 집일지라도 날마다 쓰는 밥주발이나 접시 등속에는 모두 울긋불긋 그림이 아로새겨져 있다. 이는 결코 사치를 숭상해서가 아니라 그릇을 굽는 도공의 솜씨가 본래 그러하기 때문에, 아무리 거칠고 조잡한 것을 쓰려 해도 구할 수가 없는 것이다. 이곳에선 자기가 깨어져도 버리지 않고 모두 겉에 쇠못을 쳐서 새 그릇을 만든다. 다만 알 수 없는 일은, 못으로 그릇 안을 꿰뚫지 않았는데도 딱 맞물려 풀로 붙인 듯 감쪽같다는 것이다. 높이가 두 자나 되는 여러 빛깔의 술잔과 오지병흙으로 만든 그릇에 발라 구우면 윤이 나는 잿물을 바른 병, 꽃을 꽂은 병과 두루미병목과 아가리는 길고 좁으며 배는 단지처럼 둥근 모양의 병 같은

무지개 모양의 다리
중국의 다리는 보통 무지개 모양을 하고 있다. 이는 수많은 배들이 다리 밑을 지날 적에 수월하게 하기 위함이다.

것은 어딜 가나 흔히 있다. 이런 걸 보면, 우리나라 분원分院에서 구운 자기들은 저자에 들어올 수조차 없을 것이다. 아, 그릇 굽는 법 하나가 좋지 못하여 온 나라의 모든 일과 물건이 다 그와 비슷해져 마침내 한 나라의 풍속을 이뤘으니, 이 어찌 통탄할 일이 아니겠는가.

교량橋梁

교량은 모두 무지개 모양으로 만들어서 다리 밑이 마치 성문과도 같다. 큰 데는 돛단배가, 작은 데는 거룻배가 마음대로 지나다닐 수 있다. 돌 난간에는 흔히들 구름 무늬, 용의 새끼, 이무기 등을 새겼고, 나무 난간에도 역시 단청을 입혔다. 양쪽 다리목에는 모두 팔八자로 된 담을 쌓아서 이를 보호하게끔 만들었다. 지나온 것 중에서는 만보교萬寶橋, 화소교火燒橋, 장원교壯元橋, 마도교磨刀橋가 가장 큰 축에 속하는 교량이었다.

7월
16일
임진일 壬辰日

🐎 정진사·변주부·래원과 이날도 서늘한 새벽에 먼저 떠나기로 약속했다. 이날은 모두 80리를 와 십삼산十三山에서 묵었다.

　새벽에 길을 떠나면서 보니 지는 달이 땅 위에서 몇 자 안 되는 곳에 걸려 있다. 푸르고 맑은 기운이 감도는데, 모양은 아주 둥그렇다. 계수나무 그림자가 짙게 드리웠고, 옥토끼와 은두꺼비가 가까이서 어루만져질 듯하다. 항아의 고운 비단 옷자락엔 살포시 흰 살결이 내비친다. 나는 정진사를 돌아보며 말했다.

　"참 이상도 하이. 오늘은 해가 서쪽에서 뜨네그려."

　정진사는 처음엔 달인 줄도 모르고 나오는 대로 응수한다.

🐴 이날 연암의 여정로

신광녕에서 흥륭점興隆店까지 5리, 쌍하보雙河堡까지 7리, 장진보壯鎭堡까지 5리, 상흥점常興店까지 5리, 삼대자三臺子까지 3리, 여양역閭陽驛까지 15리, 모두 40리를 와서 점심을 먹었다. 이곳에서부터 용마루(지붕 가운데 부분에 있는 가장 높은 수평마루)가 없는 집들이 보이기 시작한다. 여양역에서 두대자頭臺子까지 10리, 이대자二臺子까지 5리, 삼대자三臺子까지 5리, 사대자四臺子까지 5리, 왕삼포王三鋪까지 7리, 십삼산十三山까지 8리, 이렇게 모두 80리를 왔다.

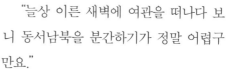

"늘상 이른 새벽에 여관을 떠나다 보니 동서남북을 분간하기가 정말 어렵구만요."

일행이 모두들 웃음을 터뜨렸다. 조금 뒤 달이 기울어 완전히 땅 끝으로 떨어지자 그제서야 정진사도 크게 웃었다. 붉은 빛이 들판 숲에 가로 뻗치더니, 별안간 천만 가지 기이한 봉우리로 피어올라 온 천지를 물들인다. 용이 서린 듯, 봉황새가 춤추는 듯하며 천 리까지 길게 뻗친다. 내가 정진사를 돌아보며 감탄하여 말했다.

"장백산이 한 눈에 훤히 보이는구만."

정진사뿐만 아니라 다른 사람들도 모두들 탄성을 내지른다. 조금 뒤 구름과 안개가 말끔히 걷히고, 해가 세 발이나 높이 솟아올랐다. 하늘에는 한 점 티끌도 보이지 않는다. 별안간 멀리 마을 숲을 가르며 밝은 빛이 퍼져 나오는데, 맑은 물이 하늘에 어린 듯하다. 연기도 아니요 안개도 아닌 것이, 높지도 않고 낮지도 않게 한결같이 나무 밑둥치를 감돌아 마치 나무가 물 가운데 서 있는 듯했다. 그 기운이 차츰 퍼지면서 먼 하늘가로 길게 비껴간다. 희기도 하고 검기도 한 것이, 커다란 수정 거울처럼 오색 찬란할 뿐 아니라 뭔가 다른 빛도 서려 있는 듯하다. 흔히들 강물빛이나 호수빛으로 형용하지만, 텅 빈 듯 환히 내비치는 밝은 빛은 참으로 형언할 길이 없다. 동네와 집, 수레와 말이 반사되어 그림자들이 모두 거꾸로 비친다. 태복이 말해 준다.

달에 사는 선녀, 항아
'예'(羿)라는 신선은 어느날 실수로 옥황상제의 분노를 사, 부인인 항아와 함께 땅으로 쫓겨났다. 신선에서 생로병사를 겪는 인간이 되어 버린 것이다. 그러다 한 알을 먹으면 불사하고, 두 알을 먹으면 신선이 될 수 있는 불사약을 고생 끝에 얻게 되었는데, 항아는 예가 잠든 사이 두 알을 모두 먹고 다시 신선이 되었다. 그 모습을 지켜본 옥황상제는 자기 욕심을 위해 남편을 배반한 항아를 두꺼비로 만들어 달나라에 보내 버렸다. 그래서 지금도 보름달이 뜰 때 자세히 살펴보면 울퉁불퉁한 두꺼비 등의 형상을 볼 수 있다고 한다.

"이것이 바로 계문연수薊門煙樹랍니다."

내가 의심스러워하며 물었다.

"계문이 여기서 천 리나 떨어져 있는데 이것이 계문연수라니, 그게 무슨 말인가?"

의주 상인 임경찬이 설명해 준다.

"계문이 비록 멀리 있지만 여기까지 통틀어 '계문연수'라고 한답니다. 날씨가 청명하고 바람 한 점 불지 않는 잔잔한 날엔 요동벌 천리 어디에서고 이 기운을 볼 수 있지요. 그렇지만 계문에 들어가더라도 바람이 불고 날씨가 궂으면 볼 수 없답니다."

보통 겨울에 날씨가 맑고 기온이 따뜻할 때엔 산해관 안팎에서 날마다 이를 볼 수 있다고 한다.

마침 여양의 장날을 만났는데 온갖 물건이 모여들고 수레와 말이 거리를 가득 메웠다. 아로새긴 초롱 속에 새 한 마리씩을 넣고, 매화조니 요봉幺鳳이니 오동조梧桐鳥니 청작靑雀이니 화미조畵眉鳥니 이름을

계문연수薊門煙樹

북경 8경 중의 하나로 불리우는 계문의 풍경. 울창한 나무들이 안개 사이로 드러나는 아름다운 풍경을 '계문연수'라 한다.

붙였는데, 그야말로 형형색색이다. 새를 파는 장사치의 수레가 여섯 대고, 우는 벌레를 실은 수레가 두 대다. 마치 산 속에 들어온 듯 온 시장 안이 지저귀는 소리로 가득 차 있다.

국화차 한 잔, 떡 두 덩이를 사먹고 역관 조명회를 만나 한 술집에 들어갔다. 그런데 하필 그때 소주를 내린다고 하기에 다른 집으로 옮기려 하자, 술집 점원이 성을 내면서 조역관의 앙가슴을 머리로 받고는 꼼짝도 못하게 한다. 조역관은 하는 수 없이 웃으면서 자리로 돌아와 앉고선 돼지고기 볶음 한 접시, 달걀 볶음 한 접시, 술 두 대접을 사서 배불리 먹고 떠났다. 가는 길에 멀리 십삼산을 바라보니, 세모래나 낭떠러지도 없이 큰 벌판 한가운데 열세 무더기의 돌 봉우리가 느닷없이 날아와 꽂힌 듯하다. 까마득히 기묘하게 솟아난 품이 마치 여름 하늘에 피어오르는 구름 봉우리 같다.

머리가 하얗게 센 늙은이 하나가 조그만 장대를 쥐고 있는 게 보였다. 장대 끝에 고리를 달아서 참새 한 마리를 앉히고 색실로 발을 잡아매어 이리저리 놀리면서 다니고 있었다. 새를 길들이는 방법은 거의 다 이런 식이다.

더위에 지쳐 졸음이 몰려 왔다. 졸음을 피하려고 말에서 내려 걸어가는데 칠팔 세쯤 된 아이 하나가 걸어온다. 새빨간 실로 뜬 여름 모자를 쓰고 고동색 구름 무늬의 비단 두루마기를 입고 검정 공단신을 신었다. 걸음걸이는 아담하고 얼굴은 백설같이 희고 눈매는 그린 듯 어여뻤다. 내가 일부러 길을 막고 섰는데도 아이는 조금도 놀라거나 두려워하는 기색 없이 공손히 절하고 땅에 엎드려 머리를 조아린다. 나는 얼른 아이를 안아 일으켰다. 한 노인이 저 뒤에서 멀찌감치 따라오며 웃음을 머금고 인사말을 건넨다.

"이 아이는 제 손주놈입죠. 영감께서 이 어린애를 이토록 귀여워 해 주시다니, 황송하기 짝이 없습니다."

나이가 몇이냐고 묻자, 아이는 손가락을 꼽아 보이면서 대답한다.

"아홉 살이요."

"이름이 무엇이냐?"

"제 성은 사빼가입니다."

곧이어 신발 속에서 작은 쇠빗치개* 하나를 꺼내 땅에다 쓴다.

"효는 백행의 근본이고, 수壽는 오복의 으뜸입니다. 할아버지께서는 저를 위해 사람의 아들로 태어나 효도하기를 발원하셨습니다. 또 장수하기를 축원하셨지요. 그래서 '효'와 '수' 두 글자를 합하여 아명을 지어서 효수라 부릅니다."

나는 깜짝 놀라 지금 무슨 글을 읽느냐고 물어보았다.

"『대학』과 『중용』은 벌써 외웠고, 지금은 『논어』의 「학이」學而편을 읽는 중입니다."

"그러면 뜻을 풀이하는 강의도 받았느냐?"

"두 책은 외기만 하였고, 『논어』는 지금 강의를 받고 있는 중입니다. 한데, 영감님의 존함을 알고 싶습니다."

"내 성은 박이란다."

"『백가원』百家源_여러 성씨를 모아놓은 책에도 없는 성이군요."

노인은 내가 어린 손자를 귀여워하는 걸 보고는, 천진스런 웃음을 가득 머금고 한마디 한다.

"영감께선 부처님 같으십니다그려. 슬하에 봉황이나 기린 같은 아들과 손주를 많이 두셨나 봅니다. 그래서 남의 어린 걸 손주처럼 여겨 이토록 귀여워하시는 게지요."

"내가 비록 나이는 많이 먹었으나, 아직 손자는 안아 보지 못했습니다."

내가 노인의 나이를 묻자, "헛되이 나이만 먹어 쉰여덟이나 되었습니다" 한다.

나는 손에 들었던 부채를 아이에게 주었다. 노인은 허리춤에 매달았던 주름 잡힌 비단 수건을 풀어 주고, 덧붙여 부싯돌까지 주면서

* **쇠빗치개**鐵箆

빗치개는 빗의 살 틈에 낀 때를 빼거나 가르마를 탈 때 사용하는 도구인데, 위 사진에서 보이듯이 한 쪽 끝은 얇고 둥글며, 다른 쪽 끝은 가늘고 뾰족하다. 쇠로 만든 것 외에도 뿔이나 뼈로 만든 빗치개들이 있다.

고마움을 표하였다.

"노인은 어디에 사십니까?"

"여기서 그리 멀지 않은 왕삼포에 살고 있습니다."

"손자가 매우 의젓하고 총명하여 왕씨와 사씨 풍류에도 부끄럽지 않겠소이다."

"집안의 내림은 끊어진 지 오래랍니다. 왕검王儉과 사안謝安의 집이 있던 강좌江左_강소성. 옛부터 이 지역에서 문인들이 많이 나왔다의 풍류를 어찌 감히 바라겠습니까."

길이 바빠 이내 작별의 인사를 나누었다. 아이가 길게 읍하면서 인사한다.

"영감님, 가시는 길에 부디 몸조심하십시오."

길을 가면서도 계속 그 아이의 아리따운 눈매와 행동거지가 눈에 아른거렸다. 사생謝生이 땅에다 쓴 몇 마디 말만 보아도 더불어 이야기할 만했으나 갈 길이 바빠 그 집을 찾아 가지 못했으니, 아쉽기 짝이 없다.

7월
17일
계사일 癸巳日

아침에 십삼산을 떠나 독로포禿老鋪까지 12
리, 배로 대릉하를 건너기까지 14리, 대릉하점大陵河店까지 4리를 와
서 이곳에 묵었다. 이날은 30리밖에 못 갔다.

대릉하는 장성 밖에서 발원하여 구관대九官臺와 변문을 가로질러
광녕성을 지난다. 동쪽으로 두산斗山을 나와 금주위錦州衛 경내로 흘
러든 줄기는 점어당點魚塘에 이르러 동쪽으로 바다에 합류한다.

호행통관護行通官_조선 사행단을 보호하며 따라다니는 청나라 측 통역관 쌍림雙林은
조선 수통관首通官 오림포의 아들로, 집은 봉성이다. 명색이 호행통관
으로 사행을 호위한다면서 그저 태평차를 타고 우리 뒤를 따라올 뿐
이다. 그렇지만 우리 측에서 그의 행동거지까지 간섭할 수는 없었다.
쌍림은 하인 네 명을 거느리고 다녔다. 하나는 악鄂가라 하는데, 식사
를 주선하고 말 먹이는 일을 맡아본다. 또 하나는 이李가인데 팔뚝에
매를 얹고 다니며 그저 길에서 꿩 사냥만 일삼는다. 또 하나는 서徐가
인데 제 말로는 의주 부윤 서모와 일가라고 한다. 또 하나는 감甘가이
다. 다들 열아홉 살로 눈매가 사랑스러웠다. 모두 조선 사람이라는데
우리나라에는 '감' 이란 성이 없으니 의심스런 일이다. 책문에 들어온
지 열흘이 되도록 쌍림의 코빼기는 보지도 못했다.

대릉하大陵河
오늘날 대릉하의 모습.
대릉하는 중국의 요녕성
서쪽을 흐르는 강으로, 이
유역에는 탄광이 발달해 있다.

그러다 통원보의 냇물을 건너게 되었다.* 언덕에 올라서서 혼잣말로 "물살이 센데……" 하니, 이때 언덕 위에 깨끗하게 차려입은 되놈 하나가 돌연 나서서 조선말로 대꾸를 한다.

"물살 세다, 물살 세요. 잘들 건너쇼."

이 작자가 쌍림이었다.

나중에 들으니 쌍림이 연산관에 이르렀을 때 수역에게 "아침에 물을 건널 때 그 기골이 장대한 양반은 누구요?" 하고 물었다고 한다.

"정사 대감과 일가 형제 되시는 분이라오. 문장을 좋아하는데, 유람차 오셨답니다."

"그러면 사점四點인가요?"

"아니오, 정사 대감의 삼종 형제라오."

"그럼, 이량우첸伊兩羽泉이구먼."

'이량우첸'이란 중국말로 한냥 닷돈을 말한다. 한냥 닷돈은 곧 양반兩半이다. 우리나라에서 사족士族을 양반이라 일컬으니, 양반兩半이 양반兩班과 음이 비슷하므로, 쌍림이 '이량우첸'—兩五錢이라 하여 은어를 쓴 것이다. 사점四點이란 서庶 자이니 우리나라 서얼의 은어이다.

사행 나갈 때마다 책임 역관은 공비로 은 4,000냥을 가지고 간다. 그 중 500냥은 호행장경護行章京에게 주고, 700냥은 호행통관에게 주어 수레 삯과 여관비로 쓰게 한다. 그런데 실제로 이들은 은자 한 푼 쓰는 일이 없다. 상사와 부사의 주방에서 돌아가면서 두 사람을 먹이기 때문이다. 쌍림은 사람됨이 교활하고 조선말을 잘한다고들 한다. 앞서 소황기보小黃旗堡에서 점심을 먹을 때** 여러 비장과 역관들이 함께 둘러앉아서 한담을 나누는데, 밖에서 쌍림이 들어왔다. 여러 사람이 모두 반겨 맞았다. 쌍림이 부방 비장 이성제李聖濟와 다정히 인사를 주고받더니, 다음에는 래원에게 말을 건넨다. 두 사람 다 두번째 사행길이기 때문에 이미 안면을 익힌 것이다. 래원이 쌍림에게 한마디 한다.

"내, 영감께 섭섭한 일이 있소만."

"허허허. 무슨 일이신지?"

"우리 사또_{정사 박명원을 말함}께서는 비록 작은 나라의 사신이지만 그래도 정일품 내대신***이십니다. 황제께서도 각별히 예법으로 대우하시지 않습니까. 영감이 비록 대국 사람이라 해도 조선의 통역관을 맡았다면 마땅히 우리 사또의 체면을 지켜드려야 할 것입니다. 그러니 영감들은 정사와 부사, 두 사또께서 말을 갈아타실 때나 중도에 가마에서 내리실 때는 수레를 멈추고 기다려야 합니다. 그런데 번번이 수레를 몰아 획 지나가 버리니 대체 그게 무슨 경우요? 이 때문에 장경조차 영감을 따라 하니 더욱 개탄할 일이외다."

쌍림이 발끈 성을 내며 답한다.

"무슨 소리! 그건 당신네들이 몰라서 하는 소리요. 대국의 체모는 당신네 나라와는 전혀 다르오. 대국에서 칙사가 가면 당신네 나라의 의정대신도 우리를 대등하게 대해 주고, 서로 공경해야 하는 것이오. 한데, 되려 당신이 체모를 지어내 나더러 주의를 준단 말이오?"

역관 조학동이 래원에게 더이상 언쟁하지 말라고 눈짓을 보낸다. 하지만 래원은 더한층 목소리를 높인다.

"아니, 뭐요? 그럼, 감히 어느 안전이라고 영감의 종놈은 팔뚝에 매를 얹은 채 의기양양하게 휘리릭 지나간단 말이오? 그 따위 망측한 일이 어디 있소. 또 한번 그런 꼬락서니를 보이면 내 바로 곤장을 칠 테니, 그리 아시오."

"허참. 그건 미처 몰랐소. 만일 내가 알았다면 단번에 잡아다 다스렸을 거요."

쌍림이 조선말을 잘한다고 하나 어설프기 짝이 없다. 그런데다 다급해지면 도로 중국말이 튀어나온다. 그런 작자한테 은자 700냥을 허비하다니 아깝기 짝이 없다. 내가 이때 종이를 꼬아 코를 후비니 쌍림이 제 콧담배 그릇을 풀어놓으며 내게 권한다.

***정일품 내대신

박명원은 영조의 사위로서 수록대부(綏祿大夫)에 올랐던 바. '수록대부'는 조선시대 의빈(儀賓_부마駙馬) 정1품 상(上)의 품계명이다.

"재채기를 하고 싶으신가요?"

나는 싹 무시하고 대꾸하지 않았다. 쌍림 같은 작자하고 말을 주고받기도 싫었고, 또 콧담배 쓰는 법도 몰랐기 때문이다. 쌍림은 나에게 몇 차례나 말을 건네려 했지만 그때마다 내가 한층 위엄을 떨며 꼿꼿하게 앉아 있으니 이내 일어나서 나가 버렸다. 뒤에 역관들의 말을 전해 듣자니, 쌍림은 내가 말을 받아주지 않아 매우 열을 받았다고 한다. 한데, 쌍림의 아비가 늘 관아에 있기 때문에 쌍림의 노여움을 사면 구경하러 드나들 때 좀 불리할 거라고들 했다. 또 웃는 낯에 침 못 뱉는다고, 지난번 내가 쌍림을 냉대한 건 좋은 생각이 아니었다고 말하기까지 한다. 딴은 그렇겠다 싶었다.

사행이 먼저 떠나고 나는 잠들었다가 늦게야 일어났다. 밥상을 물리고 막 행장을 차리는 참에 쌍림이 들어온다. 나는 환하게 웃는 얼굴로 그들을 맞이하였다.

"영감, 오랜만입니다. 별일 없으시지요?"

쌍림이 몹시 좋아라 하며 자리에 앉으면서 삼등초三죵后_질 좋은 담배도 달라 하고, 제 집에 붙일 주련도 달라고 한다. 또 내가 먹는 진짜 청심환과 단오날 기름 먹인 접부채까지 달라고 한다. 나는 머리를 끄덕이며 그러마고 했다.

"수레에 실은 짐이 도착하면 다 드리구말구. 한데, 먼 길에 말을 타고 오자니 퍽 고단하군요. 당신 수레를 타고 한 역참만 같이 갔으면 좋겠소만."

"아, 그럼요. 공자와 한수레를 타고 가다니 영광이오."

그리하여 우리는 함께 수레에 탔다. 쌍림은 수레 왼편에 자리를 비워 나를 앉히고 손수 수레를 몰고 갔다. 쌍림은 또 장복을 불러서 오른편 끝채에 앉히고는 장복에게 제안을 한다.

"내가 조선말로 묻거든 너는 관화로 대답하거라."

둘이 수작하는 말을 듣고 있자니 우습다 못해 허리가 끊어질 지경이었다. 쌍림의 조선말은 마치 세 살 먹은 아이가 '밥 줘'를 '밤 줘'하는 수준이고, 장복의 중국말은 반벙어리 말 더듬듯, 언제나 '에' 소리만 거듭한다. 참, 혼자 보기 아까웠다. 게다가 어이없게도, 명색이 통관이라는 쌍림의 조선말이 장복의 중국말보다 못하다. 존비법을 전혀 모를뿐더러, 말 마디도 바꿀 줄 모른다.

쌍림이 장복에게 물었다.

"너, 우리 아버지를 본 적이 있느냐?"

"칙사 나왔을 때 보았소이다. 대감님은 수염이 좋던데요. 내가 뒤를 따르며 '이럇' 소리를 거푸 지르니, 대감님이 만면에 웃음을 띠고는 '네 목청이 좋구나. 그치지 말고 계속 하거라' 하셨지요. 아, 그래서 제가 쉬지 않고 외쳐댔더니만 대감님은 연방 '좋아, 좋아' 하시며, 곽산에 이르러선 손수 차담茶啖까지 주시지 뭡니까."

"오, 그래? 근데, 너 우리 아버지 눈깔이 매섭지 않더냐?"

"푸하하하. 하긴 마치 꿩 잡는 매의 눈깔 같더구먼요."

"푸하하. 맞다, 맞아! 너, 장가는 들었냐?"

"웬걸요. 집이 가난해서 여직 못 들었습죠."

"하이고, 불상, 불상. 참말 불상하다."

'불상不祥'이란 우리말로 가엽고 애처롭다는 말이다.

쌍림이 다시 묻는다.

"의주엔 기생이 몇이나 되느냐?"

"한 40~50명은 될 걸요."

"물론 이쁜 기생도 많겠지."

"이쁘다 뿐입니까. 양귀비 같은 기생도 있고, 서시西施 같은 기생도 있습지요. 유색柳色이란 기생은 꽃도 부끄러워하고 달도 숨어버릴 정도로 미모가 빼어난답니다. 또 춘운春雲이란 기생은 가던 구름도 멈추고 남의 애간장을 녹일 만큼 노래를 잘 한답니다."

"허허허. 저런, 고렇게 이쁜 애들이 많았는데, 내가 칙사 갔을 때엔 왜 동 안 보인 서시?"

"안 보시길 천만다행입니다요. 만일 보셨다면 대감님 혼이 구만 리 장천 구름 저 멀리로 날아가 버렸을 겁니다요. 그리하여 손에 쥐었던 돈 만냥일랑 홀랑 다 털리고 압록강은 건너지도 못했을걸요."

쌍림은 손뼉을 치며 깔깔거린다.

"저런, 저런! 내 다음번 칙사를 따라 가거든 네가 몰래 데려와라."

장복은 머리를 흔들며 대답한다.

"아이쿠! 그건 안 됩니다요. 들키면 목이 달아납죠."

둘 다 한바탕 크게 웃는다. 이렇게 주거니 받거니 하면서 30리 길을 갔다. 두 사람이 서로 상대방의 말을 시험해 보려고 이런 저런 얘기를 한 것이다. 장복의 중국말은 책문에 들어온 뒤 길에서 주워들은 것에 불과하지만 쌍림이 평생 배운 조선말보다 훨씬 낫다. 이로 보건대, 우리말보다 중국말이 쉽다는 것을 알겠다.

수레는 삼면에 녹색 담요로 휘장을 쳐서 걸어 올렸다. 좌우로는 주렴을 드리우고 앞에는 공단으로 차일을 쳤다. 수레 안에는 이불을 깔아 놓았다. 한글로 쓴 『유씨삼대록』劉氏三代錄 몇 권도 보인다. 언문 글씨가 조잡할 뿐 아니라 책장도 다 해졌다. 내가 쌍림더러 읽어 보라고 하여 몸을 흔들면서 소리 높여 읽었으나, 구절이 도무지 딱딱 맞지가 않는다. 입 안에 가시가 돋고 입술이 얼어붙은 듯 글자마다 끙끙거리며 겨우겨우 읽어 나간다. 한참을 들었는데도 헷갈려서 도대체 무슨 소린지 알 수가 없었다. 제까짓 게 늘어 죽도록 읽어 봐야 아무런 효과가 없을 듯하다. 길에서 사행이 막 말을 갈아타려 할 때, 쌍림이 갑자기 수레에서 뛰어내려 점포 속으로 몸을 숨긴다. 사행이 떠나자 조심스레 수레에 올라타고 뒤를 따른다. 일전에 래원이 땍땍거릴 때, 앞에서는 대들었지만 속으로는 좀 움찔했던 모양이다.

맑음

새벽에 대릉하점을 출발하여 도합 86리를
와서 고교보에서 묵었다.

사동비 근처에 이르니 길가에 큰 비석 넷이 있다. 비석의 모양새
가 모두 똑같다고 해서 이 지역을 '사동비'로 부르게 되었다고 한다.
첫번째 비에는 만력萬曆 15년1587년 8월 29일, 명나라 장수 왕성종王盛
宗을 요동전둔유격장군遼東前屯遊擊將軍으로 삼는다는 칙문을 새겼다.
위에는 광운지보廣運之寶_옥새의 하나를 새겼으며, 비문 가운데 청나라
임금이나 장수를 낮춰 말한 '노추'虜酋_오랑캐의 우두머리라는 뜻라는 글자
는 모두 긁어 지워 버렸다. 두번째 비에는 만력 15년 11월 4일에 왕
성종을 요동도지휘체통행사遼東都指揮體統行事로 삼아서 금주金州 지방
을 지킨다는 칙문이 새겨져 있다. 세번째 비는 만력 20년 9월 3일에
왕평王平을 요동유격장군遼東遊擊將軍으로 삼는다는 칙문을 새겼고, 위

이날 연암의 여정로

대릉하점을 출발하여 사동비四同碑까지 12리, 쌍양점雙陽店까지 8리, 소릉하까지
10리, 소릉하교까지 2리, 송산보까지 18리, 모두 50리를 가서 점심을 먹었다.
송산보에서 행산보까지 18리, 십리하점까지 10리, 고교보高橋堡까지 8리, 모두
36리였다. 이날은 총 86리를 왔다.

에는 칙명지보勅命之寶를 새겼다. 네번째 미는 만력 22년 10월 10일에 왕평을 유격장군금주통할遊擊將軍錦州統轄로 삼는다는 칙문을 새겼고, 위에는 광운지보를 새겼다. 왕평은 왕성종의 아들인 듯하다. 그들이 오랑캐 장수들을 잘 막아냈기 때문에 신종神宗 황제가 칙명을 내려 이를 표창하였다. 곧이어 큰 돌을 다듬어 칙문과 임관 사령장辭令狀을 새겨서 그들의 공로를 우러러 보게 하였다. 그런데 왕성종이 요동에서 대대로 장수의 직책에 있었다면, 임진년에 왜놈들을 칠 때 어째서 참가하지 않았던 것일까.

사행이 먼저 이곳에 이르면, 비장들은 으레 비석에다 '모일 모시에 산해관에서 나와 모일 모시에 이곳을 지나다'라고 쓴다.

방목하는 말이 곳곳마다 수천 마리씩 떼를 지어 몰려다니는데, 모두 백마이다.

배로 소릉하를 건넜다. 쌀을 실은 수레 수천 대가 지나가자 흙먼지가 하늘을 뒤덮는다. 해주에서 금주로 실어오는 것이다. 사나운 바람이 몰아치므로 먼저 말을 달려 여관에 들어가 잠시 눈을 붙였다. 정사가 와서는 낙타 수백 마리가 철물을 싣고 금주로 가더라고 말해준다. 나는 공교롭게도 두 번이나 낙타 구경을 놓치고 말았다.

강가에 거주하던 민가 몇 백 호가 지난해 몽고의 습격을 받아 다들 아내를 잃고 몇 리 밖으로 옮겨 갔다고 한다. 지금은 길가에 허물어진 담 몇 개와 네 벽만이 서 있을 뿐이다. 강가의 아래 위에선 흰 장막을 치고 파수를 서고 있다. 이 강에서 몽고 국경까지의 거리는 50리밖에 되지 않는다. 며칠 전 몽고 기병 수백 명이 갑작스럽게 강가에 왔다가 수비가 서 있는 것을 보고 달아났다고 한다. 송산과 행산, 고교와 탑산에 이르기까지 백여 리 사이에 동리나 점포가 있기는 하지만 가난하고 쇠락하여 도무지 활발한 기운이라곤 없어 보인다.

아, 이곳은 오래 전 명나라와 청나라 군사들이 피비린내 나게 싸우던 전쟁터가 아니던가. 그 뒤로 어언 백여 년이 지났건만 아직도

몽고 기병의 모습
말 위에서 생활한 몽고인들은
말을 다루는 솜씨가 무척
뛰어났다.

소생의 기미가 보이지 않으니, 당시 격렬했던 용쟁호투를 짐작할 수
있겠다. 건륭제가 쓴 전운시全韻詩의 주석에는 이렇게 되어 있다.

"숭덕 6년1641년 8월에 명나라의 총병 홍승주洪承疇가 구원병 13만
명을 송산에 집결시켰다. 우리 태종청의 2대 황제 홍타이지를 말함이 곧 군사
를 거느리고 즉시 송산을 향할 즈음 느닷없이 코피를 쏟기 시작했다.
행군을 서두를수록 증세는 더욱 심해져 사흘 만에야 겨우 그쳤다. 제
왕과 패륵貝勒 만주족 고유의 왕자에 대한 경칭으로, 일종의 작위이다들이 속도를 늦
추자고 했으나 태종은 전쟁에 이기려면 행군을 빨리하는 길밖에 없
다고 타일렀다. 서둘러 말을 몰아 엿새 만에 송산에 이르렀다. 송산
과 행산 사이에 군사를 풀어서 큰 길을 가로막았다. 명나라 총병 여
덟 명이 선봉을 침범했으나 간단히 무찔렀다. 그런 다음, 필가산筆架
山에 쌓아둔 명군의 양식을 빼앗고, 해자를 파서 송산과 행산의 길을
차단했다.

*고산액진固山額眞

청나라 군대는 팔기제(八旗制)로 구성되어 있었는데, 각기의 장(長)을 만주어로 고산액진이라 했다. 후에 중국 전역을 지배하게 되면서는 '도통'(都統)이라 이름하였다.

**예군왕睿君王

청을 세운 누르하치의 14번째 아들로, 예친왕이라 불리는 도르곤이다. 그는 몽고족과의 전쟁에서 명성을 떨쳤으며, 이자성의 반란군이 북경을 점령했을 때 오삼계와 손을 잡고 북경에 들어가 반란군을 진압했고, 곧 중국 전역을 평정했다.

이날 밤, 명의 여러 장수가 일곱 개 진영의 보병을 거두어 와서 송산성 가까이 진을 쳤다. 이에 태종이 여러 장수들에게 알리기를, 오늘밤에 적병들이 틀림없이 도망칠 터이니 오배鼇拜 등에게 명하여 기병의 선봉과 몽고군을 거느리고 매가 날개를 펴듯 진을 벌려 즉시 바닷가에 이르도록 하였다. 또 몽고 장수 고산액진* 고로극固魯克 등에게 명하여 행산으로 가는 길목에 매복하였다가 적의 진로를 차단하게 하였다. 예군왕**에게는 금주로 가서 탑산에 이르는 길을 끊어 버리게 하였다.이날 밤 초경저녁 7시~9시에 명의 총병 오삼계 등이 바닷가로 도망치는 것을 추격하는 한편, 파포해巴布海_누르하치의 10번째 아들 등을 시켜서 탑산의 길을 끊고, 무영규왕 아제격阿濟格_누르하치의 12번째 아들에게 명하여 역시 탑산으로 가서 적을 막아 쳐부수게 하였다. 패자貝子 박락博洛에게 군사를 거느리고 상갈이채桑噶爾寨에 가서 적을 쳐부수게 하였다. 고산액진 담태주譚泰柱에게는 소릉하에서 곧바로 바닷가까지 이르러 적병이 돌아가는 길을 끊게 했다. 매륵장경梅勒章京 다제리多濟里에게 명하여 패잔병들을 쫓도록 하는 한편, 고산액진 이배伊拜 등을 보내 행산의 사방에 진을 치고 있다가 도주하는 명군을 습격하게 하였다. 아울러 몽고 장수 고산액진 사격도思格圖 등을 보내어 도망하는 군사를 추격하게 하였다. 아울러 국구國舅_임금의 장인 아십달이한阿什達爾漢 등을 행산으로 보내 상황이 여의치 않을 시 병영을 옮기도록 명령하였다. 이튿날 예군왕과 무영군왕을 시켜 탑산의 사방을 에워싸고 홍의포紅衣砲_주로 성을 공격하거나 지킬 때 사용된 대포로, 사격 거리는 약 8km였다고 함를 퍼부어 적군을 대파했다.

이에 명의 총병 오삼계와 왕박이 행산으로 달아났다. 이날 태종은 군사를 송산으로 옮기고 해자를 파서

오삼계

명군을 포위하였다. 이날 밤 총병 조변교曹變蛟가 진을 버리고 서너 차례나 포위를 뚫으려 했다. 이에 내대신 석한錫翰 등과 사자부락四子部落 도이배都爾拜에게 각각 정병 250명을 거느리고 고교보와 상갈이보에 매복하도록 명령하였다. 태종이 친히 군사를 거느리고 고교보 동쪽에 이르러 패륵 다탁多鐸 누르하치의 15번째 아들으로 하여금 군사를 매복하도록 지시했다. 오삼계와 왕박은 고교보까지 패주하였다가 사방에서 복병이 일어나자 간신히 몸을 피해 도망쳤다. 이 싸움에서 청군은 명나라 병사 5만 3천 7백 명을 죽이고, 말 7천 4백 필, 낙타 60필, 갑옷과 투구 9천 3백 벌을 노획했다. 행산의 남쪽에서부터 탑산에 이르기까지 바다로 뛰어들어 죽은 자가 수없이 많아서 시체가 마치 기러기와 따오기처럼 물에 둥둥 떠다녔다. 청나라 군사는 실수로 다친 자가 겨우 여덟에 불과할 뿐, 나머지는 코피도 흘리지 않았다.”

아아, 슬프다. 이것이 이른바 송행 전투다. 애신각라愛新覺羅는 관외의 이자성이요, 이자성은 역시 관내의 애신각라이다.* 그러니 명나라가 비록 망하지 않으려야 망하지 않을 도리가 있었겠는가. 당시 명나라는 13만이나 되

이자성李自成

•애신각라와 이자성

이자성은 명나라 말기에 감숙 지역에서 군대를 일으켜 북경으로 쳐들어갔던 '이자성의 난'을 일으킨 장본인이다. 이자성의 농민군이 자금성으로 들어오자 명나라의 마지막 황제 숭정제는 뒷산으로 올라가 목을 매 자살한다. 애신각라는 청나라의 2대 황제인 태종(홍타이지라고도 한다)의 이름이다. 그는 만리장성을 넘어 여러 차례 명나라를 공격하여 북경의 황제와 관리들을 공포에 떨게 한 주인공이기도 하다. 그는 나라 이름을 후금에서 청으로 바꾼 다음, 명나라를 치기 위해 먼저 조선을 침공하여(병자호란) 인조에게 항복을 받아 냈다. 결국 이자성은 산해관 안쪽에서, 애신각라는 산해관 밖에서 각각 명나라를 뒤흔들었는데 박지원은 이들 때문에 명나라가 결국 멸망의 길을 걷게 되었다고 본 것이다.

는 대군이면서도 수천 명에 불과한 청의 군사에게 포위되어 마치 마른 나무가 꺾이고, 썩은 나무가 부러지듯 무너지고 말았다. 홍승주와 오삼계 같은 장수들은 지략과 용맹으로야 천하에 대적할 자가 없었건만 어찌된 일인지 일단 애신각라를 만나자마자 바로 혼비백산하여, 그들이 거느린 13만의 군사들은 지푸라기나 물거품처럼 사라지고 말았다. 일이 이 지경에 이르고 보면 실로 운수로 돌리지 않을 수 없겠다.

전에, 인평대군麟坪大君_인조의 셋째 아들이자 효종의 동생이 지은 『송계집』松溪集에서 읽은 대목이다.

"청나라 군사가 송산을 에워쌌을 때, 우리 효종대왕은 대군의 몸으로 청나라 진중에 인질로 붙들려 계셨다. 잠깐 다른 곳으로 군막을 옮긴 사이에 오삼계가 거느린 만 명의 기병이 포위를 뚫고 달려 나왔다. 처음 군막을 쳤던 곳이 바로 명나라와 청나라 군사가 격전을 벌였던 길목이다."

아, 이야말로 왕령이 계신 곳을 천지신명께서 영험으로 지켜 주신 것이 아니고 무엇이겠는가.

이날 밤 고교보에서 묵었다. 이곳은 지난해 사행이 은을 잃은 곳이다. 이 일 때문에 지방관이 파직을 당했고, 근처 점포에선 사형당한 사람도 있다고 한다. 이로 인해 순찰을 맡은 갑군은 밤새도록 야경을 돌면서 우리나라 사람을 도적이나 다름없이 엄하게 감시했다. 창고지기의 말을 들으니, 이곳 사람들은 조선 사람을 원수같이 여겨서 가는 곳마다 문을 닫고 숫제 상대조차 하지 않는다고 한다. "고려, 고려 하면 진저리가 나오. 묵었던 집 주인을 죽이고 은자 천 냥에 네다섯 명의 목숨을 앗아갔으니, 대체 그게 말이 되오? 우리네들 중에도 나쁜 사람이 많지만 당신네 일행 중에도 어찌 좀도둑이 없겠소. 장물을 숨겨 달아나는 방법이 몽고인들과 다르지 않더이다"라고 말하곤 한다.

내가 역관에게 그 연유를 물었더니, 역관이 그 전말을 이야기해 주었다.

"지난 병신년1776년에 영조대왕의 부고를 전하러 갔던 사행이 돌아오면서 이곳에 이르러 공금으로 가지고 온 은 1,000냥을 잃어버렸다고 합니다. 사신들이 의논하기를, '이 은자는 나라의 돈이라 만일 쓴 곳이 명확하지 않을 땐 국법에 따라 액수를 맞추어서 환납해야 합니다. 그만 1,000냥이나 잃어버렸으니 돌아가서 뭐라고 보고를 하지요? 설령 우리가 잃었다고 한들 누가 믿으며, 물어내자고 한들 누가 감당하겠습니까?' 하고는 곧 지방관에게 글을 올려 전후 사연을 알렸지요. 중후소에 보고하자, 중후소에서는 금주위에, 금주위에선 산해관 수비에게 이 사실을 알렸답니다. 그러자 며칠 새에 이 일이 예부에 알려지고, 바로 그날로 황제의 명령이 내려졌지요. 일단 이 지방의 공적 자금으로 잃은 돈을 배상하게 하고, 여기 지방관이 평소 순찰에 힘쓰지 않아 길손이 원통한 변을 당했다 하여 그 책임을 물어 파직시켜 버렸습니다. 그러고는 점방의 주인과 가까운 이웃에 사는 용의자들을 잡아다가 호되게 닦달했지요. 그 바람에 용의자들 중 너덧 명이나 죽고 말았습니다. 사행이 미처 심양에 이르기도 전에 황제의 분부가 내렸으니, 일처리가 얼마나 신속한지 알 수 있지요. 그 뒤로 고교보 사람들은 우리나라 사람을 원수처럼 여기는데, 충분히 그럴 만한 셈이지요."

의주의 말몰이꾼들은 태반이 불량한 치들이다. 오로지 연경에 출입하는 것으로 생계를 삼아 해마다 연경 드나들기를 저희 집 뜰을 밟는 것처럼 여긴다. 그런데, 의주 관아에서 그들에게 주는 급료는 한 사람 당 백지 60권에 지나지 않는다. 그러다 보니 백여 명에 달하는 말몰이꾼들은 길에서 도적질을 하지 않고는 연경을 드나들 수가 없다. 그들은 압록강을 건넌 뒤로는 얼굴도 씻지 않고 벙거지도 쓰지 않는다. 머리털은 뒤엉켜 더벅머리 꼴에 먼지와 땀이 엉겨 붙어 있다. 비바람에 시달려 옷과 벙거지는 해지고 더럽혀져 귀신인지 사람 인지도 못 알아볼 정도인데, 그 모습이 흡사 도깨비처럼 보인다. 이들 가운데 열다섯 살 먹은 아이가 있는데, 이 아이는 벌써 이 길을 세 번이나 드나들었다고 한다. 처음 구련성에 닿았을 때는 제법 말쑥하여 귀엽더니 절반도 못 와서 햇빛에 그슬리고 시꺼먼 먼지를 뒤집어써 두 눈만 빼꼼히 하얗게 보일 따름이다. 걸친 거라곤 홑고쟁이뿐인데, 그마저 다 떨어져 엉덩이가 죄 드러날 정도였다. 이 아이가 이러할 제 다른 치들이야 말할 나위도 없다. 그런데도 이들은 도무지 부끄러움이라곤 모른다. 게다가 도둑질하는 걸 보통으로 알아서 밤에 점방에 들면 무슨 수를 써서라도 반드시 훔치고야 마는데, 점방 주인들도 이를 단속하기 위해 온갖 책략을 다 동원한다. 지난해 동지 사행 때 의주 상인 하나가 은화를 몰래 가지고 오다가 말몰이꾼에게 맞아 죽었다고 한다. 이때, 빈 말 두 마리만 고삐를 놓아서 도로 강을 건너 보냈는데, 말이 각기 그 집으로 찾아 든 것을 증거로 삼아 죄를 물었다고 한다. 그 흉악함이 이런 정도니, 은이 없어진 것이 어찌 이놈들의 소행이 아니라 할 수 있겠는가.

이런 일은 오히려 사소한 경우에 속한다. 만일 병자호란 같은 일이 다시 일어나면 용천이나 철산의 서쪽은 남의 땅이 되고 말 것이다. 변방을 지키는 자들 역시 알아두지 않으면 안 될 일이다.

이날 밤 큰 바람이 불어 날이 새도록 천지를 뒤흔들었다.

맑음

🐎 새벽에 고교보를 떠나 모두 62리를 가서 영
원성 밖에서 묵었다.

어저께 부사, 서장관과 더불어 새벽녘에 탑산에 가서 해돋이를 구
경하자고 철석같이 약속을 했다. 그러나 다들 늦게 떠난 탓에, 탑산
에 이르자 해는 이미 세 발이나 높이 솟았다. 동남쪽으로 큰 바다가
하늘에 닿을듯이 보일 즈음, 수많은 상선이 간밤의 바람에 쫓겨 들어
와서 작은 섬에 의지하였다가 일시에 돛을 달고 떠나는 중이었다. 그
모습이 마치 물에 둥둥 뜬 오리 떼 같았다.

영녕사永寧寺는 숭정崇禎 연간에 조대수祖大壽가 처음 지은 절이라
한다. 절이나 관묘는 요동에서 처음 볼 때엔 그 웅장하고 화려한 위
용에 놀라 대략 기록을 해두었다. 그러나 그뒤 절이나 관묘를 길에서

이날 연암의 여정로

고교보를 떠나 탑산塔山까지 12리, 주사하朱獅河까지 5리, 조라산점罩羅山店까지
5리, 이대자二臺子까지 10리, 연산역連山驛까지 7리, 모두 32리를 가서 점심을
먹었다. 또 연산역에서 오리하자五里河子까지 5리, 노화상대老和尙臺까지 5리,
쌍수포雙樹舖까지 5리, 간시령乾柴嶺까지 5리, 다붕암茶棚菴까지 5리,
영원위寧遠衛까지 5리, 모두 30리다. 이날 총 62리를 왔다.

영원성(오른쪽)과
조가패루(왼쪽)

수없이 보았고, 어느 정도 차이는 있었지만 건축 양식이나 구조는 대체로 비슷했다. 일일이 다 기록할 수도 없을뿐더러 나중에는 지쳐서 들어가 보지도 않게 되었다.

　길가에 여남은 길이나 되는 산봉우리가 있는데, 이름이 구혈대嘔血臺라 한다. 세간에 전하는 말로는, 청 태종이 명의 순무 원숭환에게 패하여 이 봉우리에 올라서 영원성 안을 굽어보다가 피를 토하고 죽어서 이런 이름이 생겼다고 한다.

　영원성 안 한길 가에 조가祖家의 패루가 마주 서 있었다. 패루 사이는 수백 보나 되며, 두 패루가 모두 삼문三門으로 되어 있고, 기둥마다 앞에 몇 길 되는 돌사자를 앉혔다. 하나는 조대락祖大樂_조대수의 형의 패루요, 또 하나는 조대수의 패루이다. 높이는 모두 예닐곱 길이나 되는데, 대수의 패루가 조금 낮은 편이다. 둘 다 옥결 같은 흰 돌로 층층이 쌓아 올려 추녀·도리·들보·서까래며, 기와·처마·들창·기둥에 이르기까지 나무는 한 토막도 쓰지 않았고, 대락의 패루는 오색 무늬가 있는 돌로 세웠다. 두 패루를 세운 솜씨와 그 공력은 거의 사람의 힘으로 이룰 수 있는 경지가 아니었다. 대락의 패루에는 삼대三代를 고증誥贈_공로가 있는 벼슬아치가 죽은 뒤 그의 아버지·할아버지·증조할아버지에게 벼슬을 주는 것 하였고, 증조 조진祖鎭과 할아비 조인祖仁, 아비 조승교祖承教, 전면에는 원훈초석元勳初錫, 후면에는 등단준열登壇峻烈, 맨 위층에는 옥음玉音이라 썼고, 주련에는 '처음처럼 잘 보존된 저 무덤, 경사로운 일은 4대에 쌓였고, 빛나도다 훌륭한 자손들이여, 영원한 그 명예 천추에 빛나리'라 새겼고, 그 뒷면에는 '뛰어난 재주 노래로 찬송하니 나라는 간성의 중책으로 의지하였고, 조칙으로 은총 내리시니 조정은 훌륭한 공훈 금석에 새겨 높였도다'라고 새겼다.

대수의 패루에도 사대四代를 고증한 것을 썼는데, 증조와 조부는 대락과 같고, 아버지는 조승훈祖承訓이다. 조승훈은 우리나라에서 만력 임진년1592년에 왜란이 일어났을 때 요동 부총병副摠兵으로 기병 3천 명을 거느리고 맨 먼저 구원하러 왔던 사람이다. 윗층에는 확청지열廓淸之烈, 아래층에는 사대원융四代元戎이라 썼으며, 앞뒤 주련이나 날짐승과 길짐승의 모양, 전투하는 그림을 새긴 것은 모두 양각이다. 주련의 글은 바빠서 적지 못했다.

조씨는 중국의 북방 지역에서 대대로 이름난 장수 집안이다. 숭정 2년1629년 1월에 청나라 군대가 북경을 치자 이 해 12월에 독수督帥 원숭환이 조대수와 하가강何可剛 등을 거느리고 들어와서 지나는 곳마다 군대를 머물러서 지키니, 황제는 이 말을 듣고 매우 기뻐하여 그로 하여금 구원군을 모두 통솔하게 하였다. 청인이 원숭환과 황제 사이를 이간질하려고 장수 고홍중高鴻中이 사로잡아 온 명나라 태감太監_환관의 우두머리 벼슬 두 사람 앞에서 일부러 귓속말로 "오늘 군사를 거둬들인 건 아마 원순무袁巡撫와 비밀 약속이 있어서였던가 보오. 아까 두 사람이 와서 우리 장군을 뵙고 한참 이야기하다 돌아갔다오"하였다. 양태감楊太監은 잠든 척 그 말을 엿들었고, 청이 그를 놓아 보내자 이 일을 황제에게 일러 바쳤다. 황제는 마침내 원숭환을 잡아 옥에 가두었다. 이에 대수가 크게 놀라 하가강과 더불어 군사를 거느리고 동으로 달아나서 산해관을 헐고 나갔다. 그 뒤 금주·송산의 싸움에서 조대락·조대성祖大成·조대명祖大明_세 사람이 한 형제 간임 등이 모두 잡히고, 대수는 대릉하성을 지키던 중 청군에게 포위되었다가 양식이 떨어져 결국 항복하고 말았다.

이제 그들의 패루만 우뚝 서 있을 뿐, 농서隴西_지금의 중국 감숙성 지역 집안의 명성은 벌써 무너져서 부질없이 후세 사람의 웃음거리가 되었으니 그 무슨 소용이 있으리오. 대수가 성 안에 살던 곳은 문방文坊이라 하고 성 밖에 살던 곳은 무당武堂이라 한다. 지금은 다른 사람의 손에 넘어갔다. 서쪽으로 몇 길 높이의 담이 있고, 그 안에는 조그만 일각문이 서 있는데 그 문과 담을 만든 양식이 패루의 기묘한 솜씨와 비슷하다. 담 안에는 두어 칸짜리 정사精舍_학문을 가르치기 위해 마련한 집가 남아 있는데, 이 지방 사람들은 이 집을 대수가 한가할 때 글을 읽던 곳이라 한다.

이날 밤에는 새벽까지 천둥과 비가 멎지 않았다.

아침에는 맑았고 저녁나절에는 비가 옴

🐎 새벽에 영원성을 떠나서 이날은 모두 60리를 왔다. 청돈대는 해돋이를 구경하는 곳이다. 부사와 서장관이 닭이 울 무렵 해돋이를 구경하러 먼저 떠나면서 내게 사람을 보내 함께 가기를 청했다. 나는 편히 자기 위해 그 청을 사양하고 조금 늦게 떠났다. 해돋이 구경도 역시 운이 따라야 한다. 예전에 동해를 유람하면서 총석정, 혹은 옹천이나 석문에서 해돋이를 보려 했지만 제대로 구경한 적이 없다. 어떤 날은 너무 늦게 도착해서 해가 벌써 바다 위로 솟아 버렸고, 또 어떤 날은 밤샘을 하고 일찌감치 나갔건만 아쉽게도 구름과 안개가 끼어 해를 가려 버리곤 했다.

해가 뜰 때 하늘에 구름 한 점 없어야 좋을 성싶지만 사실은 그게

이날 연암의 여정로

영원성을 떠나 청돈대靑墩臺까지 7리, 조장역曹庄驛까지 6리, 칠리파七里坡까지 7리, 오리교五里橋까지 5리, 사하소沙河所까지 5리, 모두 30리를 가서 점심을 먹었다. 사하소는 곧 중우소中右所다. 점심을 먹고 난 후 푹푹 찌는 더위가 비를 불러 간구대乾溝臺까지 한 3리 정도 오자 큰비가 쏟아졌다. 비를 무릅쓰고 연대하煙臺河까지 5리, 반랍점半拉店까지 5리, 망하점望河店까지 2리, 곡척하曲尺河까지 5리, 삼리교三里橋까지 7리, 동관역東關驛까지 3리, 모두 30리였다. 이날은 모두 60리를 갔다.

해돋이 구경으론 가장 멋대가리가 없다. 둥글고 붉은 구리 생반 하나가 바다 속에서 불쑥 솟아날 뿐이니 무에 볼 것이 있겠는가. 해는 임금의 기상이라고 한다. 그래서 요임금을 찬미하여 "바라볼 땐 구름이요, 다가서니 해일러라"라고 한 것이다. 이렇듯 해가 돋기 전에는 반드시 자욱한 구름 기운이 그 가장자리에 몰려들어 마치 앞길을 인도하는 듯, 뒤를 따르는 듯, 의장을 갖춘 듯, 수천 수만의 기병이 임금을 옹위하여 모시는 듯, 오색 깃발이 펄럭이고 용과 뱀이 꿈틀거리는 듯해야 비로소 장관이라 할 수 있다. 그렇다고 구름이 너무 많이 끼면 도리어 흐리고 가려져서 또한 볼 것이 없다. 새벽엔 밤새 모아진 순음純陰의 기운이 내리 쏘이는 태양과 맞부딪치게 된다. 이로 말미암아 바위 틈에선 구름을 토하고 시냇가에선 안개를 뿜어내면서 서로 피어올라 해가 돋을락 말락 할 때 원망스러운 듯 수심에 겨운 듯 흙비 속에 잠긴 듯 빛을 잃게 되는 것이다.

내가 예전에 총석정에서 해돋이를 구경하고 시를 한 수 지었다.

총석정에서 해돋이를 보며 叢石亭觀日出

나그네 밤중 되자 서로들 부르며 대답하는데 行旅夜半相叫應

멀리서 닭울음 소리 대답하는 이 없구나 遠鷄其鳴鳴未應

저 멀리 가장 먼저 들린 닭울음 소리 그 어디멘가 遠鷄先鳴是何處

파리 소리처럼 희미하게 마음속에 남아 있네 只在意中微如蠅

마을의 개 짖던 소리 그마저 뚝 그치누나 村裏一犬吠仍靜

적막이 감돌자 가난한 서생의 마음 서늘해지네 靜極寒生心兢兢

이때 또 한 소리 귓가에 울려 와 是時有聲若耳鳴

자세히 들어 보니 처마 위 닭울음 소리 纔欲審聽簷鷄仍

총석정은 예서 십리 此去叢石只十里

기필코 넓은 바다 마주하여 해돋이를 보리라 正臨滄溟觀日昇

하늘과 물 잇닿아 경계가 없고 天水渾洞無兆眹

성난 파도 벼랑에 부딪히니 벼락이 이는 듯 洪濤打岸霹靂興

거센 바람 휘몰아치니 온 바다 뒤집히고 常疑黑風倒海來

뿌리째 산이 뽑혀 바위더미 무너지는 듯 連根拔山萬石崩

고래와 곤의 싸움에 육지 솟아난들 괴이할 것 없고 無怪鯨鯤鬪出陸

대붕이 날아올라 바다 옮겨간들 걱정할 것 없다네 不虞海運値搏鵬

다만 근심은 이날 밤 오래도록 새지 않을까 但愁此夜久未曙

지금의 이 혼돈 누가 다시 거두어들일지 從今混沌誰復徵

설마 어둠의 나라에 큰 난리가 난 건 아니겠지 無乃玄冥劇用武

땅 밑바닥 일찌감치 닫혀 해 드나드는 곳 얼어붙었는가? 九幽早閉虞淵水

저 하늘의 굴대 오래도록 빙빙돌아 恐是乾軸旋斡久

서북으로 기울어 하늘에 맨 동아줄 끊어진 건 아니겠지 遂傾西北隳環組

세 발 달린 까마귀 빠르게도 나는데 三足之烏太迅飛

그 누가 발 하나를 줄에 달아매었는가? 誰呪一足繫之繩

해약바다 귀신의 옷과 띠에 검은 물방울 스며들고 海若衣帶玄滴滴

수비바다의 여신의 쪽진 머리 차갑기 짝이 없네 水妃鬢鬐寒凌凌

큰 물고기 거침없이 말처럼 내달릴 제 巨魚放蕩行如馬

붉은 갈기 푸른 갈기 뒤엉켜 제멋대로 紅鬐翠鬣何鬅鬙

하늘이 만물 낼 제 그 누가 보았는가 天造草昧誰旁看

미친 듯이 고함 치며 등불 켜고 보련다 大叫發狂欲點燈

창날 같은 혜성 꼬리 불살을 드리운 듯 攙搶擁篲火垂角

앙상한 나무 위에 부엉이 울음 고약쿠나 禿樹嘯鵩尤可憎

어느덧 바다 위에 작은 멍울 맺혔다네 斯須水面若小癭

용의 발톱 잘못 닿아 독이 올라 아픈 듯이 誤觸龍爪毒可疼

그 빛깔 점점 커져 만 리를 뻗치누나 其色漸大通萬里

물결 따라 일렁이는 햇무리 꿩 가슴의 무늬 같네 波上邅暈如雉膺

아득한 이 천지 이제야 경계 생겨 天地茫茫始有界

붉은빛 선을 그어 두 층으로 나뉘었네 以朱畵一爲二層

어둠 세계 깨어나서 온 누리가 물들고 海涵新醒大染局

만물에 빛이 스며 비단 무늬 이루었네 千純濕色縠與綾

산호 가지 베어 내어 숯 만들어 낸 이 누구인가 作炭誰伐珊瑚樹

동녘에 해 떠오르자 찌는 듯 뜨거워라 繼以扶桑益熾蒸

염제는 풀무 부느라 입이 비뚤어졌을 테고 炎帝呵噓口應喎

축융은 부채 부치느라 오른팔 떨어질 듯 아프겠지 祝融揮扇疲右肱

새우 수염 가장 길어 불사르기 아주 쉽고 鰕鬚最長最易爇

달팽이 집 단단할수록 익기도 잘도 익네 蠣房逾固逾自膏

구름 안개 모두 모두 동으로 몰려들어 寸雲片霧盡東輳

찬란한 온갖 상서 제각기 드러내네 呈祥獻瑞各效能

천자께 조회드리기 전이라 갖옷은 버려 두었고 紫宸未朝方委裘

병풍과 예복은 그대로 펼쳐져 있네 陳辰設黼仍虛凭

초승달 아직도 계명성과 마주 서서 纖月猶賓太白前

등나라 설나라•가 힘 겨루듯 서로 빛을 다투누나 頗能爭長薛與滕

붉은 기운 점점 엷어 오색이 찬란해지고 赤氣漸淡方五色

멀리 솟구친 물결 머리 먼저 절로 맑아진다 遠處波頭先自澄

김홍도의 「총석정도」

바다 위 온갖 괴물 모두 도망가 숨어 버리고 海上百怪皆遁藏

희화태양을 몰고 가는 귀신만 홀로 남아 수레를 타는구나 獨留羲和將驂乘

육만 사천 년 동안 둥글더니 圓來六萬四千年

오늘 아침엔 원을 바꾸어 네모가 되었네 今朝改規或四楞

만 길이나 깊은 바다 속에서 누가 길어 올렸을까 萬丈海深誰汲引

아하, 하늘에도 섬돌 있어 오를 수 있겠구나 始信天有階可陞

등림복숭아 나무 숲의 가을 과실 붉은 열매 한 알인 듯 鄧林秋實丹一顆

해 아드님이 찬 비단 공 반만 솟다 말았는 듯 東公綵毬蹙半登

과보해와 경주하던 신선은 헐떡헐떡 쉬지 않고 뒤쫓으며 夸父殿來喘不定

여섯 용 앞서 인도하며 자못 의기양양 六龍前導頗誇矜

하늘 끝 어두워져 얼굴을 찌푸린다 天際黯慘忽顰蹙

바퀴 힘껏 끌어올리려 있는 기운 다하고자 努力推轂氣欲增

바퀴처럼 둥글지 않고 항아리처럼 길쭉하네 團未如輪長如甕

솟았다 잠겼다 출렁이는 소리 들리는 듯 出沒若聞聲砳砳

어제와 같이 환히 만물을 다 보려면 萬物咸覩如昨日

그 누가 두 손 받들어 번쩍 들어 올릴꼬 有誰雙擎一躍騰

　대개 해뜨는 풍광은 천변만화하기 때문에 사람마다 보는 바가 같지 않다. 그리고 꼭 바다에서 구경할 일만도 아니다. 내가 요동벌에서 날마다 해돋이를 보았는데 하늘이 맑아 구름 한 점 없으면 해바퀴가 그리 크게 보이지 않았다. 또한 열흘 동안 한 번도 그 크기가 같은 적이 없었다. 부사와 서장관은 오늘도 역시 구름이 짙게 가려서 해돋이를 보지 못했다고 한다.

　오후에 푹푹 찌더니 소낙비가 억수로 퍼부었다. 우장옷비옷이 찌는 듯 답답하고 배가 더부룩한 것이, 아마도 더위를 먹은 듯싶다. 잠자리에 들 때 큰 마늘을 갈아 소주에 타서 마셨더니, 그제야 배가 가라앉아 편안히 잘 수 있었다. 밤새 큰 비가 내렸다.

7월
21일
정유일 丁酉日

비가 오다 개다 함

🐎 강물이 불어 길이 막히자 동관역에 머물렀다. 이웃 점방에 등주에서 온 이선생이란 자가 묵고 있다는데 점을 잘 친다고 한다. 우리나라 사람을 만나고 싶다며 사람을 보내왔기에 저녁 식사를 마친 후 찾아갔다. 그는 태을수太乙數로 점을 친다고 한다.

내가 "이것이 자미두수紫微斗數가 아닌가?" 하고 묻자 이선생은 이렇게 대답했다.

"이른바 자미란 것은 소수小數이지만, 태을은 하나의 별입니다. 자미궁에 있으면서 천일생수하늘이 열릴 때 첫째로 물을 낳는다는 것에 속하므로 '태을'이라 합니다. 을乙이란 곧 일一이요, 수水는 조화의 근본이니 육임六壬은 곧 물이요, 둔갑 역시 태을이지요. 이는 『오월춘추』吳越春秋 같은 책에 뚜렷한 효험이 많이 나타나 있고, 64괘 역시 이 책을 넘어섰다고 할 수 없지요. 따라서 장수된 자가 이 육임과 둔갑의 법을 모르면 기이한 변화 역시 알지 못하는 법이지요."

내 본시 관상이나 점치는 걸 좋아하지 않는 성미라 평생에 그 법을 알려고 해본 적이 없다. 또 그가 말한 육임과 둔갑이라는 것이 몹시 황당무계해서 내 사주를 말해 주지 않았다. 이 자 또한 자기의 술수를 과장하여 복채를 두둑히 받아 보려다가 내 기색이 자못 냉담한 걸 보고는 다시 말을 꺼내지 않았다. 방 맞은편에서는 한 노인이 안경을 쓰고 앉아 글을 베끼고 있었다. 자리를 옮겨 살펴본즉, 모두 요즘의 시화詩話였다. 노인이 안경을 벗고 붓을 멈추면서 말을 건넸다.

"멀리서 오셨으니 길에서 얻은 해낭奚囊_시구를 수집한 주머니 이 풍부하겠지요. 좋은 글귀가 있거든 두어 구라도 남겨 주시지요."

베낀 글씨는 치졸했으나 시화 중에는 제법 볼 만한 게 있었다. 노인 역시 생김새가 밝고 아담했으며 곁에 놓인 물건들도 정갈하기에 구들에 앉아 서로 통성명을 했다. 노인 역시 등주 사람이라고 한다. 성은 축祝이고, 이름은 잊어버렸다. 그가 우리나라 부인들의 머리 올리는 법과 복식에 대해 묻기에 모두 중국 상고 시대의 풍속을 본받았다고 말해 주었다. 이 말을 들은 축노인은 좋다고 연방 칭찬을 한다.

내가 물었다.

"당신네 고향은 여자들의 복식 제도가 어떤지요?"

"대충 비슷합니다. 여자가 시집갈 땐 쪽만 지고 비녀는 꽂지 않는답니다. 빈부를 막론하고 평민의 부녀는 관을 쓰지 않고 다만 명부命婦_작위를 받은 부인만이 관을 씁니다. 제각기 남편의 직위에 따라서 비녀에도 품이 있는데, 이는 모자를 쓰는 법과 같답니다. 두 마리 봉황이 그려진 비녀, 곧 쌍봉잠이 제일 귀하되, 봉잠봉황 모양을 머리 부분에 새긴 큼직한 비녀에도 나는 봉飛鳳, 서 있는 봉立鳳, 앉아 있는 봉坐鳳, 웅크린 봉戢鳳 등의 구별이 있고, 비취잠翡翠簪에도 모두 품직의 차이가 있지요. 처녀는 저고리와 치마를 입다가 시집을 가게 되면 큰 소매 달린 웃옷에 긴 치마를 입고 띠를 두릅니다."

"등주는 여기서 몇 리나 되며, 여기는 어떤 일로 오셨습니까?"

청나라 시대 여인들
그림은 청나라 때 화가 옥호외사(玉壺外史) 개기(改琦)가 그린 대나무 아래 미인들의 모습이다. 개기는 특히 불화와 미인화를 특기로 하였으며, 자유분방한 화풍의 소유자였다.

"등주는 옛날 제나라의 경계로, 이른바 바다를 등진 지역입지요. 육로로는 북경까지 1,500리라오. 우리들은 배를 타고 금주에 가서 면화를 사가지고 오는 참에 이곳에 머물게 되었답니다."

그가 베끼는 글 중에 다음과 같은 것이 있었다.

나홍선羅洪先_양명학파의 대가은 길수吉水 사람으로 명明 가정嘉靖 기축년1529년 과거에 장원했다.

주연유周延儒는 직례直隷 사람으로 만력萬曆 계축년1613년 과거에 장원했다.

위조덕魏藻德우 통주通州 사람으로 숭정崇禎 경진년1640년 과거에 장원했다.

그 중 주연유는 명의 황실을 크게 어지럽혔고, 위조덕은 적병에게 항복하였으나 죽음을 당했고, 나홍선은 문묘에 종사되었으나 20년 동안 학문을 닦은 공으로 겨우 겨우 마음속에서 '장원' 두 글자를 잊어버렸다고 한다.

또 근세의 유림儒林들을 나열해 기록하였다.

육가서陸稼書 선생의 시호는 청헌淸獻이니, 문묘文廟에 종사했다.

탕형현湯荊峴 선생의 휘는 빈斌이요, 시호는 문정文正이요, 자는 공백孔伯이며, 호는 잠암潛菴이니, 문묘에 종사하였다.

이용촌李榕村 선생 광지光地 운운云云.

위상추魏象樞_청초의 직신直臣, 자는 환극環極는 모두 큰 선비라 일컫는다.

서섬포徐蟾圃_청초의 학자. 섬포는 호 건학乾學 운운云云.

축노인은 이야기를 멈추고 다시 글 베끼기에 바빴다. 그 옆에 책이 다섯 권 놓였는데 고인의 생년월일시가 열거되어 있었다. 하우씨

夏禹氏·항우·장량·영포英布·관우 등의 사주가 두루 적혀 있다. 종이 몇 장을 빌려 대충 베꼈는데, 마침 점쟁이인 이선생이란 자는 자리에 없었다. 백 명 남짓 베꼈을 때 점쟁이가 밖에서 들어왔다. 내가 베껴 쓴 걸 보더니 후다닥 종이를 빼앗아 찢으며 "천기누설" 운운하며 방 방 뜨고 난리다. 나는 껄껄 웃고 일어나 숙소로 돌아왔지만, 손에는 찢긴 종이가 반쪽이나 남아 있었다.

왕서공王舒公_진晉 명제明帝의 명신은 신유 11월 1일 진시辰時생.
부정공富鄭公_송나라 때 학자 부필富弼은 갑진 정월 20일 사시巳時생.
소자용蘇子容은 경신 2월 22일 사시생.
왕정중王正仲은 계해 정월 11일 신시申時생.
한장민韓莊敏은 기미 7월 9일 인시寅時생.
채경蔡京_송宋의 정치가은 정해년 임인월 임진일 신해시생.
증포曾布_당송 8대가의 한 사람인 증공曾鞏의 아우는 을해년 정해월 신해일 기해시생.

그 중 한장민과 왕정중은 어느 때 사람인지 알 수 없으나, 둘 다 귀인인 듯했다. 이선생이란 자가 내뱉은 '천기누설'이란 말은 생각할수록 어이없고 아니꼬웠다.

오후에 비가 잠깐 개기에 심심하여 한 점포에 들어갔다. 뜰 안에는 반죽斑竹_겉에 반점이 있는 대나무으로 난간을 둘렀다. 시렁 아래에 한 길이나 되는 태호석*이 서 있는데, 돌 빛깔이 새파랗다. 뒤켠에 심긴 한 길 넘는 파초는 비온 뒤라 물색이 더욱 산뜻했다. 난간에 한 사람이 혼자 걸터앉아 있고, 책상 위에 놓인 붓과 벼루는 모두 품질이 좋아 보이기에 그 자리에 들어가 글씨를 써서 성명을 물었다. 그러자 그는 손을 흔들며 대답도 않고 바로 일어나 문 밖으로 나가 버린다. 주인이 아닌가 보다 생각

*태호석太湖石
석회암 덩어리로 중국 강소성(江蘇省) 남동쪽에 있는 호수인 태호(太湖)에서 많이 난다. 주로 정원 장식용으로 쓰인다.

하면서도 태호석을 구경하기 위해 잠깐 지체했더니, 그이가 웃음을
띠며 웬 소년을 데리고 들어온다. 소년은 짧게 읍하고 앉더니 바삐
종이 한 장을 내어 만주 글자를 썼다. 내가 만주 글자를 모른다고 하
자 둘 다 웃기만 한다. 주인이 일자무식이므로 바삐 건너편 점포의
소년을 불러온 모양이다.

하지만 그 소년은 만주 글은 알지만 한자는 몰랐다. 서로 두어 마
디 말로 수작하였으나 피차 뜻을 몰라 우물쭈물 넘겨 버렸다. 이야말
로 귀머거리 아닌 귀머거리요, 장님 아닌 장님이요, 벙어리 아닌 벙
어리가 된 꼴이다. 세 사람이 나란히 앉고 보니 천하에 병신들만 모
여 앉은 듯, 서로 껄껄대며 대충 웃음으로 얼버무릴 뿐이었다.

아까 그 소년이 만주 글자를 쓸 때 주인이 옆에서 이런다.

"벗이 먼 곳에서 찾아오니 또한 기쁘지 아니한가."

"나는 만주 글은 모른다오."

그러자 소년이 "배우고 때로 익히면 또한 즐겁지 아니한가" 한다.

"논어를 이처럼 잘 외면서 어찌 글자를 모르오?"

이에 주인은 "남이 나를 몰라주더라도 노여워하지 않는다면 어찌
군자가 아니겠는가" 한다. 시험 삼아 그들이 외운 『논어』「학이」편
석 장章*을 죽 써 보이니 둘 다 눈이 휘둥그레져 멍하니 들여다볼 뿐
이다. 무슨 말인지 통 모르는 모양이다.

때마침 소나기가 퍼부어 다른 소리는 일체 들리지 않아 조용히 이
야기를 나누기에 좋았으나, 두 사람 다 글자를 모르고 나 역시 관화
에 서툴러서 도무지 방도가 없었다.

지적에서 비에 막혀 있으려니 갑갑하고 무료하기 짝이 없었다. 소
년이 일어나 나가더니 잠시 후 소나기를 무릅쓰고 손에 능금 한 바구
니, 달걀볶음 한 접시, 계란찜 한 사발을 들고 왔다. 사발은 둘레가
칠 위七圍나 되고, 두께는 한 치, 높이는 서너 치 정도 되었다. 겉에 푸
른 유리를 올리고 양쪽엔 도철饕餮_탐욕이 많다는 상상의 짐승으로 옛날 그릇에는 흔

*『논어』「학이」편 석 장
자왈학이시습지불역열호
子曰學而時習之不亦說乎
유붕자원방래불역락호
有朋自遠方來不亦樂乎
인부지이불온불역군자호
人不知而不慍不亦君子乎

히 도철을 새기거나 만들어 붙였음을 붙였으며, 입에는 큰 고리를 물렸다. 세숫 대야로 쓰기에 딱 좋을 것 같으나 들고 다니기엔 무거워 보였다. 값을 물으니 1초라고 한다. 1초는 163푼이니, 은으로 치면 겨우 석 푼인 셈이다. 상삼이 하는 말이, 연경에선 이 사발을 은 두 푼이면 살 수 있으나 국경 밖에 나가면 희귀한 보배가 될 줄 뻔히 알면서도 하도 무거워서 가져갈 방도가 없다고 한다.

저녁 나절에 비가 활짝 개었다. 또 한 점포에 들어가니 등주에서 온 객상 세 사람이 있었다. 솜을 틀고 고치를 켜기 위하여 배로 금주에 가는 길이라고 한다. 대개 금주의 우가장牛家庄은 등주에서 수로로 200여 리쯤 되는 곳으로 돛만 달면 한 바람에 왕래한다고 한다. 세 사람 다 글을 약간씩 알긴 하지만 사납게 생긴 데다 도무지 예의를 알지 못하며 버릇없이 농담까지 던지기에 바로 돌아와 버렸다.

맑음

7월
22일
무술일 戊戌日

동관역에서 출발하여 모두 66리를 와서 전 둔위에 묵었다.

배로 중후소하中後所河를 건넜다. 옛날엔 성이 있었다는데 그 사이 허물어져 지금 수축하는 중이었다. 점포와 집들은 심양에 버금가고, 관제묘의 장려함은 요동보다 나아 매우 영험해 보인다. 일행이 모두 공물을 바치고 머리를 조아리며 제비를 뽑아 길흉을 점쳐 보았다. 창대가 참외 한 개를 놓고 수십 번 절을 하더니만 소상 앞에서 바로 참외를 먹어 치운다. 속으로 무엇을 빌었는지는 알 수 없지만, '가진 것은 적으면서 바라는 것은 너무 사치롭다'는 옛말이 딱 어울린다.

대문 안 맞은편 담장에 그려진 청사자가 그럴싸하다. 오도자吳道字

이날 연암의 여정로

동관역에서 출발하여 이대자二臺子까지 5리, 육도하교六渡河橋까지 11리, 중후소中後所까지 2리, 모두 18리를 가서 점심을 먹었다.
중후소에서 일대자一臺子까지 5리, 이대자까지 3리, 삼대자三臺子까지 4리, 사하점沙河店까지 8리, 엽가분葉家墳까지 7리, 구어하둔口魚河屯까지 3리, 어하교魚河橋까지 1리, 석교하石橋河까지 9리, 전둔위前屯衛까지 6리, 모두 48리이다. 전둔위서 묵었다. 이날은 모두 66리를 왔다.
(더해 보면 64리. 연암의 착오인 듯.)

_당나라 현종 때의 유명한 화가로, 동양화의 입체 표현 중 하나인 준법皴法을 처음으로 사용했다가 그린 감로사甘露寺의 사자와 비슷했다. 소동파가 칭찬 글에 "위엄은 이빨에 드러나고 기쁨은 꼬리에 나타나네"라고 하였으니, 그 특징을 잘 형용했다고 할 만하다.

우리나라에서 쓰는 털모자는 다 이곳에서 만든 것이다. 모자 공장은 모두 세 곳인데, 한 집이 적어도 30~40칸은 되고, 물건 만드는 장인은 무려 백 명이 넘는다. 의주 상인들이 벌써 잔뜩 모여들어 모자를 계약하고 있다. 돌아가는 길에 싣고 간다고 한다. 모자 만드는 법은 무척 쉬워 양털만 있다면 나도 만들 수 있을 정도다.

우리나라에선 양을 치지 않으므로 백성들은 평생 양고기 맛을 모른다. 전국의 남녀 수는 수백만이 넘는데 사람마다 털모자 하나씩을 써야만 겨울을 날 수 있다. 해마다 동지冬至·황력黃曆_책력을 받으러 가는 사행·재자賫資_삼사를 갖추지 않고 역관만 보내는 약식 사행 등의 사행에 가지고 가는 은이 10만 냥은 될 테니, 10년을 계산하면 무려 백만 냥에 이른다. 모자는 사람마다 겨울 한철만 쓰다가 봄이 되어 해지고 떨어지면 그냥 버리고 말 뿐이다. 천 년을 가도 썩지 않는 은을 가지고 한겨울 쓰면 다 해져 버리는 모자와 바꾸고, 산에서 얼마 안 되는 은을 캐다가 한 번 가면 다시 돌아오지 못할 땅에 갖다 버리니, 이 얼마나 개념 없는 짓인지. 모자를 만드는 장인들은 모두 웃통을 벗고 일하는데 그

청대 모자 상점의 모습

손놀림이 바람처럼 날랬다. 우리나라에서 갖고 온 은화의 절반은 여기서 사라지는 판이다. 그러므로 공장 주인들은 각기 주고객을 정하여 의주 장사치가 오면 반드시 크게 주연을 베풀어 접대한다고 한다.

길에서 도사 세 사람을 만났는데, 짝을 지어 시장 골목을 누비며 구걸

을 한다. 그 중 한 명은 구름 무늬의 검은색 모난 갓을 쓰고, 소매가 넓고 길이가 긴 도포와 푸른 항라 바지를 입었다. 허리에는 붉은 비단 띠를 둘렀으며 붉은 구름 모양을 꾸민 신발을 신고 등에는 옛 참마검斬魔劍을, 손에는 죽간竹簡을 들었다. 얼굴이 희고 정갈했으며 삼각 수염에 눈썹이 성글었다.

다른 한 명은 머리에 두 갈래 쌍상투를 틀어 붉은 비단을 감았으며, 소매가 좁은 푸른 비단 저고리를 입고, 어깨에는 벽려薜荔를 걸쳤다. 두 무릎 위에는 호피虎皮를 대었으며, 허리에는 홍단 넓은 띠를 두르고 미투리를 신었다. 등에는 비단으로 꾸민 오악도五嶽圖_중국의 5대 명산인 태산, 화산, 형산, 항산, 숭산을 그린 그림 족자를 지고 또 허리엔 금호로병을 찼으며 손에는 도서 한 갑匣을 들었는데, 얼굴은 희고 아리따웠다.

또 한 명은 머리를 말아 어깨까지 드리웠고 금테를 둘렀으며, 소매가 넓은 검은 공단의 장삼을 입고, 맨발인 채로 손엔 붉은 호로병을 들었다. 붉은 얼굴에 고리눈을 한 그는 입으로 주문을 외면서 간다. 시장 분위기를 살펴보니 모두 그들을 싫어하는 모양이다.

석교하에 이르니, 강물이 불어서 물과 언덕의 분간이 되질 않는다. 물은 그렇게 깊지 않으나 물살이 제법 셌다. 모두들 지금 당장 건너지 않으면 물이 차츰 더 불어날 거라고들 하기에, 나는 정사의 가마를 타고 함께 건넜다.

건너편 언덕에 도착하여 바라보니 말을 타고 건너는 이들이 다들 하늘만 쳐다보는데, 얼굴빛은 질려서 모두 푸르락누르락했다. 서장관의 비장 조시학趙時學이 물에 떨어져 하마터면 죽을 뻔하여 모두들 십년감수했고, 의주 상인 중 한 명은 돈주머니를 빠뜨려 물을 굽어보면서 "아이구, 어머니" 하고 통곡하기도 했다고 한다.

전둔위 저자에서 연극이 막 끝나고 시골 부인 수백 명이 나왔다. 모두 노파들이었으나 야단스럽게 꾸민 차림이었다. 연극하는 자들이 파하고 나오는데 망포蟒袍_임금이 입던 옷, 상홀象笏*, 피립皮笠_가죽으로 만든

당, 명, 청 시대 관복

맨 왼쪽은 둔황벽화 속 당나라 관리의 모습이고, 중간은 명나라 때 관리, 맨 오른쪽은 청나라 관리의 모습이다. 당과 명 시대는 무려 800여 년이라는 시간적 격차가 있음에도 한족이 지배하던 시대로 관복과 관모의 모양이 유사하다. 이에 반해, 명과 청의 관복은 100여 년의 시간 차가 날 뿐인데도 완전 딴판으로 유사점을 찾기 어렵다.

갓, 종립棕笠_종려로 만든 갓, 등립藤笠_등나무로 만든 갓, 종립騣笠_말갈기로 만든 갓, 사립紗笠, 사모紗帽**, 복두幞頭*** 같은 복색이 완연히 우리나라와 별로 다를 것이 없었다. 도포는 자줏빛도 있고 각진 깃에 검은 선을 둘렀으니, 이는 옛날 당唐의 제도인 듯싶다.

아아, 슬프다. 명나라가 망한 지 이제 백여 년에 의관제도는 오히려 배우들의 연희 속에 남아 있으니 하늘이 무심치 않다는 뜻인가? 무대에는 모두 '여시관' 如是觀_불가佛家의 말이란 석 자를 써 붙였으니 여기에도 역시 숨은 뜻이 있으리라 짐작되었다.

마침 지현知縣_현縣의 장관 일행이 지나갔다. '정당'正堂이라 쓴 커다란 부채 한 쌍, 붉은 일산 한 쌍, 검은 일산 한 쌍, 붉은 우산 한 개, 기旗 두 쌍, 대곤장 한 쌍, 가죽채찍 한 쌍을 갖추었다. 지현은 가마를 타고 활과 살을 가진 기병 대여섯 명이 그 뒤를 따랐다.

*상홀 홀은 조선시대에 벼슬아치가 임금을 알현할 때 조복과 공복을 입고 손에 쥐던 물건이다. 일품부터 사품까지는 상아로 만든 상홀을, 오품 이하는 나무로 만든 목홀을 썼다.
**사모 고려 말부터 조선 말까지 문무관리들이 평상 집무 시에 입던 상복에 함께 착용하던 관모. 사모는 뒤가 높고 앞이 낮은 2단으로 구성되며, 뒷쪽에 각이 2개 붙어 있다. 당나라 때의 두건에서 유래되었다고 한다.
***복두 사모의 원형으로, 앞이 낮은 2단으로 구성되는 모양이 서로 비슷하다. 차이는, 복두의 경우 모자 윗부분이 평평하다는 점이다. 중국에서는 후주(後周) 때부터 사용되었고, 우리나라는 통일신라시대에 당나라의 관복제도를 받아들이면서 사용되기 시작했다.

처서(處暑)

비가 조금 오다 곧 갬.

아침에 전둔위를 출발하여 이날 모두 86리를 와 홍화포에서 묵었다.

길가에 보이는 분묘들은 모두 담을 둘렀는데, 그 둘레가 수백 보다. 소나무와 버드나무를 가지런히 줄지어 심었다. 묘 앞에는 모두 화표주華表柱_무덤 앞 양쪽에 세우는 한 쌍의 돌기둥와 석상을 세웠는데 거의 명나라 귀인들의 무덤이다. 문은 세 개를 내기도 하고, 혹은 패루로 하였는데 그 규모는 비록 이전에 본 조가 패루만은 못하나 개중 웅장하고 화려한 것도 많았다. 문 앞에는 무지개처럼 돌다리를 놓고 난간을 둘렀다. 영원성 서문 밖 조대수祖大壽의 선영과 사하점에 있는 섭씨의 분묘가 가장 웅장하고 화려하다.

이날 연암의 여정로

전둔위를 출발하여 왕가대王家臺까지 10리, 왕제구王濟溝까지 5리, 고령역高嶺驛까지 5리, 송령구松嶺溝까지 5리, 소송령小松嶺까지 4리, 중전소中前所까지 10리, 모두 39리를 가서 점심을 먹었다. 중전소에서 대석교大石橋까지 7리, 양수호兩水湖까지 3리, 노군점老君店까지 2리, 왕가점王家店까지 3리, 망부석望夫石까지 10리, 이리점二里店까지 8리, 산해관까지 2리, 산해관에 들어와 다시 10리를 가서 심하深河에 이르러 배로 건넜다. 거기에서 홍화포紅花鋪까지 7리, 모두 47리이다. 이날 도합 86리를 갔다.

여자 세 명이 모두 준마를 타고 말 위에서 재주를 넘는데,* 그 중 열세 살 난 소녀가 가장 날쌔고 잘 달렸다. 머리에는 모두 초립을 썼다. 좌우칠보左右七步_말의 오른쪽이나 왼쪽에 매달려 달림·도괘倒掛·시괘尸掛 등의 재주 부리는 법이 마치 눈송이가 나부끼는 듯, 나비가 춤추는 듯하였다. 한족 여자들은 먹고 살 길이 없으면 대개 비럭질을 하거나 아니면 이런 유의 일을 한다고 한다.

벌판에 군사들이 떼를 지어 진陣을 치고 있었다. 진 네 귀퉁이에는 각기 기 하나씩이 꽂혀 있다. 비록 검이나 창이나 방패와 같은 무기는 없었으나 군사들 모두 앞에 쳇바퀴만 한 큰 화살통을 놓고 여기에 화살 수백 개를 꽂았다. 진의 모양은 네모반듯하고 기병은 모두 말에서 내려 진 밖에 흩어져 있다. 말에서 내려서 한 바퀴 둘러본즉 다만 둘씩 둘씩 열지어 있을 뿐, 중권中權_참모부 같은 중심부의 깃발이나 북이 없었으며 또 군막도 치지 않았다.

어떤 이는 성경장군이 내일 조련 순찰을 한다고 하고, 또 어떤 이는 성경 병부시랑兵部侍郎이 교체되어 점심참에 당도할 예정이라 중전소中前所 참장이 이곳에서 맞이하는데, 참장이 아직 오지 않은 관계로 진을 해산하고 이제 막 신지汛地에 모이는 중이라고 한다.

•마상재馬上才

달리는 말 위에서 기마수, 마상재인이 갖가지 재주를 부리는 기예를 마상재라 한다. 정조(正祖) 때 간행된『무예도보통지』(武藝圖譜通志)의 마상재 부분을 보면 "말 위에서 재주 부리는 것을 원기(猿騎)라고 한다. 이것이 마상재의 시초이다. 고려 때 성행하였던 격구와 같은 것이다"라고 되어 있다. 마상재의 재주 종목으로는, ① 주마입마상(走馬立馬上): 달리는 말 위에 서서 총쏘기, ② 우초마(右超馬): 우칠보(右七步)라고도 하며, 말 오른쪽에 매달려서 달리기, ③ 좌초마(左超馬): 좌칠보(左七步)라고도 하며, 말 왼쪽에 매달려서 달리기, ④ 마상도립(馬上倒立): 말 위에서 물구나무서기를 하고 달리기, ⑤ 횡와양사(橫臥佯死): 말 잔등에 누워서 죽은 듯이 달리기, ⑥ 우등리장신(右鐙裏藏身): 속칭 우장니리(右障泥裏), 말 오른쪽에 엎드려 숨어서 달리기, ⑦ 좌등리장신(左鐙裏藏身): 속칭 좌장니리(左障泥裏), 말 왼쪽에 엎드려 몸을 숨겨 달리기, ⑧ 종와침마미(縱臥枕馬尾): 말꼬리를 베고 자빠져서 달리기 등의 8종목이 있다. 처음 출발할 때 말 한 마리를 타기도 하고, 쌍마(雙馬)를 몰고 나가기도 한다. 마상재인의 옷차림은 전립(戰쏘)을 쓰고 더그레와 누런 베바지를 입으며, 가죽신을 신는다.

들판 연못에 붉은 연꽃이 활짝 피어 말을 멈추고서 구경했다. 왕가점에 이르니 산 위에 장성이 아득히 눈에 들어온다. 부사, 서장관, 변주부, 정진사와 수종꾼 이학령 등과 함께 강녀묘에 갔다가 다시 산해관 밖의 장대를 거쳐 산해관에 들어갔다. 날이 저물어서야 홍화포에 닿았다. 약간 감기 기운이 있어서 밤에 잠을 설쳤다.

강녀묘

강녀의 성은 허씨(許氏)요, 이름은 맹강(孟姜), 섬서성 동관(同官) 사람이다. 범칠랑(范七郎)에게 시집갔는데, 진나라의장군 몽염이 만리장성을 쌓을 때 범랑이 부역으로 끌려가 육라산(六螺山) 밑에서 죽었다. 범랑이 꿈에 나타나자, 맹강이 손수 옷을 지어 홀로 천 리를 가서 지아비의 생사를 찾아 다녔다. 여기저기를 떠돌다 이곳에 이르러 마침내 장안을 바라보고 울다가 이내 돌로 화하였다 한다. 어떤 이는 맹강이 지아비가 죽었다는 소식을 듣고 홀로 가서 그 뼈를 거두어 등에 지고 바다에 들어갔는데, 며칠 만에 돌 하나가 바다 가운데 솟아서 조수가 밀려들어도 잠기지 않았다고 말하기도 한다.

뜰 가운데 비석이 세 개가 있는데 기록된 것이 각기 다르고, 그 내용도 거의 다 황당했다.

묘에는 소상을 모시고 좌우에 동남(童男), 동녀(童女)를 나란히 세웠다. 황제가 여기에 행궁을 두었는데, 지난해 심양에 거둥할 때 들렀던 행궁들을 모두 중수한 터라 단청이 아직도 휘황찬란하다. 묘에 문문산(文文山_송나라 말기의 정치가로 이름은 문천상文天祥)이 쓴 주련이 있고, 망부석에는 황제가 지은 시를 새겼으며, 돌 옆에는 진의정(振衣亭)이 있다. 당 왕건(王建)의 망부석 시는 이 돌을 두고 읊은 것이 아니다. 그러나 『지지』(地志)에, "망부석이 둘인데 하나는 무창에 있고, 또 하나는 태평에 있다" 한즉, 왕건이 읊은 망부석이 어떤 것인지는 분명치 않다. 또 진나라 때엔 아직 섬(陝)이란 이름을 가진 땅이 없었을뿐더러 강姜이란 말도 그냥 제나라 여자를 일컫는 이름이었기 때문에 허씨를 섬서 동관 사람이라 하는 것은 더욱 말이 안 되는 노릇이다. 행궁 섬돌에서 강녀묘에 이르기까지는 돌난간을 둘렀다. '방류요해'(芳流遼海)라는 현판은 건륭제의 친필이다.

망부석이 된 맹강녀 姜女廟記

장대에 오르내리기가 벼슬살이 같구나

將臺記

만리장성을 보지 않고서는 중국이 얼마나 큰지 모를 것이고, 산해관을 보지 않고는 중국의 제도를 알지 못할 것이며, 관 밖의 장대를 보지 않고는 장수의 위엄을 알기 어려울 것이다. 산해관에 1리쯤 못 미쳐 동쪽으로 네모난 성 하나가 있다. 높이는 여남은 길쯤 되고, 둘레는 수백 보다. 한 편이 모두 칠첩(七堞)으로 되었는데, 첩 밑에는 큰 구멍이 뚫려서 수십 명이 숨을 수 있고, 이 구멍이 모두 스물네 개다. 성 아래로 역시 구멍 네 개를 뚫어서 병장기를 간직하고, 그 밑으로 굴을 파서 장성과 서로 통하게 하였다. 역관들은 모두 한(漢)이 쌓았다고 하나, 이는 그릇된 말이다. 혹은 이를 '오왕대'(吳王臺)라고도 한다.

오삼계가 산해관을 지킬 때에 이 굴 속으로 행군하다 갑자기 이 대에 올라 방포(妨砲_군대 내의 호령으로 포를 쏘는 것)를 내니, 관 안에 있던 수만의 병사가 한목소리로 소리를 지르자 천지가 진동하였다. 관 밖의 여러 돈대를 지키던 병사들도 모두 이에 호응하여 삽시간에 호령이 천 리에 퍼졌다.

일행들과 함께 성가퀴에 의지하여 눈 가는 대로 좇다 보니 장성은 북으로 내달리고 창해는 남으로 흐르고, 동쪽으론 큰 벌판이 펼쳐 있으며 서쪽으로는 산해관 안이 내려다 보였다. 오, 이 대(臺)만큼 사방을 조망하기 좋은 곳도 다시 없으리라. 산해관 안쪽 수만 호의 시가와 누대가 마치 손금을 보듯 역력히 다 들여다보인다. 바다 위 하늘을 찌를 듯 뾰족하게 솟아 있는 한 봉우리는 곧 창려현(昌黎縣)의 문필봉(文筆峯)이다.

한참을 바라보다가 내려오려 하는데 아무도 먼저 나서는 사람이 없다. 벽돌 쌓은 층계가 높고 가팔라 내려다보기만 해도 다리가 후들후들 떨릴 지경이다. 하인들이 부축하려고 해도 몸을 돌릴 곳조차 없어 몹시 허둥지둥하였다. 서쪽 층계로 먼저 간신히 내려와서 대 위에 있는 사람들을 쳐다보니, 모두 벌벌 떨며 어쩔 줄 모르고 있었다. 올라갈 때엔 앞만 보고 층계 하나하나를 밟고 오르기 때문에 위험하다는 걸 몰랐는데, 내려오려고 눈을 들어 아래를 굽어보니 현기증이 절로 일어난다. 그 허물은 다름아닌 눈에 있는 것이다.

벼슬살이도 이와 같아서, 위로 올라갈 때엔 한 계단 반 계단이라도 남에게 뒤질세라 더러는 남의 등을 떠밀며 앞을 다투기도 한다. 그러다가 마침내 높은 자리에 이르면 그제야 두려운 마음을 갖기 시작한다. 하지만 그땐 외롭고 위태로워서 한 발자국도 앞으로 나아갈 수 없고, 뒤로 물러서자니 천 길 낭떠러지라 더위잡고 내려오려고 해도 잘 되지 않는 법이다. 이는 오랜 세월 두루 미치는 이치다.

산해관은 옛날의 유관(榆關)이다. 명나라 홍무 17년(1384년)에 대장군 서달(徐達)이 유관을 이곳에 옮겨 다섯 겹의 성을 쌓고 이름을 '산해관'이라 하였다. 태항산이 북으로 내달려 의무려산이 되면서 순임금이 열두 산을 봉할 때 유주의 진산(鎭山)으로 삼았다. 그 산이 중국의 동북을 가로막아 오랑캐와 중국의 경계가 되었다. 산해관에 이르러 산이 툭 끊어져 평지를 이루면서 앞으로는 요동벌이 펼쳐지고, 오른편으로는 창해가 흐른다. 「우공」에서 이른 "오른편으로 갈석을 끼고 돈다"는 말이 바로 이를 두고 한 말이다.

장성은 의무려산을 따라 구불구불 굽이쳐 내려와 각산사까지 이어진다. 산봉우리마다 돈대를 두었고 평지에 들어와서는 관을 둔 것이다. 장성에서 다시 15리를 더 가서 남으로 바다에 들어서서는 쇠를 녹여 터를 닦아 성을 쌓았다.

이 관의 첫째 관문은 옹성(甕城)으로, 누각이 없다. 옹성을 남, 북, 동 세 방향으로 뚫어서 문을 내고, 현판에는 '위진화이'(威振華夷)라 새겼다. 둘째 관문은 4층의 적루(敵樓)로 되었는데 '산해관'이라 새겼다. 셋째 관문은 3층 누각으로 '천하제일관'이라는 현판을 붙였다.

심양에 들어갈 때처럼 삼사가 모두 문관과 무관으로 나뉘어 들어갔다. 세관과 수비들이 관 안의 행랑에 앉아서 사람과 말을 점검하는데, 전에 봉성에서 만든 목록에 따라 한다. 일반적으로 중국의 상인과 여행객도 모두 성명과 거주지와 물화의 이름과 수량을 등록해야 한다. 도적을 막고 거짓을 적발하는 일이 매우 엄격한 까닭이다. 수비들은 모두 만주인인데, 붉은 일산과 파초선을 들었고 앞에는 병정 백여 명이 칼을 차고 도열해 있었다.

십자거리에 성을 쌓았는데, 사면에 둥근 문을 내고 그 위에 3층 누각을 세웠다. '상애부상'(祥靄扶桑)이라 현판을 붙였으니, 이는 옹정 황제의 글씨다. 원수부(元帥府)의 문 밖에 돌사자 둘을 앉혔는데, 높이가 각기 두어 길이나 된다.

일반 집들과 저자의 번영함이 성경보다 훨씬 낫다. 거리마다 수레와 말이 그득하고, 청춘 남녀들의 차림새는 화려하고 세련되기가 이제껏 본 중에 제일이라 하겠다. 천하의 빼어난 관문인 데다 서쪽으론 북경과 가까이 접해 있기 때문이다. 봉성으로부터 천여 리 사이에 보(堡)니, 둔(屯)이니, 소(所)니, 역(驛)이니 하여 날마다 성을 몇 군데씩은 보아 왔건만, 이제 장성을 보고 나니 그들의 시설이나 솜씨가 모두 이 관을 본뜬 것임을 알겠다. 그것들은 이 관에 비하면 새 발의 피에 불과했다.

아아, 몽염이 장성을 쌓아 오랑캐를 막으려 하였건만 진나라를 망칠 오랑캐는 오히려 집안에서 자라났고, 서중산이 이 관을 쌓아 오랑캐를 막고자 하였으나 명의 장수 오삼계는 이 관문을 열어 적을 맞아들이기에 급급하였구나.

천하가 무사태평한 지금, 이곳을 지나는 장사치들과 나그네들에게 공연히 비웃음만 사게 되었으니, 실로 뭐라 할 말이 없다.

산해관 전경

山海關

泰皇島

金山嘴

山海関